文澜学术文库

Big Data and the Production of
Chinese Economic News:
A Case Study of
Caixin.com

大数据与
中国经济新闻生产

以财新网为例

袁满 著

社会科学文献出版社
SOCIAL SCIENCES ACADEMIC PRESS (CHINA)

总　序

中南财经政法大学新闻与文化传播学院建院虽然只有十余年，但院内新闻系、中文系和艺术系所辖学科专业都是学校前身中原大学1948年建校之初就开办的，后因院系调整中断，但从首任校长范文澜先生出版《文心雕龙讲疏》开始其学者生涯，到当代学者古远清教授影响遍及海内外的台港文学研究，本校人文学科的研究可谓薪火相传、积淀丰赡。

1997年，学校重新开办新闻学专业，创建新闻系，相关学科专业建设开始步入新的发展阶段。2004年，新闻与文化传播学院组建。近年来，在学校建设"高水平、有特色的人文社科类研究型大学"的发展目标的指引下，中文系和艺术系相继在2007年和2008年成立，人文学科迅速得到恢复和发展。

为了检阅本院各学科研究工作的实绩，进一步推动研究的深入和学科的发展，我们将继续编辑出版本院教师系列学术论著"文澜学术文库"丛书。

丛书以"文澜"命名，一是表达我们对老校长范文澜先生的景仰和怀念，二是希望以范文澜先生的道德文章、治学精神为楷模自律自勉。

范文澜先生曾在书斋悬挂一副对联："板凳要坐十年冷，文章不写一句空。"这种做学问的自律精神在今天更显得宝贵和具有现实意义。《文心雕龙讲疏》是范文澜先生而立之年根据在南开大学的讲稿整理完成的第一部学术著作，国学大师梁启超为之作序："展卷诵读，知其征证详核，考据精审，于训诂义理，皆多所发明，荟萃通人之说而折衷之，使义无不明，句无不达。是非特嘉惠于今世学子，而实大有勋劳于舍人也。"学术研究之意义与价值，贵在传承文明、承前启后、继往开来、推陈出新。范文澜先生之《文心雕龙讲疏》后又经多次修订，改名《文心雕龙注》以传世，作者有着严谨的学风、精益求精的精神，实为吾辈楷模。正因如此，其著作乃成为《文心雕龙》研究史上集旧注之大成、开新世纪之先河的里程碑式的巨著。

先贤已逝，风范长存。高山仰止，景行行止。虽不能至，然心向往之。是为序。

胡德才

2015 年 7 月 6 日于武汉

摘　要

近年来，互联网、物联网、云计算等一系列新型传播技术的迅速发展，带来了信息、数据井喷的现状，"大数据"概念应运而生。经济新闻作为传统的"硬新闻"，也是一种高度依赖数据的新闻品类，对数据的收集、发掘和运用是其报道的基础。将大数据与中国经济新闻生产相结合并进行集中而系统的探讨，不仅是经济新闻顺应新时期发展的必然要求，也是增强经济新闻研究学理性的学科需求，更是中国争夺与自身经济大国身份相匹配的国际话语权的政治需求。基于此，本书选取财新网作为研究对象。其依托整个财新传媒集团，拥有国内领先的平台建设和团队建设能力，而且，财新传媒作为国内传媒领域改革的引领者，较早就开始加强对大数据方面的投入。目前，财新网在运用大数据进行经济新闻报道方面属业内翘楚，屡屡斩获业界大奖。

本书以财新网为例，从新闻生产社会学视角出发，分别对其组织外部的制度、受众、技术控制因素和组织内部的操作控制因素进行分析，发现财新网表现出对政治资本和经济资本的双重争夺，其思维理念、生产流程、组织架构等在引入大数据实践后均发生了变化。不过总体来看，目前我国经济新闻生产也存在前测型数据不足、数据的深度挖掘力度不够、数据可视化形式创新不足、传播效果不佳、反馈渠道受限等问题。究其原因，从宏观制度层面来看，结构化的制度保障的缺乏在源头上阻碍了我国经济新闻生产的数据收集；从媒体层面看，人才储备不足、部门设置不合理、平台建设不完备等是主要制约因素；从受众层面看，公民权利意识淡薄、用户参与度不高直接导致反馈数据不足；从技术层面看，软件开源在我国面临现实困境，造成新闻生产各流程的大数据技术缺位。

中国传媒行业的大数据实践方兴未艾，但与国外相比还有一定差距。英美两国运用大数据进行经济新闻生产的实践起步较早，以卫报为代表的主流媒体已具备较强的平台、技术和专业人才等优势，相关实践和理论经验都更为充分。因此，在结合中国特殊的媒介环境的基础上，本书再次回归到新闻生产社会学的视角，力图将国外运用大数据进行经济新闻生产的先进经验本土化。总体来说，在大数据背景下，优化中国经济新闻的生产离不开四个方面的配合：完善的制度体系和平台建设是前提；媒体内部的内容、渠道、人才资源的优化配置是关键；受众的权利意识和知识产权意识的着意培养是保障；对关键、核心技术的研发和获取则是动力。

目 录

绪　论 / 001

第一章　大数据与经济新闻生产概述 / 027
　　第一节　大数据与经济新闻生产的核心概念 / 027
　　第二节　经济新闻生产与大数据应用的内在逻辑关系 / 037
　　第三节　大数据背景下新闻报道形态的变革轨迹 / 039

第二章　大数据背景下中国经济新闻生产所受的冲击和影响 / 044
　　第一节　经济新闻生产的政治控制 / 046
　　第二节　经济新闻生产的经济控制 / 049
　　第三节　经济新闻生产的技术控制 / 057
　　第四节　经济新闻生产的组织内部控制 / 071

第三章　大数据背景下中国经济新闻生产的现状
　　　　　——以财新网为例 / 087
　　第一节　大数据背景下财新网经济新闻报道的内容分析 / 087
　　第二节　大数据背景下财新网经济新闻生产的特点 / 102

第四章　大数据背景下中国经济新闻生产的不足及原因 / 117
　　第一节　大数据背景下我国经济新闻生产的不足 / 117
　　第二节　我国经济新闻生产出现不足的原因分析 / 124

第五章　大数据背景下英美国家经济新闻生产的探索及其启示
　　——以英国《卫报》为例 / 138
　　第一节　大数据背景下英国经济新闻生产实践 / 138
　　第二节　英美经济新闻生产实践对我国的启示 / 146

第六章　大数据背景下中国经济新闻生产的改进策略 / 152
　　第一节　制度层面：完善制度体系，加强平台建设 / 152
　　第二节　媒体层面：内容、渠道、人才资源的优化配置 / 160
　　第三节　受众层面：提升用户体验，提高公众参与度 / 185
　　第四节　技术层面：软件开源助力数据处理全过程 / 190

结　语 / 195

附录1　样本列表 / 197

附录2　访问提纲 / 207

参考文献 / 209

绪　论

一　选题背景与研究意义

（一）选题背景

近年来，互联网、物联网、云计算等一系列新型传播技术的出现和迅速发展，带来了信息、数据井喷的现状，大数据已经全面渗透社会生活。"大数据"并非一个全新的名词，其起源最早可追溯至1980年未来学家阿尔文·托夫勒（Alvin Toffler）所著的《第三次浪潮》[①]一书。但直至云计算技术出现，才真正释放了大数据的价值，其提供了全新、高效、便捷的信息存储、分享和挖掘手段，用以处理大数据背景下海量、不规则的非结构性数据，由此"大数据"概念方兴未艾。2008年英国期刊 *Nature* 推出专刊"Big Data"，2011年美国期刊 *Science* 推出专刊"Dealing with data"，分别从天文学、基因学、互联网技术等多方面展示大数据的应用及挑战，论证其在科学研究中的重要性并预测其未来在学科中的导向。"大数据"自此渐成各学科研究中的热点问题。美国管理咨询公司麦肯锡（McKinsey）敏锐地捕捉到网络平台上的海量个人信息记录背后的隐藏价值并进行研究，于2011年6月发布了《大数据：下一个创新、竞争和生产力提高的前沿领域》这一报告，从宏观角度分析了大数据的作用和价值，并对其依赖的技术载体和适用范围等进行阐释，在此基础上提出对大数据进行收集和分析

[①]〔美〕阿尔文·托夫勒：《第三次浪潮》，黄明坚译，中信出版社，2006，第19页。

的理念，这在全球范围内都是首例。麦肯锡的报告可谓从金融领域率先掀起了大数据采掘和分析的热潮，并进一步转变了人们的思维理念：以往人们普遍认为数据在被收集后就失去了其价值，大数据技术则将关注点聚焦于数据收集后的深层价值剖析。

从 2012 年起，关于大数据的话题引起世界瞩目。社会各界逐渐意识到大数据在诸多行业将引发颠覆性革命，例如带来商业模式转变和产业结构升级，数据拥有转化为巨大经济资产的无限潜能。2012 年 1 月，世界经济论坛将"大数据"列为重要议题之一，并发布了《大数据，大影响》这一报告，系统探讨了大数据在优化社会效益中的实践策略。与此同时，各国也意识到数据挖掘不仅能够成为产业竞争力的来源，还将助力国家竞争力的提升，因此纷纷将大数据应用上升至国家战略层面。2011 年 12 月，我国工信部公布了《物联网"十二五"发展规划》，将包含数据存储、挖掘及分析在内的信息处理技术列为 4 项关键技术创新工程之一。[①] 2013 年 3 月 25 日，国家"863 计划"项目"面向大数据的先进存储结构及关键技术"正式启动。[②] 2015 年 10 月，中共十八届五中全会正式提出实施国家大数据战略。此外，法国、日本、澳大利亚等国也都对大数据进行了国家战略部署。由此可见，深化大数据应用已成为推动各国政府治理能力现代化的必然选择。

2011 年 1 月，美国 IBM 公司与中国润泽科技发展有限公司及河北省工业和信息化厅联合签署合作协议，致力于共同打造亚洲最大的云存储产业基地。国外网络专家 Greg Ferro 预测，中国将是未来 10 年云计算发展的中心。他认为，当前中国的基础设施建设、中央规划机制、相对廉价且受过良好教育的技术人力资源等一系列因素合力，使得中国在占领国际云计算市场方面有他国无法比拟的先天优势。综上来看，大数据在我国的发展呈迅猛态势，已经开始向各个重大行业渗透并发挥重大作用。

值得注意的是，"大数据热"也开始向新闻传播领域渗透。近年来，我

---

① 工业和信息化部：《关于印发〈物联网"十二五"发展规划〉的通知》，2011。
② 《"863 计划"项目"面向大数据的先进存储结构及关键技术"启动》，《天津大学报》电子版，第 1083 期第 02 版"综合新闻"，http://tju.cuepa.cn/show_more.php? doc_id=768648，最后访问日期：2020 年 3 月 30 日。

国各类媒体也渐渐将大数据技术和理念应用到新闻生产过程中，这类实践按照媒介平台的不同可大致分为三类。第一类是商业性网站开辟的数据新闻频道，如国内四大门户网站均开辟了数据新闻专栏。第二类是依托集团内部报纸、杂志等传统媒体的新媒体平台开辟的数据新闻栏目，其代表就是财新网的"数字说"。第三类是媒体与互联网企业通过合作方式进行的数据新闻尝试，如百度与央视从2014年春节期间联手推出的"据说"系列节目。其中，选择财新网作为大数据背景下我国经济新闻生产研究的研究对象主要有以下三点原因。

首先，作为传统"硬新闻"的代表，经济新闻报道事关国计民生，其传递的经济信息在整个社会中往往有"牵一发而动全身"之效，对其进行研究在新闻传播学系统建构中的作用不言而喻。但目前国内对大数据的研究往往是针对整个新闻领域，对经济新闻的专门研究十分匮乏。因此，有必要选择一个具有代表性的财经类媒体展开相关研究。其中，财新网依托整个财新传媒集团，运用大数据进行经济新闻生产具备先天优势，主要体现在其新闻生产方式对集团内部核心价值——新闻专业精神的坚守，以及以此为支撑建立起的国内领先的平台和团队，这给我国其他新闻媒体提供了良好的范本。财新传媒由《财经》杂志的原主编胡舒立及其团队于2009年创建。作为一个年轻的传媒机构，它从创办之初即实行跨平台布局，在短短几年的时间里就跻身我国最具影响力的财经媒体前列。2017年11月，财新传媒正式启动财经新闻全面收费，掀起了国内内容行业对赢利模式的革新浪潮，这一大胆尝试的底气关键源于其原创性、高价值的内容生产和对深度用户的持续培养，背后则是实力深厚的传媒团队和优秀的财经新闻资源在进行支撑。作为财新传媒旗下发稿量最大的媒体，财新网正式上线于2010年1月11日，并迅速成为财新传媒的核心产品。财新网对自身的定位是"原创财经新媒体"，面向中国政界、学界和产业界精英提供每日经济活动必需的财经资讯及基础金融信息服务。

其次，财新网拥有敏锐的与时俱进思维，它很早就开始意识到大数据给传媒业带来的重大变革并积极利用这股力量进行自身转型。随着国外数据新闻的实践和理念不断兴盛，国内新闻传播学界和传媒业界也掀起了探索"大数据"的热潮。但细看之下不难发现，各大媒体所谓的"数据新闻报道"许多仍停留在传统的数据呈现和应用方面，虚顶着"大数据"的头衔却并没有运用大数据的数据分析、处理和呈现技术，一些媒体的数据新闻实践甚至有"蹭热度"之嫌。财新传媒作为国内传媒改革的引领者，敏锐意识到"大数据"技术在新闻生产方式上的巨大革新，并积极加大这方面的研究和投入力度。其实早在2011年下半年，财新网就推出了"数字说"栏目，专注于用可视化的形式展现数据。从2013年开始，财新传媒开始注重将大数据理念植入业务层面：2013年6月，财新传媒开始在集团内部通过"请进来"和"派出去"的策略普及关于数据新闻的相关理论、实践知识，例如邀请北京大学、广州美院教授在集团开展面向全体采编和经营员工的数据可视化讲座，同时外派编辑记者和技术人员赴浙江大学和中山大学等地进行数据可视化研讨和培训。与此同时，财新传媒开始了数据可视化实验室的相关启动工作，并在随后的一个月里发表了第一个互动图表作品，紧接着又在2013年8月发表了第一个互动可视化作品《中东地区的敌友关系》。2013年10月8日，财新网数据可视化实验室正式成立……一系列举措促使"数字说"栏目迅速成长，其自2014年起基本形成了以静态信息图和交互信息图为主要样式的风格。

最后，财新网在运用大数据进行新闻报道尤其是经济新闻报道方面处于国内领先地位，并屡屡斩获国内外数据新闻大奖。2014年6月，财新网凭借《青岛中石化管道爆炸事故》获得亚洲出版业协会（SOPA）的"2014年度卓越新闻奖"。此外，财新网的《星空彩绘诺贝尔》报道入围2014英国凯度信息之美（Kantar's Information Is Beautiful Awards）——数据可视化设计大奖，这是中国新闻史上首次有程序员获新闻奖。截至2014年底，财新数据可视化实验室已两次获得数据新闻大奖，并成为我国唯一获得过数据新闻奖的数据可视化团队。2018年，财新网击败BBC、卫报等老牌媒体，斩获"2018年度全球最佳大型数据新闻团队奖"，这也是中国媒体首度获得这一重磅奖项。因此，选取财新网进行大数据背景下的经济新闻研究十分具有代表性，通过分析财新网获奖的数据新闻作品，我们可以总结出数据新闻创作的一些经验和启示，这对国内经济新闻生产也将起到良好的示范效应。

大数据在我国传媒行业方兴未艾，但与国外的大数据应用相比还有较大差距。英国卫报等国际大型传媒集团纷纷开始运用大数据进行新闻生产的实践，其在国家政策、媒介环境等方面有先天优势，且实践起步较早，已经具备较强的技术和专业人才等优势，相关实践和理论经验都更为充分。因此，我们有必要将国外运用大数据进行新闻生产的先进案例拿来分析，以期对我国的经济新闻生产有所启示。

（二）研究意义

依托新媒体和新型传播技术的大数据，势必给传媒产业在内容生产、运营方式、业态环境等方面都带来前所未有的颠覆和重构。其中，经济新闻作为高度依赖数据的新闻品类，对数据的收集、发掘和运用是其报道的基础，大数据的到来对其意义尤为重大。将我国经济新闻生产置于大数据背景下进行集中而系统的探讨，具有强烈的现实意义与理论意义。

1. 本研究的现实意义

其一，大数据的核心价值符合经济新闻发展的内在需求。经济新闻作为影响力强大的硬新闻，对真实性、客观性有更加严格的硬性要求；此外，当前经济新闻对个体、企业乃至整个国家的经济行为、经济决策的指导作用越发凸显，因此公众对经济新闻的预测性功能有了更高期待。英国维克托·迈尔-舍恩伯格教授等在其著作《大数据时代》中指出，大数据技术的出现使得人们探索世界的领域和深度都无限拓展。[1] 随着大数据技术的不断完善，挖掘数据背后的隐藏价值、预测未来走向变得更具现实可行性，反映到经济生活中，就会使政府、企业、个人的经济决策更加精准。经济天生与数据不可分割，因此，在经济新闻中准确应用数据，将大数据的技术优势运用到经济新闻生产中势在必行。

与此同时，大数据技术也将促使经济新闻进一步实现专业性和可读性间的平衡。长期以来，经济新闻的"硬"属性在一定程度上导致了"外行看不懂，内行不愿看"的尴尬局面。习近平总书记在2018年全国宣传思想工作会议上指出，宣传思想干部要不断增强脚力、眼力、脑力、笔力，这

---

[1] 〔英〕维克托·迈尔-舍恩伯格、肯尼思·库克耶：《大数据时代》，盛杨燕、周涛译，浙江人民出版社，2013，第16~23页。

也对记者的新闻采编技能提出了全新的要求：记者不仅要惯于从新闻事件的第一现场、从基层"抓活鱼"，把握时代的脉搏和群众的呼声，还要善于讲"好故事"，以群众喜闻乐见的形式提供观点及立场，给人以启迪，解决问题。而大数据对海量数据的处理是对新闻工作者"脑力"和"眼力"的拓展，对数据的可视化、交互性呈现也是对新闻工作者"笔力"的强化，将助力经济新闻从业者不断提升经济新闻的生动性和可读性。

其二，将大数据的新理念和新技术应用到我国经济新闻领域，以提升我国财经媒体的新闻生产实力，也是当前我国经济发展需要强势财经媒体支撑的要求。2018年《政府工作报告》指出，五年来，我国经济对世界经济增长贡献率超过30%。2019年8月29日国家统计局发布的报告显示，自2006年以来，中国对世界经济增长贡献率稳居世界第一，成为世界经济增长第一引擎。当前虽然我国已成为世界第二大经济体，但在世界话语体系中，"西强我弱"的格局仍需扭转。在这种情况下，引导国际话语权回归，是我国由经济大国向经济强国转型的重要手段之一。放眼西方经济强国，其均有与自身经济地位相匹配的强大的国际性财经媒体，如英国拥有世界著名国际性金融媒体《金融时报》以及路透社这一排名世界前三的多媒体新闻通讯社。反观我国，无论是宏观经济还是金融市场，甚至企业发展，都急需具有强大公信力和影响力的专业财经媒体与之匹配，大数据的出现无疑给我国财经媒体在新闻生产、产业结构调整等方面都带来了革新的契机，为我国财经媒体的优化提供了无限可能。

2. 本研究的理论意义

透过大数据对经济新闻进行理论反思以更好地指导经济新闻生产实践，符合当前我国经济新闻学学科建设的需求。目前学界和业界对大数据技术的处理主要分为技术研发和实际操作两大类，理论反思少且浅。反映到经济新闻生产方面，其往往停留在运用大数据技术进行经济新闻生产过程中的现象呈现和经验总结的表层研究。法国社会学家克劳德·列维·施特劳斯认为，社会生活是由许多环环相扣的方面组成的有机整体，而通常人们无法直观感受到其中复杂交错的内在体系。[①] 因此，由表层研究进入深层研

---

① 薛文华主编《现代西方哲学评价》，高等教育出版社，1994，第79页。

究是科学研究的重要意义和任务之一，其间又包含两层含义：其一，通过经验现象寻找背后蕴含的意义及内在结构，搭建理论框架；其二，与其他学科领域交汇融合，进行系统化学理构建。将经济新闻生产置于大数据的时代背景下进行系统的理论反思，既可以丰富本学科方法论的素材和内容，也能让大数据技术接受新闻学科方法论的辩护，界定其使用范围并制定相应规则，论证运用大数据分析获得的结论是否及何处优于传统科学研究方法，并在使用过程中注意规避误区。由此，其能进一步促使媒体在经济新闻生产过程中更加合理、健康和高效地使用大数据技术，具有方法论意义。

二 国内外研究现状综述

（一）国内关于大数据与经济新闻的互动性的研究

本书分别以"经济新闻"和"大数据""经济新闻"为主题，将中国期刊全文数据库（CNKI）作为搜索范围，对21世纪以来我国经济新闻相关文献进行研究总体态势的描述。同时选取新闻学与传播学CSSCI来源期刊中的相关文献进行研究观点的交叉对比及研究特点的分析总结。以下主要从研究数量、研究主题和研究方法三个方面对大数据背景下国内经济新闻的研究进行综述。

1. 经济新闻研究规模：数量增幅较大，局部研究渐成系统，但较少涉及大数据

本书以"经济新闻"为主题在中国期刊全文数据库"新闻与传媒"类文献中进行搜索，共搜索到2000～2018年相关文献3839篇，而1979～1999年经济新闻相关文献共1319篇，在研究数量上远远少于21世纪的文献。21世纪以来经济新闻相关研究整体呈迅速增长态势，其中2004～2006年增长速度较为平缓，直至2007年开始激增，这种态势在2013年之后渐趋稳定。2007年在世界金融危机爆发的背景下，国内学界和业界对经济新闻的关注度持续增加，这也在一定程度上说明了经济新闻在传播经济信息、解读经济形势、充当经济决策参考方面扮演着重要角色。此外，21世纪以来新闻学与传播学CSSCI来源期刊上的经济新闻相关论文共有97篇，且数量增长态势与总体情况相似。

再以"大数据"和"经济新闻"作为并列主题,在CNKI"新闻与传媒"类文献中进行搜索,共有619条记录。但逐一查看后发现,2012年之前的记录均是关于数据与经济新闻的关系探讨、数据在经济新闻中的功用及如何运用等问题,并不是真正意义上的"大数据"。直到2012年国内新闻学界才出现对"大数据"概念的探讨,但对经济新闻的针对性研究仍然寥寥无几,代表文献有焦繁、张俊海对经济日报数据中心×86服务器虚拟化的研究[①]。2013年被称为"大数据元年",从2013年起,大数据逐渐将触角延伸至我们社会生活的方方面面,几乎所有世界级的互联网企业都开辟了大数据版图,大数据的热潮不仅席卷了全球,甚至已经在很多国家上升到国家战略层面。反映到学界,从2013年起,搭载"大数据"这趟顺风车的经济新闻相关研究也开始猛增,不过总体来看,研究力度仍偏小。

在经济新闻相关学术论文大量涌现的同时,经济新闻的相关著作也在20世纪90年代初开始出现,其规模在进入21世纪之后更是迅速扩大。这些著作各有侧重,囊括了经济新闻的不同报道环节、文体和领域,或是基于本学科或跨学科的某一特定视角对经济新闻进行较为全面的审视与论述。例如,针对经济新闻采编过程中的各环节分别进行专题研究,代表著作有肖鲁仁的《经济新闻采写导论》、李炜的《一本书学会经济新闻写作》;针对经济新闻的某一文体进行理论探讨和实践总结,如闻学所著的《经济新闻评论:理论与写作》、武春河主编的《深度影响:〈经济日报〉经典报道案例》;针对经济新闻细分下的某一领域的报道进行研究,代表作品有贺宛男等著的《财经专业报道概论》、尹学顺等主编的《财经新闻采写与评析》;从本学科某一特定视角或跨学科视角进行经济新闻的研究,如刘笑盈编著的《经济学与经济新闻报道》、范敏的《发展传播学视角下的经济报道》、关众与田静的《经济系统与财经新闻》,或是从发展研究的视角出发进行经济新闻的研究,代表著作有沈毅的《近现代经济新闻的历程研究》、王擎主编的《经济信息传播与媒介竞争力研究》。相较于单篇的论文,著作类研究

---

① 焦繁、张俊海:《经济日报数据中心×86服务器虚拟化综述》,《中国报业》2012年第14期。

大大拓展了经济新闻生产中的一些重要层面、重要领域、重要环节的理论深度，并已形成经济新闻研究中局部的系统研究。但是，以专题的形式对经济新闻报道进行研究，在强化经济新闻报道的某方面的深度研究和局部系统研究的同时，也显露出学界对经济新闻报道整个系统宏观研究的不足和局部系统之间整合研究不够的弱点。值得注意的是，为弥补这一研究空白，近年来已出现针对经济新闻进行整合性研究的尝试，以更为整体、宏观的视角对已有研究成果进行归纳和升华，代表作如李道荣等著的《经济新闻报道研究》。

反观大数据背景下的经济新闻研究，目前并无相关专著出现。新闻学界对大数据的相关专著探讨集中于大数据对整个新闻传播业的变革及影响研究，如喻国明等学者的《新闻传播的大数据时代》；或是以章节形式出现在著作中，如陈力丹所著的《解析中国新闻传播学》中，作者在"新媒体研究"一章中提到了大数据与新闻报道。

2. 经济新闻研究主题：范围不断扩大，关注焦点集中

按照科研过程的性质划分，学术研究分为基础理论研究、应用研究与发展研究三种类型。本书在这一分类方法的基础上，结合比较研究这一新兴研究领域，将经济新闻研究的主题分为以下四种。第一，经济新闻的理论研究，包括经济新闻（生产）的基本概念、特点、功能、意义等。第二，经济新闻的应用研究，包含经济新闻的呈现方式、技术支撑、生产流程、传播策略等方面，如应用过程中出现问题的应对、处理和反思。第三，经济新闻的发展研究，主要指以发展的眼光看问题，包括经济新闻的历史形态、发展轨迹和进程，以及不同发展阶段采用的报道理念、报道视角和呈现特点等方面的更新。第四，经济新闻的比较研究，即将国内外经济新闻的发展状况进行对比分析，以期为我国经济新闻发展提供新思路。

按照以上的分类标准，本书对在新闻学与传播学 CSSCI 来源期刊中搜索"经济新闻"得到的 97 篇相关论文进行分类[①]，分类结果如图 0-1 所示。

---

① 一些论文在研究主题的分类选择上会出现多选情况，为了满足统计上的排他原则，每篇论文只归入一种类型。虽然本书尽量从论文本身的侧重点与对这些类别的惯性理解出发，但不可避免会有一定的主观性，这也是所有"归类"的弊端。

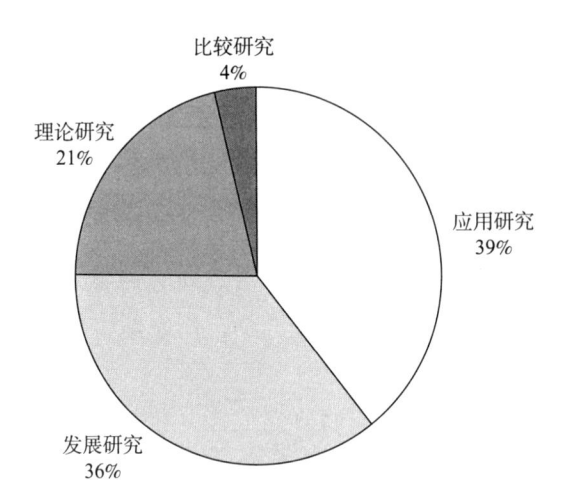

图0-1 21世纪以来新闻学与传播学CSSCI来源期刊中
经济新闻相关研究的主题分布

总体来看,我国经济新闻的研究以应用研究和发展研究为主。研究具有问题意识,注重在实践中总结经验与不足,探究当前发展过程中的矛盾与困境并提出对策;同时,学者在研究过程中注重与时俱进,在新环境、新政策下努力寻找经济新闻生产的新出路。经济新闻的理论研究已渐成系统,具有较强的学理性。下文分别从不同研究主题进行阐述。

第一,经济新闻的应用研究是当前我国经济新闻研究的重点,研究成果也较为丰富。在这类研究中,个案研究是采取的主要方法,研究者倾向于选择同类媒体的几个代表进行交叉或对比分析,或是以某个媒体中的某类报道作为研究对象,在总结经验及反思不足的基础上展开对我国经济新闻发展的思考。从经济新闻的生产流程角度出发,如经济新闻的策划与组织,李道荣认为要遵循政策性、特色性、创新性和统筹性的原则。[1] 从经济新闻的报道体裁角度出发,邬小丽认为经济新闻评论存在雷同、浮浅、虚假的现象,因此不仅要对自身准确定位,还要在经济新闻评论的准确性、辩证性、深刻性、前瞻性方面提升质量。[2] 从经济新闻的报道题材角度出发,如针对"统计数据"类经济新闻,吴玉兰认为其存在大量数据简单堆

---

[1] 李道荣:《论经济新闻报道的策划与组织》,《当代传播》2010年第1期。
[2] 邬小丽:《把脉报纸经济新闻评论》,《新闻大学》2002年第2期。

砌罗列、信息加工程度低和问题统计数据大行其道等问题，因此应从数据识别、数据解读和数据表达等三个层面改进报道策略。[1] 还有学者从经济新闻生产主体角度出发，对新兴专业财经报、都市报、央视或地方电视台中的经济新闻报道进行分类研究。其中，如何提升经济新闻的贴近性是许多研究的交叉点。经济新闻作为"硬新闻"，其专业性带来的"难懂""严肃有余而生动不足"等问题一直存在，如何软化"硬新闻"，以更通俗、社会化的形式吸引更多受众，将经济新闻的影响力和可读性相结合，一直是学界探讨的重点。尤其是随着新闻改革的进一步深化，"三贴近""走转改"等一系列活动在新闻战线的开展，经济新闻的服务性特征更加凸显，对可读性、贴近性提出了更高要求。学者普遍从报道题材、报道视角和报道手法方面提供对策，如李道荣认为，提升影响力与可读性要抓住三个重点：首先，要明确自身定位和功能，不可本末倒置；其次，要根据媒体实际选择有效的报道方式；最后，要灵活运用各种报道视角，报道要有全局意识和前瞻性。[2] 侯迎忠、邓悄然认为，提升经济新闻可读性要把握以下四个方向：题材平民化、政策宣传实际化、视角人性化、形式通俗化。[3]

第二，关于经济新闻的发展研究，不同历史阶段经济新闻生产呈现出不同的特点。对于民主革命时期[4]、抗战时期[5]、改革开放以来[6]、金融危机时期[7]等不同时期的经济新闻生产，学界都有针对性研究。由于本书的研究需要，我们集中探讨大数据背景下经济新闻的发展研究。总体来看，相关研究较少，国内学者主要从宏观视角研究大数据背景下我国媒体的发展与改革。这类研究主要分为三个方向。

（1）大数据的引入对新闻传播理论的颠覆。学界的相关研究往往采用定性的研究方法，并形成了一个较为统一的结论：总体来说，大数据在生

---

[1] 吴玉兰：《"统计数据"类经济新闻的报道策略》，《统计与决策》2008年第24期。
[2] 李道荣：《提升经济新闻报道的影响力和可读性的几个问题》，《中南民族大学学报》（人文社会科学版）2010年第3期。
[3] 侯迎忠、邓悄然：《经济新闻的软化》，《当代传播》2005年第2期。
[4] 沈毅：《民主革命时期中共领导人的经济新闻报道思想》，《编辑之友》2010年第6期。
[5] 沈毅：《抗战时期〈解放日报〉经济新闻报道研究》，《当代传播》2012年第6期。
[6] 沈毅：《改革开放30年来我国经济新闻报道的演进——以报纸和电视为例》，《中国社会科学院研究生院学报》2008年第6期。
[7] 周晓红：《金融危机背景下的预警性经济新闻初探》，《新闻记者》2010年第4期。

产信息提供者层面、媒体层面和用户层面都带来了变革,这种变革将对媒体的跨界融合带来深刻影响,并可能在未来使新闻业态重构。[①] 这类研究以喻国明的观点最具代表性,其立论建立在英国大数据研究学者维克托·迈尔-舍恩伯格等的理论基础之上,认为大数据的出现,颠覆了传统科学研究对因果关系的追求,转而探求事物之间的相关关系,也就是说只要知道"是什么",而不用知道"为什么";它打破了传统随机抽样的研究方法局限,全数据样本的选取在很大程度上消弭了拟态环境。在此基础上,喻国明教授提出预测,认为未来新闻领域的研究将越来越多地依赖计算机算法,并跳出追求具象的传统研究思路,开始向"宏观叙事"方向转变。[②]

(2) 大数据背景下传统媒体的转型。不同学者倾向于分别以报纸、电视、新媒体等不同类型的媒体为个案进行针对性研究。例如针对大数据背景下传统报业的转型问题,陈曦的观点具有代表性。他认为,在大数据的驱动下,传统媒体正在或将在以下层面进行数据应用的革新,例如以通讯社为代表的各大媒体意识到了大数据技术能使以往认为的数据碎片和数据垃圾焕发第二次生命,于是开始注重对数据的循环再利用,"数据资产中介"便应运而生;再如大数据的精准预测功能使得传统媒体开始拓展定制化信息推送业务,这都将进一步促进媒介融合。[③] 针对电视媒体的转型问题,史安斌、刘滢认为,在大数据技术影响下,电视业在收视测量的标准、内容生产以及传播模式上都发生了巨大变化。[④]

由此可见,媒介融合时代,各种形态数据的融合是基础,数据将在传媒生产创新中发挥越来越大的作用。"大数据"已经不再是一个概念,而是渗透传媒生产各个环节的实用工具。然而随着人们多屏使用行为的普及,仅仅依靠发行量、收视率、收听率进行评价,存在传统媒体的价值被低估的问题。因此,建立基于大数据的全媒体评价体系,从而全面衡量媒体的价值,可以作为未来研究的一个努力方向。

[①] 喻国明、李彪、杨雅、李慧娟:《新闻传播的大数据时代》,中国人民大学出版社,2014,第 67~77 页。
[②] 喻国明:《大数据方法与新闻传播创新:从理论定义到操作路线》,《江淮论坛》2014 年第 4 期。
[③] 陈曦:《大数据时代传统报业如何占位?》,《中国记者》2014 年第 8 期。
[④] 史安斌、刘滢:《颠覆与重构:大数据对电视业的影响》,《新闻记者》2014 年第 3 期。

（3）大数据与新闻报道形态变革。"大数据"以迅猛之势覆盖了各行各业和公众生活，也带来新闻报道形态的变化，催生出数据新闻这一新型新闻报道方式，数据新闻被视为未来新闻业的发展趋势，相关研究渐成显学。当前业内外"大数据热"的背景，我国传媒转型的现实需求，精确新闻、计算机辅助新闻提供的学科支撑与大数据带来的新型数据挖掘分析技术等因素形成合力，促成了国内对数据新闻的研究热潮。目前我国对数据新闻的研究往往采用案例分析法，且倾向于选择国外成功经验进行探研，其中英国《卫报》、美国《纽约时报》等都常被拿来当作典型案例，通过分析其专业团队建设、内部机构设置或是某一篇报道的采编流程及呈现特点，寻找些许启示。我国对数据新闻的应用和研究都晚于国外，且在数据开放程度、技术、专业人才等方面局限性较大，因此跟国外相比还有较大差距。[①]总体来看，近几年随着数据新闻话题的走红，国内学界对其研究也出现激增态势，在积极引入国外成熟理念的基础上不断探索。但我国数据新闻研究存在研究视角封闭和过于微观、研究初衷具有盲目性、研究效果的科学性准确性较弱等不足，这也给学界未来的研究提出了努力方向。

学界对大数据背景下经济新闻这一特殊新闻品类的专门研究，总体来看研究数量很少，涉及范围也较窄，研究主要涵盖以下三个方面。第一，大数据驱动下经济新闻报道的变革与创新。祝兴平的总结最具代表性，认为经济新闻生产引入大数据之后，其生产模式被颠覆，业务流程和赢利模式也遭遇解构。[②] 第二，大数据在经济新闻报道中的功用。其中杭敏和John Liu的结论最具代表性，他们选用彭博新闻社作为案例，分析并阐述了数据在财经新闻报道中的功用：首先，数据能帮助记者找出新闻点，提出正确而有价值的问题；其次，通过对国家、市场与公司进行比较，数据可以帮助受众发现关联性，理解差异和发展状况；再次，数据能为某些已广为人知的事件提供新的深入的解读视角；最后，数据可以成为预测未来趋势的

[①] 刘义昆：《大数据时代的数据新闻生产：现状、影响与反思》，《现代传播（中国传媒大学学报）》2014年第11期。

[②] 祝兴平：《大数据与经济新闻生产方式的颠覆与重构》，《中国出版》2014年第4期。

有效分析工具。① 第三，大数据背景下经济新闻报道的数据应用策略。针对经济新闻如何借力大数据获得更强的影响力和传播力这一问题，杨绪忠、朱宇提出的具体实践路径最具代表性，即通过建立数据库深度分析数据，对经济数据进行比较，将数据信息图表化、形象化。② 由此可见，经济新闻报道通过对大数据的运用，可以发现新的经济问题，产生新的经济视角，揭示深层的经济问题，预测未来经济前景。依托大数据技术，数据更易挖掘，趋势预测更加准确，内容呈现形式更加丰富，这都给经济新闻带来了前所未有的机遇。

第三，关于经济新闻的理论研究，国内学界的研究已经相当成熟，研究成果较为丰富，相关理论的梳理也渐成系统，研究注重从表层结构进入里层结构。其学理性不仅体现在对经济新闻相关内涵和外延的总结十分细致，涵盖经济新闻的定义、特征、功用、价值取向、受众群等方面，更体现在跨学科的研究视角，如对社会学、历史学、生态学、哲学、政治学等交叉学科理论的运用。例如从生态学的角度看经济新闻报道，就要对企业的经济效益和生态成本"两手抓"，走健康、可持续发展的道路；从哲学的角度看经济新闻报道，就要求用全面、发展、联系的眼光看待报道对象。③ 从社会学和新闻心理学角度出发，可以论证经济新闻的社会属性和人文精神，从而提出提升经济新闻可读性的必要性和实践策略。④

第四，关于国内外经济新闻的比较研究，当前相关文献较少，研究力度薄弱，主要内容为集中探讨国外经济新闻生产实践的先进经验对我国经济新闻发展有何启示，以及寻找其与我国本土经验相结合的路径。在已有研究中，有学者认为国内外经济新闻虽然大致都经历了"普泛性新闻—商业新闻—财经新闻"的发展重心转移过程，但我国经济新闻生产在专业性、全球化、媒介融合等方面仍落后于国外媒体。⑤ 此外，由于在报道思维、经

---

① 杭敏、John Liu：《财经新闻报道中数据的功用——以彭博新闻社财经报道为例》，《新闻记者》2015年第2期。
② 杨绪忠、朱宇：《以数据利器提升财经新闻的影响力》，《新闻战线》2014年第3期。
③ 韩炼：《经济新闻深度报道的思辨美》，《中国广播电视学刊》2001年第6期。
④ 牛丽红：《论经济新闻的社会化诉求》，《编辑之友》2007年第3期。
⑤ 宋祖华：《论中美经济新闻流变与发展》，《西南民族大学学报》（人文社会科学版）2011年第7期。

营理念、媒介生态环境等方面存在显著差异，中西经济新闻报道在写作方法、风格定位和报道重点上都呈现出不同的特点。例如，从思维理念角度来看，我国记者多采取综合型思维，报道中倾向关注事件本身，对背景材料较少提及；"分析型"的西方记者则更注重细节描述和对新闻背景的梳理。[①] 这就为未来我国媒体如何吸引西方受众，扩大阅读群体以提升传播效果提供了方法参考。从经营理念方面看，我国财经媒体存在定位过于集中于高端市场、将大众化与专业化相对立的误区，因此在探求专业性和可读性的平衡方面屡屡受困。从媒介生态环境来说，我国媒体所处的市场环境、受众市场以及整个宏观经济市场相较于国外都存在许多不完善之处[②]，导致我国财经类媒体面临专业性缺乏的严重缺陷。因此，总的来说，要实现我国经济新闻报道质量的提升，对我国媒体在思维模式转变、媒体全面转型、专业人才培养等方面都提出了全新的要求。

3. 经济新闻研究方法：以思辨研究、个案研究为主，研究方法渐趋多元

本书采用孙旭培对新闻传播学研究方法的划分标准，对我国经济新闻研究文献进行考察。孙旭培提出，人文主义范式的科学研究方法是研究者通过操作概念得出结论，主要运用来自哲学的思辨方法，即"从概念到概念"；实证主义范式的研究方法则是研究者通过收集和整理事实得出结论，根据过程中采用方式的不同又分为定量研究和定性研究两大分支。[③] 这两种范式大致构成了科学研究方法的全部。研究方法是否多样和灵活、合理运用，是衡量一个学科是否成熟的重要标志之一。从收集样本的总体情况来看，目前国内对经济新闻在理论和实践层面的探讨都较为深入，相关研究主要运用思辨研究和个案研究方法。从思辨研究来看，国内学界目前普遍采用逻辑法对经济新闻相关概念、内涵等进行界定。从实证研究来看，定量研究方面，研究成果渐渐出现并较多运用观察法，如姚志明、许雄辉的论文《东南商报打造报业新名片》[④]；定性研究包括对经济新闻的特征及表现的描述，以及

---

① 窦卫霖、董继荣：《思维方式对经济新闻写作方式的影响——〈中国日报〉和〈金融时报〉之比较》，《外语教学与研究》2006年第4期。
② 王学成：《大众化还是专业化？——国外财经媒体的启示》，《新闻记者》2005年第5期。
③ 孙旭培：《研究方法与新闻学研究的深化》，《当代传播》1998年第6期。
④ 姚志明、许雄辉：《东南商报打造报业新名片》，《新闻战线》2002年第4期。

经济新闻传播效果、受众分析等方面。此外，在经济新闻的应用研究和比较研究方面，学界普遍采用个案研究法及对比研究法，分别或同时选取国内外经济新闻实践的典型案例进行分析，其中个案研究法运用最多。

本书通过整理新闻传播领域的大数据实践的相关研究，发现大数据虽然热门，在理论层面的探讨频频出现，但是相关的实证研究仍然较少。不过国内新闻学界已经出现实证研究的有益尝试，例如喻国明以2009～2012年百度热搜词数据库为研究对象，运用大数据挖掘、分析技术探讨将碎片化的舆情信息整合处理并进行舆情模型构建的方法。[1] 在另一篇论文中，他通过对2012年中国使用"百度搜索"进行搜索的TOP 2000信息热词和TOP 2000新闻类热词进行挖掘和分析，盘点了2012年网络社会潮流，发现了当年网络热点。[2] 这种基于大数据技术的全景式研究方法有助于研究者把握中国社会舆情发展的总体特点和态势，也为社会管理和社会协调提供了参考。再如《政治传播视角下〈新闻联播〉的宣传模式分析》就是运用大数据技术进行政治传播研究的典型，文章选取《新闻联播》栏目2003～2013年的新闻作为研究文本，对内容进行动态分析，探讨了我国不同时期政治意图和政策关注方向的变化。[3]

4. 当前国内研究的不足

当前国内学界对于经济新闻的研究虽已渐成显学，但针对大数据背景下经济新闻的研究力度明显不够，经济新闻研究的大数据视角明显缺失。具体来看，当前研究的突出问题主要存在于以下四个方面。

第一，关注力度不够，学者仍把目光集中于对大数据背景下整个传媒行业变革的探讨，而对新闻各个品类，尤其是经济新闻这一市场经济时代最为重要的新闻品类的分类研究、针对性研究较少。第二，相关研究缺乏对大数据与经济新闻的内在关联的探讨，缺乏经济新闻运用大数据技术的必要性和可能性的探讨，使得当前的相关研究缺乏必要的内在逻辑和方法

---

[1] 喻国明：《大数据分析下的中国社会舆情：总体态势与结构性特征——基于百度热搜词（2009—2012）的舆情模型构建》，《中国人民大学学报》2013年第5期。
[2] 喻国明：《呼唤"社会最大公约数"：2012年社会舆情运行态势研究——基于百度热搜词的大数据分析》，《编辑之友》2013年第5期。
[3] 邵梓捷、张小劲、孟天广：《政治传播视角下〈新闻联播〉的宣传模式分析》，《清华大学学报》（哲学社会科学版）2015年第3期。

论支撑。第三,对经济新闻报道和经济新闻生产的区分较为混乱。在现有研究中,部分研究是从经济新闻的新闻报道本身出发的,如经济新闻的主题、体裁特点等;部分研究是从经济新闻的生产角度出发的,如生产机制、传播模式的变革等。但这些研究统称为经济新闻报道。第四,当前研究中利用大数据进行新闻传播学研究的成果几乎没有。大数据技术可通过以对海量数据的"普查"代替传统的"窥一斑见全豹"式的抽样[①],实现海量数据的更便捷、更廉价、更大规模的采集,并运用数据分析学新方法探究数据背后蕴含的规律,整合了定量与定性方法,成为传统新闻传播研究的有益补充。但是目前的相关研究很少运用这种技术,这也是研究方法和研究视角方面的一块短板。

(二) 国外关于大数据与经济新闻的互动性的研究

1. 研究规模:数量庞大,专题研究丰富

西方国家关于经济新闻的研究与我国的情况类似,其经济新闻报道研究大多以专题的形式进行,如美国的安雅·谢芙琳等编著的《全球化视界:财经传媒报道》(2005)。这种专题研究的形式也常体现在新闻采写教程中,如美国的梅尔文·门彻所著的《新闻报道与写作》(1977)、密苏里学院编写的《新闻写作教程》(1986)都辟有专章阐述经济新闻的采写技巧。在西方尤其是美国,新闻学的研究重心多放在新闻报道的采写业务上,关于采写技巧的论著较多。西方这些著作在我国的翻译引进,开阔了人们的视野,促进了我国经济新闻报道水平的提高,也给我国的经济新闻报道研究带来了有益的借鉴。

具体到大数据背景下的新闻,国外的新闻实践和相关研究均起步较早,因此在研究内容的丰富性、研究理论的深度方面都有明显优势。其中,针对数据新闻这一大数据给新闻业带来的新型报道方式的研究尤为深入,代表著作有欧洲的《数据新闻手册》(2011)、英国西蒙·罗杰斯所著的《数据新闻大趋势》(2015)。

---

① 苏林森、易伟芳:《大数据技术对传播研究方法的影响与挑战》,《现代传播(中国传媒大学学报)》2014年第11期。

2. 研究主题：紧贴潮流，研究视角的前瞻性和敏锐性强

本书主要选取国外以大数据为视角研究新闻传媒业的相关论文，发现国外学界在这方面的研究成果较为丰富，且颇具理论深度和实践指导意义，研究的问题意识和潮流敏感度极高，在一些新领域的拓展力度很强，这都给我国未来的相关研究带来了启示。但是，国外对大数据与经济新闻的针对性研究也寥寥无几。关于大数据视角下传媒业的研究，主要涉及以下三个主题。

第一，大数据在新闻传播中的应用，包括应用的现状及应用过程中出现的障碍。针对大数据的应用现状，国内外讨论大致趋同，均认为运用大数据手段生产出的新闻报道区别于传统新闻报道的最重要部分就是前者能从宏观视角把握社会趋势和动态，给当前的新闻生产提供一种全新的思维和视角。针对新闻行业运用大数据的障碍，Juliette de Maeyer 等的观点新颖且最具代表性，认为主要包括以下四个方面：数据的获取，资金来源的不足，运用大数据制作新闻的实践滞后以及专业人才的匮乏。其中，数据获取是核心困难。[1]

第二，大数据对于新闻的特定意义。针对大数据对于新闻的意义，有学者从认识论、专业技能、经济学和伦理学等方面分析大数据带来的变革性意义。其中，Seth C. Lewis 等的观点具有代表性。他们认为大数据为我们提供了全新的认知世界的思维和方式，反映到传媒领域最显著的变化之一就是其改变了新闻生产和分销的渠道。但同时我们也要意识到大数据背景下的数据爆炸状态必然使数据更具混杂性和不确定性，这就需要新闻从业者有更敏锐的数据素养，其中主要包括对大数据的正确认知，避免"数据唯大"的误区，同时还需要培养自己利用大数据进行数据收集、处理等的技能。此外，在大数据背景下，媒体内部的机构设置及资源配置方式都需要更新换代以适应全新的媒体运营模式，这一过程被形象地称为"战略性管理"。[2]

---

[1] Juliette de Maeyer, Manon Libert, David Domingo, Francois Heinderyckx, & Florence le Cam, "Waiting for Data Journalism: A Qualitative Assessment of the Anecdotal Take-up of Data Journalism in French-speaking Belgium," *Digital Journalism* 3 (3), 2015, pp. 432–446.

[2] Seth C. Lewis, Oscar Westlund, "Big Data and Journalism," *Digital Journalism* 3 (3), 2015, pp. 447–466.

第三，大数据带来的问题与风险，国外学界着重从隐私与信息风险、伦理问题、信息不对称等方面进行论述。其中针对大数据带来的信息风险问题的论述，Matt Carlson 的观点最具代表性。他认为目前机器人写作新闻的风潮来势汹汹，这在解放专业记者劳动力的同时却不得不让人担忧一个问题：脱离了主观认知的机械性新闻生产，其报道的严谨性和权威性是否还在？[1] Nicholas Diakopoulos 着重从大数据的信息风险角度着手，他提出，受制于商业交易秘密及人为操纵等因素，大数据运用于新闻报道过程中会出现报道不透明等负面效果，因此他总结了一些保证新闻报道标准化和透明度的要点。[2] 这就给大数据技术普及过程中的法律和伦理研究打开了一扇新窗口。

3. 研究方法丰富，思辨研究、实证研究均运用较多

国外关于大数据背景下的新闻的研究不仅成果显著，研究方法也十分丰富。近期相关研究倾向于采用个案研究方法，如《数据驱动的启示：大数据时代调查新闻中的认识论冲突》选取了美国旧金山的调查报告中心（CIR）作为研究对象，研究大数据对新闻记者的知识生产的影响。此外，观察法和社会调查法等研究方法也常被采纳，如《期待数据新闻：对比利时法语区的数据新闻民间研究的定性评估》的作者通过访谈 20 位业内人士和查阅 52 篇相关论文的方式，对特定区域的数据新闻现状进行评估。

（三）国内外关于新闻生产的研究

1. 国外的新闻生产研究

20 世纪 50 年代，大卫·曼宁·怀特（David Manning White）通过旁观记录的研究方法，揭示了人的主观因素在新闻生产中的作用，并首次提出"把关人"[3] 概念，开启了新闻生产研究的新范式。随后，以盖伊·塔奇曼[4]、

---

[1] Matt Carlson, "The Robotic Reporter, Automated Journalism and the Redefinition of Labor, Compositional Forms, and Journalistic Authority," *Digital Journalism* 3 (3), 2015, pp. 416 – 431.

[2] Nicholas Diakopoulos, "Algorithmic Accountability: Journalistic Investigation of Computational Power Structures," *Digital Journalism* 3 (3), 2015, pp. 398 – 415.

[3] David Manning White, "The Gate Keeper: A Case Study in the Selection of News," *Journalism Quarterly* (27), 1950, pp. 383 – 390.

[4] 〔美〕盖伊·塔奇曼:《做新闻》，麻争旗、刘笑盈、徐扬译，华夏出版社，2008，第 88 ~ 95 页。

赫伯特·甘斯、迈克尔·舒德森、沃伦·布里德[①]、伯纳德·罗胥克等为代表的学者开始创造性地从社会学的角度看待新闻生产的全过程，认为新闻生产是在复杂的社会因素交织的状态中进行的。

美国社会学家赫伯特·甘斯在《什么在决定新闻》中考察了新闻的文本呈现、生产者以及宏观的政策，并提出新闻生产流程中所有的参与者，包括新闻机构、新闻从业者、信息来源和受众都对新闻生产有显著影响。[②]迈克尔·舒德森认为新闻生产是组织外部的政治、经济等因素以及组织内部的新闻记者、编辑及其遵循的专业主义这些因素博弈的结果。[③]沃特·吉伯在《新闻是报人们制造的东西》一文中提出，信源、新闻机构等社会力量对新闻从业者的新闻生产产生很大影响。[④]伯纳德·罗胥克则认为孕育新闻的社会现实包括政治、经济、文化、社会、技术等社会因素。[⑤]此外，赫希（Hirsch）从个人、组织、社会环境等三个方面对影像新闻生产的因素进行了分析；舒梅克从个人、常规、组织、媒体外部、社会系统等五个方面对此问题进行了探讨；米奎尔则立足于新闻生产的核心——新闻组织，并从国际、社会、传媒专业机构、组织、个人角色等五个方面回答了新闻生产受什么因素影响这个问题；费德勒则提出了影响新闻生产的最为突出的几个变量，包括社会的需求、媒体间的竞争、源于政治的压力以及社会发展等。

随着新传播技术的出现带来整个社会层面的革新，一些学者把研究重心放在了新技术条件下的新闻生产。美国皮尤研究中心发布的《变革中的编辑室：美国日报的得与失》《美国互联网新闻读者严厉批评新闻机构：从新闻界的价值观和表现的角度：1985—2007》《理解参与式新闻的消费者：互联网与手机用户如何将新闻转化为社会经验》等一系列报告都说明了当

[①] Warren Breed, "Social Control in the Newsroom: A Functional Analysis," *Social Forces* (33), 1955, pp. 326-335.

[②] 〔美〕赫伯特·甘斯：《什么在决定新闻》，石琳、李红涛译，北京大学出版社，2009，第19~27页。

[③] Michael Schudson, "The Sociology of News Production," *Media, Culture&Society*, 1989, pp. 263-282.

[④] 黄旦：《传者图像：新闻专业主义的建构与消解》，复旦大学出版社，2005，第200~208页。

[⑤] 〔美〕伯纳德·罗胥克：《制作新闻》，姜雪影译，（台北）远流出版事业股份有限公司，1994，第11~14页。

前互联网技术给传统新闻生产方式带来了冲击以及在这种冲击下新闻生产模式变革的紧迫性。传统的新闻生产理念已经难以适应新媒体时代的需要，随着互联网技术的革新，传统媒体无论是组织架构设置和新闻生产流程还是新闻报道都要与时俱进。

2. 国内的新闻生产研究

针对新闻生产研究，国内学者的目光主要集中在新闻生产的流程变革及影响新闻生产的因素两方面。其中，针对新闻生产的流程变革，国内学界普遍认为，在当前媒介融合的大趋势下，媒体必须调整自身组织架构和新闻生产流程，才能增强信息资源的利用水平，确保新闻生产所需要的资源要素能够在融合媒体内部顺畅流通并得到高效利用。有学者以国外著名传媒机构作为研究对象，如申森等在《路透社新闻生产的流程管理》一文中，详述了路透社新闻生产流程体系、新闻质量监控体系和新闻产品分析体系及三者之间的相互影响[1]；吴飞等的《英国骚乱中本土公民网站的新闻生产特点——以 Blottr.com 为例》一文，则通过媒体对特定突发事件的反应透视网站新闻的生产流程[2]。还有学者从新媒体角度出发，论述新型传播技术对我国新闻生产流程带来的变化，如袁舒婕的《新闻客户端改变传统"新闻生产线"》[3]、肖桂来的《微博情境下新闻的生产流程》[4]、栾轶玫的《后媒体时代的新闻生产——2012新媒体年度盘点》[5]、操慧的《脱域：互联网时代的新闻生产》[6] 等。这些研究都指向了一个共识，即媒体在当前的新闻生产过程中需要建立高效丰富的新闻资源库和新闻生产的多平台，并使受众参与新闻生产，建立高效的反馈机制，按照企业模式重组新闻生产供应链等。针对影响新闻生产因素的研究，学者普遍认为新闻生产流程不是一成不变的，而是受经济、政策、受众、技术等多种因素的影响，并在与这些因素的博弈过程中不断完善和调整，代表文献有钟剑茜的《媒介融

---

[1] 申森、黄梦阮、詹正茂：《路透社新闻生产的流程管理》，《新闻战线》2008年第2期。
[2] 吴飞、黄超：《英国骚乱中本土公民网站的新闻生产特点——以 Blottr.com 为例》，《当代传播》2012年第3期。
[3] 袁舒婕：《新闻客户端改变传统"新闻生产线"》，《中国报业》2013年第17期。
[4] 肖桂来：《微博情境下新闻的生产流程》，《新闻战线》2013年第4期。
[5] 栾轶玫：《后媒体时代的新闻生产——2012新媒体年度盘点》，《新闻与写作》2012年第12期。
[6] 操慧：《脱域：互联网时代的新闻生产》，《四川大学学报》（哲学社会科学版）2012年第3期。

合时代新闻生产中的受众参与》[①]和彭兰的《社会化媒体、移动终端、大数据：影响新闻生产的新技术因素》[②]等。

三 研究问题的界定

新闻生产处于媒介组织与社会环境深刻互动的关系中，呈现出复杂的社会性，它不仅要遵循媒介组织自身的生产逻辑，还要受到组织外部各种社会因素的影响。其中，技术就是影响媒介组织新闻生产的重要因素之一。新技术带来的新思维，给新闻业的发展带来一系列结构性变革，它不仅让我们意识到大数据的价值并开始对传媒业与大数据联手的可操作性进行论证，还促使我们思考一个核心问题：大数据背景下，我国的经济新闻生产应当如何优化？本书的理论框架和结构框架都将围绕这个问题进行系统展开。

四 研究的理论取向、结构框架与研究方法

（一）理论取向

新闻生产具有社会性，本书在遵循这一理念的基础上，选取了媒介社会学研究模式作为理论起点。这一研究模式的较早、较系统的提出者是美国赖利夫妇，他们将媒介纳入宏观的社会体系中进行考察，凸显出大众传播与整个社会的复杂互动关系[③]，跳出了传统大众传播学的单一理论视角。在此基础上，迈克尔·舒德森又按照不同影响因素的划分，创造性地提出分析新闻生产的三种惯用视角，即政治经济学视角、新闻生产社会学视角和文化研究视角。[④]

[①] 钟剑茜：《媒介融合时代新闻生产中的受众参与》，《当代传播》2012 年第 1 期。

[②] 彭兰：《社会化媒体、移动终端、大数据：影响新闻生产的新技术因素》，《新闻界》2012 年第 16 期。

[③] Denis McQuail, *Mass Communication Theory* (London: SAGE Publications Inc., 1959), pp. 47 - 49.

[④] Michael Schudson, "The Sociology of News Production Revisited (Again)," in James Curran & Michael Gurevitch, eds., *Mass Media and Society* (London: Oxford University Press Inc., 2000), p. 199.

第一，政治经济学视角。该视角从宏观层面出发，更多地反映一种权力运作状态，它将新闻生产过程放置于国家政治、经济体系中加以考察，侧重于研究媒体在生产文化产品过程中呈现出的与国家政治、经济两大控制因素的互动关系，进一步揭示通过资本实现的文化活动对社会的影响。[1]第二，新闻生产社会学视角。该视角从中观层面出发，认为新闻是一种组织性的产物，并主要从社会结构和组织角度对媒体的基本运作过程进行揭示。迈克尔·舒德森认为选择这一视角进行新闻生产的考察，主要是关注作为新闻生产者主体的媒体从业者在市场、文化和专业主义等因素的制约下对新闻报道的题材、体裁等要素进行框选的过程。[2] 这种研究视角也更适用于探讨媒体在新闻生产过程中遇到的组织内外部的制约因素。第三，文化研究视角。该视角从微观层面出发，通过研究新闻报道叙事方式等特征，揭示象征表达系统是如何渗透并影响媒体的专业规范和新闻价值观的，进而窥探本土的文化传统和公众的表达需求。[3]

本书主要采取新闻生产社会学这一中观理论视角，把对媒体经济新闻生产的考察置于其与组织内外部的各种控制因素的互动网中。其中，由于中国媒体自身新闻传播语境的特殊性，传媒机构中的行政力量十分显著，它与市场体制的交织从根本上引发了我国传媒产业的更新和变化。而新技术的引入，使得传者与受者的主体地位界限变得模糊，新闻生产的流程从根本上发生变化，引发产业环境的改变进而影响到政治、经济因素的变革。我们要杜绝"技术决定论"的错误论调，但是也不能一味以为技术只能被其他力量所决定，而应意识到技术对其他因素的反作用。[4] 因此，本书对组织外部的因素主要从政治、经济、受众、技术等方面进行考察，而对组织内部因素则主要从媒体的组织架构和各部门的协作流程方面进行考察，解释这些因素通过何种方式和强度对新闻生产进行控制，从而揭示媒介组织的生产逻辑。

---

[1] 鲁曙明、洪浚浩主编《传播学》，中国人民大学出版社，2007，第512页。
[2] 李金铨、黄煜：《中国传媒研究、学术风格及其它》，《媒介研究》2004年第3期。
[3] 张志安：《编辑部场域中的新闻生产——〈南方都市报〉个案研究（1995—2005）》，复旦大学博士学位论文，2006。
[4] 杨保达：《全媒体时代电视财经新闻生产研究——以第一财经频道为例》，复旦大学博士学位论文，2013。

从新闻生产社会学视角出发，研究大数据与中国经济新闻生产的碰撞，还能有效规避当前学界容易陷入的与现实脱节的"理想化"误区。在运用西方的理论框架和吸取国外先进理念和实践经验时，国内研究往往将西方的传播理念、理论框架等"舶来品"纳入观照范畴，脱离了我国特殊的新闻生产背景，这往往导致相关研究成果充斥着种种与我国社会现实缺乏关联的结论和建议，对新闻生产的优化并无太多现实指导意义。本书深刻意识到新闻生产机构并非封闭的系统，新闻生产的本质也是社会生产。完全不同于西方"市场主导运营"的经营模式，我国传媒机构中行政力量仍起主导作用，经济新闻的基本和首要特点就是政策性，政经新闻在财新网具有突出地位就是其深刻反映。因此，本书将立足现实，在结合西方关于大数据的先进理论、实践经验的基础上，注重与中国的国情相结合，深化对当前社会转型下的中国社会语境和执政党民主执政的解读，力图将先进经验本土化。

（二）结构框架

本书遵循"提出问题—分析问题—解决问题"的三层结构框架，全篇共由绪论、正文和结语构成。第一层次的"提出问题"，主要是对本书的研究背景做概括性描述，在此基础上，提出研究意义和价值，对要解决的主要问题进行陈述，并提出本书的主要理论框架和研究方法。第二层次的"分析问题"，对大数据在中国新闻生产领域的运用历程进行梳理，并以此为基础，从认知方式、产业结构模式、生产运作方式、新闻呈现方式等方面探讨大数据背景下我国经济新闻的生产现状，通过国内的典型案例分析总结出当前经济新闻生产存在的不足，探寻其背后原因。第三层次的"解决问题"，通过对比国外先进典型，思考如何将国外先进经验"本土化"，以指导我国经济新闻生产。基本研究框架如表 0-1 所示。

表 0-1 本书研究框架

层次	章节	主要内容
提出问题	绪论	1. 研究的背景、意义 2. 国内外相关研究综述 3. 研究问题的提出及本研究采用的理论框架和研究方法

续表

层　次	章　节	主要内容
分析问题	第一、二、三、四章	1. 界定基本概念，并梳理大数据背景下新闻报道形态的变化历程 2. 大数据背景下我国经济新闻生产的现状 3. 大数据背景下我国经济新闻生产的问题及原因探析
解决问题	第五、六章	1. 国外运用大数据进行经济新闻生产给我国的启示 2. 大数据背景下我国经济新闻生产的优化对策

（三）研究方法

本书主要采用文献分析法、内容分析法、案例分析法、深度访谈法等研究方法，对大数据背景下我国的经济新闻生产进行研究。

第一，文献分析法。它是基于一定研究目的，对与研究主题相关的文本资料进行阅读、收集、分类、诠释的研究方法。本书采用文献分析法梳理国内外经济新闻生产以及大数据的相关研究成果，从而对研究对象的历史和现状有一个整体的了解，在此基础上找到研究切入点，整理出经济新闻生产的机制、流程等影响其生产的因素。所有运用文献分析法所得的资料也将成为本书内容分析和案例分析的基础和依据，以帮助笔者更深入地探讨研究问题。

第二，内容分析法。内容分析法是一种定量研究方法，它通过类目构建、编码统计对研究内容进行量化，通过测量某些类目的发生频率或不同类目间的关系频率等方式得出研究结果，从而推断出其背后蕴藏的规律和意义。根据台湾学者王石番的观点，内容分析法通过探究传播内容的表现形式、传播效果等进而揭示出其蕴含的本质特点[①]，符合本书的研究目的。因此，本书选取国内在运用大数据进行新闻报道方面比较有经验的财经媒体的报道成果进行内容分析，以期发现其中的规律和不足。

第三，案例分析法。梅里厄姆认为运用案例分析法进行研究必须选择具有代表性的个体、群体、组织或事件等作为研究对象并对其进行系统、

[①] 陈虹、郝希群：《恐惧诉求视角下看媒体的控烟报道——以〈人民日报〉控烟报道为例》，《华东师范大学学报》（哲学社会科学版）2013年第1期。

详尽的描述，目的是提出新观点、新想法。① 罗伯特·K. 殷认为，案例分析着重解决的是当前现实生活背景下的"怎么样"以及"为什么"等一系列实际问题。② 案例分析不仅包括对相关研究案例的资料收集、量化研究，还包括深度的理论探讨，因此是定量研究和定性研究的结合，有利于详尽深入地进行某一事物的研究。这种研究方法符合本书的研究目的，因此本书选取国内外运用大数据进行经济新闻报道实践的代表性媒体财新网、英国卫报进行研究。

第四，深度访谈法。新闻生产是一个复杂的社会过程，质化研究更能揭示其中蕴含的复杂、多元的社会意义，深度访谈法作为质化研究中一种常用的资料收集法，在意见交换、分析动机、构建意义等方面具有卓越效果。深度访谈就是指采访者通过与被采访者进行单独的、个人的交谈，以探询、发掘、分析受访者对于某些问题的态度和意见等。这种研究方法不仅能够增加资料收集的多元性，还能厘清被采访者的主观感受和行为认知，弥补了量化研究的局限。本研究的调查访谈通过对财新传媒内部工作人员进行网络访谈或电话访谈的形式进行，就他们的经验与思考展开研究，这种对业内人士经验的总结丰富了本书在新闻生产实践层面的指导意义。

---

① 〔美〕罗杰·D. 维曼、约瑟夫·R. 多米尼克：《大众媒介研究导论》（第七版），金兼斌、陈可、郭栋梁、周静译，清华大学出版社，2005，第138页。
② 〔美〕罗伯特·K. 殷：《案例研究：设计与方法》（中文第2版），周海涛、李永贤、李虔译，重庆大学出版社，2010，第1页。

第一章
大数据与经济新闻生产概述

"大数据"一词最早由阿尔文·托夫勒于1980年在《第三次浪潮》一书中提出。时至今日,这一计算机技术已经给整个经济社会带来巨变,对于传媒行业来说更是如此。它不仅促使新闻生产方式发生变革,还助力传统媒体转型和媒介融合。

反映到经济新闻领域,大数据与这种高度依赖数据的新闻品类之间更有千丝万缕的关联。

第一节 大数据与经济新闻生产的核心概念

一 大数据及数据可视化

(一)大数据的概念及特点

关于大数据的概念众说纷纭,由于研究出发点和角度不同,学界和业界对大数据的理解或多或少存在差异。从大数据的物质属性角度出发,当前对其概念的界定大致形成了"数据论""技术论""信息资产论"三种。其中,"数据论"的支持者以麦肯锡公司和维基百科为代表,其认为大数据是已超出传统数据库软件操作范围的所有数据的集合。[1] 国内学者徐子沛也

---

[1] 仇筠茜、陈昌凤:《大数据思维下的新闻业创新——英美新闻业的数据化探索》,《中国广播电视学刊》2013年第7期。

赞成这一观点,他还提出大数据的"大"已无法用传统意义上的尺度衡量并且呈现不断增大趋势,因此无须在量级上进行统一。① "技术论"的拥戴者以 IDC 市场研究公司为代表,认为"大数据"是一种全新的架构和数据处理技术,目的是以更少的投入从海量、更新迅速、非结构化的数据中获得更多价值。② 高德纳咨询公司则提出"信息资产论",认为大数据是一种海量、增长率高和多样化的信息资产,但只有新处理模式的催化才能激发其中蕴含的更强大的决策力、洞察力和流程优化力。③ 不难看出,以上三种结论虽各有侧重,但仍存在共同点——它们都不约而同地考虑到大数据的物质载体,即都承认大数据是传统、常规数据软件无法处理的,这也是其区别于传统意义上的数据的核心要素之一。此外,有研究者从微观的大数据构成因子的来源角度出发进行归纳。例如冯登国等提出大数据是来自互联网活动、各类计算机信息系统和各类数字设备的数据集合。④ 官建文等则认为大数据来源于五大类,分别是政府,媒体,企业各个生产、运营环节,个人留存,物联网、传感器以及未联网的各种设备。⑤ 还有研究者从更宏观的大数据整体架构角度出发,认为大数据从广义上看包括大数据技术、大数据工程、大数据科学和大数据应用等领域。⑥ 更有研究者从大数据的呈现特点角度归纳,认为大数据是指规模大、非结构化、数据集彼此无关联且需要快速分析的数据。⑦

大数据的定义纷繁复杂,各有不同且互有交叉,正如迈尔-舍恩伯格等学者所总结的,大数据并非一个确切的概念,它更多的是指人们以一种前所未有的方式在海量数据的基础上可以做到的事情,根本目的在于获取新知、创造新价值,为人类工作、生活、思维等方方面面带来变革。⑧ 以上

---

① 徐子沛:《大数据》,广西师范大学出版社,2003,第 57 页。
② IDC 分析师:《关于中国大数据市场的十大预测》,2015。
③ 梁锋:《大数据》,《新闻前哨》2013 年第 11 期。
④ 冯登国、张敏、李昊:《大数据安全与隐私保护》,《计算机学报》2014 年第 1 期。
⑤ 官建文、刘扬、刘振兴:《大数据时代对于传媒业意味着什么》,《新闻战线》2013 年第 2 期。
⑥ 钟瑛、张恒山:《大数据的缘起、冲击及其应对》,《现代传播(中国传媒大学学报)》2013 年第 7 期。
⑦ 喻国明、王斌、李彪、杨雅:《传播学研究:大数据时代的新范式》,《新闻记者》2013 年第 6 期。
⑧ 〔英〕维克托·迈尔-舍恩伯格、肯尼思·库克耶:《大数据时代》,盛杨燕、周涛译,浙江人民出版社,2013,第 4~9 页。

定义也呈现出大数据的部分特性。2011年高德纳咨询公司提出大数据具有"volume"（大容量）、"velocity"（快速度）和"variety"（多类型）三个特点。随后IBM公司加入"value"（价值密度低）这一特征，由此"4V理论"正式形成，这也是当前比较通用的关于大数据特征的总结。首先，数据量巨大。它的"大"已经完全超出传统数据库及计算机常用软硬件的处理能力，随着物联网、云技术的发展，各种移动终端设备等都成为数据的制造工具和记录仪器，大数据意味着人人都是数据的制造者。例如谷歌公司每天要处理超过24拍字节[①]的数据，YouTube每月大约有8亿访客。其次，速度快。主要是指数据增长速度和数据处理速度的"双快"，这一特点遵循的是实时数据处理和实时结果导向的运作原理。以生物工程学为例，2003年人类第一次破译人体基因密码时，耗时十年才完成三十亿对碱基对的排序；而等到2013年，通过世界范围内的基因仪15分钟就可达到同样的研究目的。[②] 再次，数据类型多样。这不仅包括以文本为主的结构化数据，还包括种类繁杂的原始、半结构化和非结构化数据，例如来自网页、互联网日志文件（包括点击流数据）、搜索索引、社交媒体论坛、电子邮件、文档、主动和被动系统传感器的数据等。数据的持续飞速增长给数据处理能力提出了更高要求。最后，价值密度低。大数据由于采用的是"全样本"的分析手法，其中必然包含大量不相关信息，真正有价值的信息则很少。价值密度的高低与数据总量的大小负相关，如何浪里淘沙选取所需信息、探求深度价值是值得深入思考的。

在科学研究中，对研究对象的定义不明确，容易造成研究过程中的概念偷换，给研究的准确性带来负面影响。因此，本书在综合上述大数据概念和特征的基础上对大数据定义进行整合和统一，力求使其在更大范围内适用于普遍性、系统性的论述，即认为"大数据"是：借助新型计算科学技术对规模庞大、高速更新、类型多样且价值巨大的数据集合进行处理以挖掘更高价值的整体架构。

---

① 拍字节，一般记作PB，等于2^{50}字节。
② 〔英〕维克托·迈尔－舍恩伯格、肯尼思·库克耶：《大数据时代》，盛杨燕、周涛译，浙江人民出版社，2013，第13页。

(二) 大数据概念的起源、发展及"大数据背景"的时间节点划分

1980年,阿尔文·托夫勒在其著作《第三次浪潮》中首次提出"大数据"一词。1998年,美国期刊《科学》上刊登了《大数据的处理程序》一文,正式开始运用"大数据"概念。2011年5月,麦肯锡公司在其发布的《大数据:下一个创新、竞争和生产力提高的前沿领域》中,指出"大数据时代"已经到来;同年6月,IDC市场研究公司发布《从混沌中提取价值》,至此大数据开始成为人们关注的热门话题。统计显示,Google"大数据"搜索量自2011年6月起直线上升。[①] 但在此之前,大数据就已经在各行业开始应用。例如Farecast公司于2004年左右就开始通过大数据技术预测机票价格走势和增降幅度,Google公司在2009年甲型H1N1流感爆发时就运用大数据技术对流感的出现范围进行预测。

当前"大数据时代"的提法十分普遍,这不禁让我们思考以下问题:"大数据"是否真的创造了一个全新时代?"大数据时代"这一提法的准确性是否值得商榷?本书认为,这一提法从学术研究角度来看并不严谨。首先,从"时代"的概念进行论证。所谓"时代",《辞海》的定义是"历史上依据经济、政治、文化等状况来划分的社会各个发展阶段"。学者刘建明更具体地提出新"时代"的必然要素是经济、政治、文化的变迁改变了社会的整体面貌,如资本主义时代、社会主义时代。[②] 我们日常生活中对某一流行现象、概念等冠以"时代"的称呼并不具有学术参考性,只能归类于口头惯性表达。其次,从大数据的内涵进行论证。"大数据"是互联网、物联网、云计算等一系列新型传播技术催生的海量数据以及应运而生的一系列新型计算技术、新思维理念等整体架构的概念集合,因此归根结底它是信息技术的子集。它虽然带来了新型的数据呈现形式和数据处理方式,但并未从根本上改变物质生产属性,也没有带来社会管理的彻底变革,因此不具有崭新的时代特征,只是信息时代的特征之一。最后,从大数据带来

[①] 陶雪娇、胡晓峰、刘洋:《大数据研究综述》,《系统仿真学报》2013年第S1期。
[②] 刘建明:《"大数据"的迷思与新闻媒体的应对》,《中国广播电视学刊》2013年第7期。

的变革方面论证。其中最突出的方面当数大数据对思维方式的革新，它让人们不再关注传统的"因果关系"，而是探求"相关关系"。也就是说，大数据告诉我们某一现象或趋势"是什么"，而不探求"为什么"。这一变化也存在弊端：对大数据盲目信赖容易陷入"数据至上"的误区。从深层来看，也是对科学研究核心意义的挑战。大数据带来的这一思维变革虽然有其存在的价值和意义，却无法脱离传统的科学研究范式而孤立存在。学界目前也渐渐有了关于如何将二者联合的探讨。综上来看，"大数据时代"的提法不够严谨，因此本书将统一采用"大数据背景"这一说法。

由于本书将经济新闻置于"大数据"背景下进行研究，对"大数据"这一现象和历史进程的追溯尤为重要，这就涉及对"大数据"时间节点的界定和划分，因其不仅关系到后续研究样本的采集，更是本研究的起点和关键点。"大数据"概念于2011年开始风靡，并于2012年在各国上升到国家战略层面，自此业界实践和学界研究开始增多。新闻业在数据化道路上不断探索前行，并一直充当着大数据变革的观察者、记录者和参与者。本书的研究主体是我国经济新闻生产，因此主要以大数据在我国新闻传播领域开始出现大量实践和研究为标准。本书以"大数据"和"新闻"为并列主题在中国期刊全文数据库"新闻与传媒"类文献中进行搜索，发现2012年之前的相关文献均是关于数据和新闻二者关系的讨论，例如新闻中数据的使用。从2012年开始，"大数据"概念才真正出现，2012年相关研究文献共2篇，2013年有140篇，2014年有463篇，2015年有768篇。可以看出，研究数量从2013年起呈激增态势，这与业界和学界将2013年作为"大数据元年"的界定不谋而合。因此，本研究将以2013年为研究的时间节点，对国内媒体针对大数据的研究样本选取也基本遵照这一划分标准。

当前，大数据的意义已上升到国家战略层面，许多国家都对大数据的研究和生产计划进行了详细、精心部署。以美国和我国为例。为更好地开发、利用海量数据的价值，美国国防部每年投入2.5亿美元资助相关研究；针对人为或自然灾害、恐怖主义事件、网络威胁等，美国国土安全部展开了"可视化和数据分析卓越中心"（CVADA）项目；此外，早在2004年联邦政府就在国土安全部成立了国家可视化分析中心（NVCA），专门推动该项技术在政府部门的运用，特别是在情报分析领域的应用……我国在大据方面的战略部署也渐趋完备，党的十八大以来，在习近平关于网络强国战略重要讲话的指导和党中央的精心谋划下，我国大数据产业取得突破性发展。2015年，十八届五中全会首次提出"国家大数据战略"，《促进大数据发展行动纲要》发布；2016年，《政务信息资源共享管理暂行办法》出台；2017年，《大数据产业发展规划（2016 – 2020 年）》开始实施；2018年召开的全国网络安全和信息化工作会议，对包括大数据产业在内的信息化发展战略进行了全面部署。截至2018年底，我国已建成国家政府数据统一开放平台。

（三）数据可视化的内涵和意义

21世纪以来，随着数据仓库、联机分析和数据挖掘技术的不断完善，数据可视化概念不断被提及，并越发成为完善数据产业链的关键环节。"数据可视化"并非一个新词，对这种方法的运用早已有之，只是随着时代的进步，相关技术手段越发先进和成熟，不同时期对数据可视化的内涵界定也有所不同。新闻媒体对可视化的运用最早可追溯至《今日美国》的乔治·罗瑞克综合运用颜色、符号以及注释等手段绘制气象图表，创造性地把该报纸提升到视觉化层次。目前学界对数据可视化的定义并不统一，维基百科认为它是"借助于图形化手段，清晰有效地传达与沟通信息"的视觉传播方式。Michael Friendly 和 Daniel J. Denis 认为其是一种运用示意图等视觉化形式表现数据的科学。无论定义如何变化，数据可视化始终包含两个要素，即它是"处理数据的一种手段"，并且"需要通过视觉化方式传达信息含义"。

大数据的出现意味着数据量的爆炸式增长，这种态势呼唤更为专业的数据呈现工具出现。在这种需求的推动下，数据可视化相关产品迅速增多，从以饼状图、柱状图等为代表的静态、简单、传统可视化呈现方式，到如今的动态、交互、多媒体的立体多维可视化呈现手段，曾经冰冷、枯燥的数据在可视化技术的催化下"活"了起来。本书结合大数据的研究背景，认为当前环境下数据可视化的含义是指以静态、动态甚至是交互式图表或图像等方式来呈现数据、演绎数据的科学研究手段。

二 经济新闻

（一）经济新闻的概念

作为我国新闻报道中的"基础新闻""骨干新闻"，经济新闻历来受到新闻业界和学界的重视。但是，对于什么是经济新闻以及经济新闻到底面对何种报道对象，研究学者莫衷一是。在长久的发展过程中，经济新闻的定义大致出现了"经济事实"说、"经济信息"说和"经济选择"说三大类别，三种分类各有侧重和理论依据。[1]"经济事实"说从新闻的呈现形态出发，以"新闻即事实"这一国内较为通行的"新闻"定义为基础，对经济新闻进行概念界定。张颂甲提出经济新闻是"对新近发生的经济事实的报道"[2]。彭朝丞在此基础上提出经济新闻的功用是"反映、服务和引导社会经济活动和人民群众经济生活"[3]。徐人仲进一步划定经济新闻的报道范围，包括"经济建设、经济改革、经济生活"[4] 等一系列经济活动。"经济信息"说则将新闻的构成本源进一步细化，认为经济新闻传递的是一种经济信息，代表学者有余镇邦、黄其庄[5]和仇学英[6]。"经济选择"说则受现代古典经济学中针对资源配置的理念的影响，认为经济新闻报道的是人们如何进行经济选择和经济决策，代表学者有樊凡、时统宇[7]和王华庆[8]。

李道荣等通过借鉴古今中西方大量资料对比分析了以上三类定义，并结合马克思主义政治经济学理念，对经济新闻报道的对象和范围按照重要性排序，在此基础上总结出经济新闻是对"人类社会最新的经济活动、经济关系和最新的自然经济现象的报道"[9]。这一定义可谓融三者之长，更加

---

[1] 李道荣等：《经济新闻报道研究》，中国社会科学出版社，2013，第9页。
[2] 张颂甲：《经济新闻写作浅说》，经济日报出版社，1991，第4页。
[3] 彭朝丞：《怎样写好经济新闻》，人民日报出版社，1993，第10页。
[4] 徐人仲：《经济新闻学初探》，新华出版社，1993，第5页。
[5] 余镇邦、黄其庄：《经济新闻写作》，新华出版社，1997，第28页。
[6] 仇学英：《热点经济新闻采访技巧》，新华出版社，1998，第29页。
[7] 樊凡、时统宇编著《经济新闻范文评析》，新华出版社，2001，第4页。
[8] 王华庆编著《经济新闻采访与写作》，中国广播电视出版社，2001，第4页。
[9] 李道荣等：《经济新闻报道研究》，中国社会科学出版社，2013，第9页。

全面、准确、科学。

和"经济新闻"相似且经常被提及的一个概念是"财经新闻"。目前针对"财经新闻"的定义，学界一直存在争议，大致可分为以下两种主流意见。一种意见认为财经新闻相较于经济新闻，其关注范围更为细化、复杂和专业，专注于财政、金融、市场、贸易、证券等领域；另一种意见则认为财经新闻与经济新闻在内涵和外延上都高度重合，前者可以看作后者在市场经济时期的新提法，都是有关经济活动、经济现象和经济决策的最新事实和情况的报道。本书结合学界以上两种主流意见，进一步总结认为，财经新闻本质上就是经济新闻。随着市场经济的发展，财经新闻的报道范围不限于财政、金融领域，而是覆盖了社会生产、分配、交换、消费等各个环节。尤其值得注意的是，在市场经济时代，财经新闻更多地以消费者和投资者为核心受众，这是它区别于以生产者为核心受众的传统经济新闻的关键之处。

（二）经济新闻的特点

经济新闻作为新闻的一个重要品类，不仅具备新鲜、重要、真实等基本的新闻价值要素，还有区别于其他类型新闻的个性特点。在中国特色的传媒生态中，我国经济新闻报道的以下四个特点尤为突出。

一是政策性。作为我国党和人民的喉舌，新闻媒体在报道经济新闻时，应始终以宣传党和国家的经济政策，配合政府的经济建设工作为首要任务。因此，政策性是经济新闻报道的基本和首要特点。这一特点体现在经济新闻报道的方方面面，如直接传达经济政策的颁布和实施，解读政策和法规蕴含的精神，剖析或预测其对社会经济生活的影响，等等。二是专业性。经济是一门复杂、抽象的社会科学，经济新闻则由各种经济学原理、经济发展规律、复杂的经济关系等内容贯穿始终，专业性是其固有特点。它不仅体现为报道内容的专业性特征明显，还体现为报道方式的抽象性和概括性，如对经济学的专业术语、精准的数字和复杂的图表等的运用，其中数字和图表历来是经济新闻报道的惯用呈现手段。三是服务性。随着改革开放以来我国社会主义市场经济体制的确立和党的工作重心转移到经济建设上来，我国的新闻体制也实行了重大变革，经济新闻报道范围在很大程度上得以拓展。对经济政策的上传下达,做出种种分析预测,为政府、企业和个人的经济行为提供参考,无一不体现了经济新闻的服务性特点。尤其是2011年8月新闻战线组织实行"走转改"活动以来,经济新闻报道更加注重人文关怀,对群众的服务性、贴近性更加凸显。想群众之所想,为群众服务,满足受众需要,这也是经济新闻适应社会主义市场经济环境的内在需求。四是前瞻性,这一特点从根本上说是服务性和专业性的延伸。预测经济形势和市场趋向,为经济活动提供指导,已越来越成为经济新闻报道的常态要求之一。[①]

三 新闻生产

(一) 新闻生产的概念源起与发展

新闻生产理论的源头,可以追溯到 H. 拉斯维尔在《传播在社会中的结构与功能》(1948)一文中提出的"5W"线性传播模式,即"who""say what""to whom""in which channel""with what effect"。"5W"模式表明传播过程是一个以影响受众为目的的行为过程,此模式中的"who"就代表了新闻媒体(组织)以及为它工作的人(组织中的个人)。20世纪50年代,大卫·曼宁·怀特在《把关人:新闻选择的个案研究》一文中首次提出"把关人"[②] 概念,他认为电报编辑中人的主观因素对电讯稿的影响最大,这一理论意识到新闻机构对新闻产品生成的作用,使得新闻传播过程中作为把关人的"编辑"的作用得以体现,为当代传播学体系的深度发展与完善打下了良好的理论基础。然而,它把新闻制造看作某种封闭、孤立的简单传播行为,认为新闻生产过程中选择和判断标准仅仅是出于个人的主观价值。这种理念对于"把关人"之所以能够成为把关人的先决条件、何种新闻采用何种方式能到达把关人手中等一系列复杂、前设问题没有进行深层考量,忽略了传媒的所有者、传媒的组织特征等宏观因素对新闻传播的

---

① 李道荣等:《经济新闻报道研究》,中国社会科学出版社,2013,第72页。
② David Manning White, "The Gate Keeper: A Case Study in the Selection of News," *Journalism Quarterly* (27), 1950, pp. 383–390.

影响。

本质上，新闻生产过程同样也是社会生产过程，因此考察新闻生产不能忽视媒介组织内部的科层结构、劳动分工及规章制度，若仅仅关注已完成的新闻产品，注定只能是管中窥豹，难见精深。因此，新闻学的研究路径中逐渐发展出新闻生产社会学一支，以社会学的视野及方法进入作为社会生产过程的新闻生产过程，甄别其特征，考镜其源流，辨析其脉络。唯其如此，在了解新闻报道的是什么之余，为什么如此报道才会浮出水面。赫伯特·甘斯[1]、迈克尔·舒德森[2]、伯纳德·罗胥克[3]等学者创造性地将新闻生产研究引入更宏观的社会学研究视角，他们认为新闻的生产方式以及引发的媒介效果是一个多变的研究领域，需从社会文化的视角对整个新闻业进行反思。这些学者也是"建构论"的支持者，他们普遍认为作为一种社会机制和文化的新闻，是社会建构的现实，这就为本研究提供了基本的理论范式。

(二) 新闻生产的内涵

国内学者张柱认为，"新闻生产"具有名词和动词的双重含义，作名词讲时，新闻生产是指新闻实践；作动词讲时，是指从信息加工到传播的一系列过程。[4] 刘义昆、赵振宇认为，新闻生产是指由新闻生产主体、客体和两者呈现的生产关系这三类要素所组成的生产过程，并且这一生产过程在新媒体出现前后呈现出截然不同的特点。[5] 新媒体出现之前，新闻生产的主体单纯指新闻机构及从业者，且生产过程大致遵循"选择—加工—传播"的单链条路线；新媒体出现后，新闻生产的主体由专业媒体人群体扩展到包括管理者、受众在内的所有信息提供者，且新闻生产开始从传统的组织

---

[1] 〔美〕赫伯特·甘斯:《什么在决定新闻》，石琳、李红涛译，北京大学出版社，2009，第43~46页。

[2] Michael Schudson, "The Sociology of News Production," Media, Culture & Society, 1989, pp. 263-282.

[3] 〔美〕伯纳德·罗胥克:《制作新闻》，姜雪影译，(台北) 远流出版事业股份有限公司，1994，第11~14页。

[4] 张柱:《新媒体时代的电视新闻生产——平台思维与流程再造》，中国人民大学出版社，2016，第29~30页。

[5] 刘义昆、赵振宇:《新媒体时代的新闻生产：理念变革、产品创新与流程再造》，《南京社会科学》2015年第2期。

化生产向新媒体平台转移。[①] 但无论新闻生产的流程如何改变,其始终包含信息的选择、加工、传播、反馈等一系列过程及其中各环节的互动影响。

因此,从宏观方面来看,新闻生产不仅包括新闻生产流程,还包括新闻生产的理念变革、产业转型模式、生产运作方式、新闻呈现方式等一系列复杂因素,这也是本书对新闻生产内涵的界定和研究的基本思路。

第二节 经济新闻生产与大数据应用的内在逻辑关系

大数据给整个社会带来了挑战和机遇并存的局面,如何借力大数据实现自我突破和发展值得每个行业深思。其中,找到本行业与大数据的契合之处,无异于找到了驾驭大数据,实现大数据探索与行业提升共赢的突破口。

一 大数据应用与传媒业的契合之处

对于传媒行业来说,大数据不仅革新了新闻生产方式,还助力传统媒体转型和媒介融合。

第一,大数据革新了新闻生产方式。这不仅体现在其拓宽了新闻生产的信息源,丰富了新闻产品内容,更体现在其改变了新闻生产流程。大数据的"4V"特点告诉我们,它包含的数据是海量的,并且在持续、实时更新和增加。传媒业作为以信息服务为主体的行业,同信息打交道是其行业天性和生机所在。大数据带来的宏大数据量和全方位、实时监测数据的采集、处理特性,无疑大大拓宽了新闻生产的信息来源,充实了数据储备,成为传媒业的信息富矿。媒体不仅能够第一时间采集到新鲜、全面的数据信息,而且能够利用大数据技术进行深层价值发掘,发挥数据的反馈增值

---

① 喻国明:《互联网逻辑下传媒产业转型升级的关键与发展进路》,《新闻与写作》2014 年第 7 期。

效用。综上所述,大数据通过科学精准的计算机算法对数据进行处理加工,大大提升了媒体的信息服务效能。此外,大数据的运用打破了原有新闻生产的采、写、编、评流程,报道采编与技术、市场推广等环节相结合,以兼顾内容生产和用户需求。

第二,大数据助力传统媒体转型和媒介融合。进入新媒体时代,传统媒体面临严峻挑战,媒介融合需要迈向更深层次。大数据技术的出现无疑为媒介融合带来了新契机:大数据将前期制作与效果评估联结起来,将内容生产与广告销售联结起来,将传统媒体与新媒体联结起来,必将成为撬动新闻行业变革的利器。总的来说,大数据的理念和技术无论在传播内容、传播手段还是机构设置方面都给传统媒体带来前所未有的颠覆,也为其在优化报道方式、增强用户黏性、提升传播效果、完善传播功能等方面提供了无限可能。[1] 大数据通过收集人们使用互联网时留下的海量信息和信息痕迹,分析受众心理,并进一步研究市场需求,开展个性化定制等针对性营销,使传播效果得到最大化发挥。[2] 此外,媒介融合借大数据之力进入全新的发展阶段,从早期的内容、渠道融合和中期的平台、产业融合发展到如今的生产理念、流程、机制的深度融合,我国的新闻样态开始呈现出开放、多元、共建的特点。

二 大数据应用与经济新闻的契合之处

大数据应用与经济新闻之间不仅具备上述的种种契合之处,更有区别于其他新闻品类的独特契合点。这深刻体现在大数据带来的建构现实的新范式为经济新闻生产的变革提供了技术支撑。

经济新闻报道长期以来存在"外行看不懂,内行不愿看"的尴尬局面,在专业性和可读性之间始终无法找到真正的平衡点。但大数据技术的出现为解决这一问题提供了更多可能。大数据除了带来非凡的数据分析技术外,还带来了全新的数据呈现技术,其中数据可视化是近年来的热门议题。在

---

[1] 王俊荣、崔爽爽:《大数据时代传统媒体的转型与突围》,《当代传播》2014年第4期。
[2] 袁文丽、贡嘉阳:《传媒业大数据应用误区与应用策略分析》,《山西大学学报》(哲学社会科学版)2015年第4期。

大数据技术的催化下，数据呈现方式更加立体化、直观化和互动化，给人们的认知方式和思维方式都带来了深刻变革。因此，经济新闻报道如果能够借力大数据，发挥数据可视化的生动、直观优势，并通过大数据的数据挖掘手段充分解读信息背后的深层含义，就能兼得经济新闻的"专业性"和"贴近性"。

此外，数据的失实等问题也对经济新闻的公信力造成了不可忽视的影响。美国学者李普曼在《公众舆论》一书中提出，媒介真实并不等同于客观现实，而是经过媒体的种种框选而呈现出来的，这就是所谓的"拟态环境"。媒介技术的局限性是造成这种现象的重要原因之一。传统的数据收集和分析技术是以随机和少量数据进行总体性描述，但这一方法的有效性和准确性建立在采样的绝对随机性上，而这一过程实施起来十分困难，因此该方法存在很大缺陷。大数据的出现则开辟了"全数据"模式，通过先进的数学方法对全面数据进行准确分析，这将使"拟态环境"的局限性在很大程度上消失。[①]

第三节　大数据背景下新闻报道形态的变革轨迹

传播技术的更新给新闻生产带来了全方位的变化，从新闻信息的收集、新闻采访报道到新闻产品的编辑加工再到新闻产品本身，从新闻生产的流程到新闻机构的建设再到新闻从业者本身的角色和职能，无一不渗透新技术带来的变化。其中，新闻报道的形式集中体现了这些变化。本书结合"大数据"的研究背景，主要以传播技术的更新和传播载体的变化为依据进行新闻报道形态的演变阶段划分。

发端于20世纪50年代并于20世纪90年代开始流行的采用统计量化方式生产新闻的手段，大致经历了从精确新闻、计算机辅助新闻、数据驱动新闻到当前的大数据新闻的发展历程。运用大数据技术进行新闻生产最早

[①] 喻国明、李彪、杨雅、李慧娟：《新闻传播的大数据时代》，中国人民大学出版社，2014，第9～11页。

可以追溯到1952年美国哥伦比亚广播公司（CBS）在大型计算机的帮助下预测美国大选结果，发展到现在，电脑辅助的报道工具在全球范围内都渐渐成为媒体的制胜利器。

一 精确新闻

对于精确新闻，目前学界普遍将20世纪60年代界定为其起源时期，其概念由美国记者菲利普·迈耶（Philip Meyer）首次提出。虽然早在20世纪50年代就已有零星计算机辅助报道新闻的实践，但直到1967年数据分析才开始流行起来，其代表事件就是《底特律自由报》的记者菲利普·迈耶针对底特律发生的黑人骚乱，运用计算机分析对底特律居民的相关调查并解释骚乱原因。这一事件也被认为是精确新闻报道的起源。1973年，迈耶出版了《精确新闻》（Precision Journalism）一书，进一步解释了精确新闻的支撑方法和适用范围，即它是利用社会调查和数据库分析等方法进行的新闻报道。① 结合计算机技术，精确新闻的发展也促进了新闻准确度和效率的提升，同时催化了计算机辅助报道和数据新闻的到来。

相比传统的新闻生产，精确新闻开始呼唤记者主动性和新闻敏感性的回归，新闻从业者的"自选动作"开始占据相当比重，主动出击发掘新闻题材、充实新闻框架、挖掘隐藏真实的新闻实践越来越多。精确新闻在前期调查中需要严格按照社会学的专业方法进行程序设计，包括新闻选题、文献综述、假设检验、查阅二手资料等，同时还要用精准的抽样、问卷调查以及专业的数据分析软件作为辅助，从庞杂的数据中寻找关联、挖掘真实，这就保证了新闻生产过程的专业性和客观性。20世纪90年代以来，在以《北京青年报》的《公众调查》（曾以《精确新闻》为名）、《中国青年报》的《青年调查》（前身是《调查·观察》《舆情》）专栏、《解放日报》的《百分比新闻》、央视《中国财经报道》的《每周调查》节目为代表的栏目推动下，精确新闻在中国也日渐发展起来。②

---

① Jonathan Gray, Lucy Chambers, Liliana Bounegru, Wilfried Ruetten, The Data Journalism Handbook (New York: O'Reilly Media Inc., 2012), p.50.
② 田苗苗：《论精确新闻报道的优势及劣势》，《乌鲁木齐职业大学学报》2011年第2期。

二 计算机辅助新闻

计算机辅助新闻起源于精确新闻的需要,辅助其数据处理的一系列过程。随着计算机技术应用的普及,它的实践更为广泛,理念也更加清晰。所谓计算机辅助新闻,是指借助在线服务、政府公开的数据库或媒体私有的数据库,开展数据收集、新闻线索挖掘、新闻细节核实、背景资料充实等一系列环节,并最终完成一篇报道的新闻生产方式。

计算机辅助新闻的发展十分迅速。1989 年,美国《亚特兰大宪法报》的一篇运用计算机技术进行的调查性报道获得了普利策新闻奖,这一标志性事件使计算机辅助新闻报道的科学性地位第一次得以明确确立。随后,世界各地开始纷纷创立相关协会并通过举办峰会、研讨会的形式扩大计算机辅助新闻的影响力,普及这一报道理念。如 1990 年于印第安纳州举办的第一届计算机辅助新闻峰会、2001 年举办的全球调查性新闻峰会等都是计算机辅助新闻发展历史上的里程碑事件。随后,Brant Houston 撰写了《计算机辅助新闻报道实践指南》一书,这也是第一本探究计算机辅助新闻报道的书籍,为该报道形式的发展提供了系统的理论指引。不过值得注意的是,这一阶段对大数据技术的运用只停留在对原始数据的初步整合层面,还没有涉及对数据的价值进行深度挖掘,且报道中的数据也只是作为新闻中文字内容的辅助说明。

三 数据驱动新闻

"数据驱动新闻"也叫"数据新闻",这一概念最早由美国记者 Adrian Holovaty 在《报纸网站所需要的根本变革》一文中提出。针对数据新闻的内涵,许多学者都进行了界定。如欧洲《数据新闻手册》一书从数据新闻的表现形式角度出发,认为数据新闻是通过更为生动、说服力更强的表达方式对数字信息进行分析和呈现的新闻。[①] 德国之声电视台记者米尔科·洛伦

---

① 方洁、颜东:《全球视野下的"数据新闻":理念与实践》,《国际新闻界》2013 年第 6 期。

兹从新闻生产流程角度出发,认为一篇数据新闻的产生大致经历了信息的收集、筛选、清洗和挖掘等一系列过程,并最终通过可视化形式呈现出来。[①] 国内学术界和业界关于数据新闻的概念界定虽然大致都赞同米尔科·洛伦兹对数据处理流程的定位,但是对于数据新闻的核心莫衷一是。其中,以章戈浩为代表的学者认为数据新闻的价值落点是新闻叙事[②],而以方洁和颜东为代表的学者则认为其核心是数据处理。不过可以看出,数据新闻相较于之前的新闻报道形态,无论在新闻生产流程还是数据处理理念方面都已经呈现出全新的特点。

第一,数据新闻以公开的数据资源为基础,其所采集的数据量基于社交网络和移动互联网终端的海量信息采集,已远远超出某个或若干数据库的容量范围。这一目标的实现建立在各国数据开放运动愈演愈烈的基础上,以美国为代表的国家更是通过公民自发组织、民间公益机构引导、政府制度保障等多方面合力的方式共同促进国家信息公开进程。发展至今,数据开放尤其是政府信息公开已经纷纷上升至各国的国家战略层面。第二,数据新闻以特殊的计算机程序为依托,它对数据的处理分析以及可视化和叙事化的呈现形式,能够更好地揭示事件背后的复杂关系。这一发展特点以2005年为节点,首先由程序员设计的编程引领,随后带动了更多计算机人才将此类实践应用到新闻报道中来。直至后来,以卫报为代表的主流媒体开始真正引入大数据的新闻生产理念,并在机构设置、人才引进、内容及技术平台拓展方面进行全方位革新,探索可视化数据新闻生产。第三,数据新闻衍生出个性化信息推荐功能,使得新闻报道的生产更加人性化、更具贴近性。新闻生产者可以通过各个应用终端收集用户信息并进行分析,在此基础上针对个人偏好提供针对性服务,大大增强了用户的黏性。

四 大数据新闻

目前学界对于"数据新闻"和"大数据新闻"的定义并无严格区分,

[①] 方洁、颜东:《全球视野下的"数据新闻":理念与实践》,《国际新闻界》2013年第6期。
[②] 章戈浩:《作为开放新闻的数据新闻——英国〈卫报〉的数据新闻实践》,《新闻记者》2013年第6期。

很多学者认为两者是同一概念。但本书认为大数据新闻是数据新闻的进阶模式，因其无论是在数据挖掘力度、可视化呈现的创新性还是规模化、平台式生产方面都提升到了全新的水平。喻国明等学者在《新闻传播的大数据时代》一书中提出，大数据新闻代表着新闻业未来的发展趋势。[①]

首先，针对数据驱动的调查性报道，大数据新闻将逐渐从对社会表层现实的关注进入对深层现实的开采，为受众提供更为深刻的洞见和更为科学的预测。同时，随着数据公开和开源技术的进程不断推进，运用大数据进行的新闻生产将会更加客观和公开。其次，针对数据可视化叙事，大数据新闻将不再满足于简单的静态图表、地图等形式，而是向更高科技的动态交互呈现模式转变。最后，针对数据驱动的应用，大数据新闻将逐渐走向跨领域、跨平台的开放式、众包式合作生产。如何使新闻报道做出更精准的预测，如何让新闻阅读变成受众的感官享受，如何把新闻定制普及为受众的日常信息接收方式，这些都是现阶段大数据新闻生产实践中需要考虑的核心问题，大数据新闻的规模化生产还有很长一段路要走。

---

① 喻国明、李彪、杨雅、李慧娟：《新闻传播的大数据时代》，中国人民大学出版社，2014，第26页。

第二章

大数据背景下中国经济新闻生产所受的冲击和影响

新闻生产社会学的核心理念就是认为新闻生产处于各种社会因素互相控制的"场"中,媒介在生产实践和社会控制两大环节交织的过程中不断寻求自主性的衍生。本书在进行研究过程中采取新闻生产社会学的理论视角,就是把对媒体经济新闻生产现状的考察置于其与组织内外部的各种控制因素的互动网中。其中,组织外部的社会控制因素主要包括政治、经济、技术等社会力量,它们通过影响乃至决定生产实践的方式对新闻生产进行"控制";而组织内部的控制因素既有来自集团层面的,也有来自媒体自身层面的,包括调配控制和操作控制两个层次,也就是说,媒体通过发挥自身能动性的"反控制"方式参与新闻生产。新闻生产在"控制"与"反控制"的博弈中不断转变格局,在不同历史时期呈现出不同的特点。法国社会学家皮埃尔·布尔迪厄(P. Bourdieu,又译作"皮埃尔·布迪厄")著名的"场域理论"(field theory)就是对新闻生产中的社会控制与行动者能动性之间关系的权威解读,他认为"场域"呈现的是权力与资本的博弈和此消彼长。[①] 因此,从场域视角研究新闻生产就是考察在某一社会空间中贯穿于媒体新闻生产过程的不同权力与资本的力量对比及其实际的紧张状态。[②]

---

① 〔法〕皮埃尔·布尔迪厄:《文化资本与社会炼金术——布尔迪厄访谈录》,包亚明译,上海人民出版社,1997,第143~144页。
② 高宣扬:《布迪厄的社会理论》,同济大学出版社,2006,第139~140页。

第二章 大数据背景下中国经济新闻生产所受的冲击和影响

针对场域理论的分析模式，布尔迪厄提出了一个包含"场域""资本""习性"三要素在内的简要公式：[（习性）×（资本）］＋场域＝实践。[①] 关于"资本"，布尔迪厄提出三种主要资本类型，即经济资本、文化资本与社会资本，其中经济资本是最有效且显性的资本模式。而不同于西方完全市场化的新闻生产模式，在中国特色的媒介环境中，政治资本更需要被赋予显性地位。关于"习性"，布尔迪厄认为它是指一种包含情绪、语言在内的具有结构化倾向的行为机制，但这种倾向会随着资本与权力力量的此消彼长而不断转换。综上来看，布尔迪厄关于场域理论的分析模式研究的是实践者在特定的"场域"中通过对"资本"要素的争夺和运用，形成一套"习性"的动态过程。[②] 因此，本章主要从组织外部的政治、经济、技术控制因素和组织内部的调配控制和操作控制因素出发，并主要以财新网为例，对大数据背景下经济新闻生产的场域特征进行分析。

财新网由胡舒立所领导的财新传媒创办，于2010年1月11日正式上线，并迅速成为财新传媒的核心产品，也是财新传媒旗下发稿量最大的媒体。2011年9月19日，财新网完成改版；2016年7月，财新网上线新闻朗读功能，正式实现"视＋听"模式；2017年7月，财新网PC端首页改版上线。2017年11月，财新网正式启动财经新闻全面收费，掀起了国内内容行业对赢利模式的革新浪潮。截至目前，财新网有80多个栏目，包括经济、金融、公司、政经、世界、观点网、文化、博客、周刊、图片、视听、数据、科技、地产、汽车、消费、数字说等频道。其中，"数字说"上线于2011年下半年，它专注于用可视化的形式展现数据，是专门生产数据新闻的栏目。

由于我们将视野限定在"大数据背景"下，因此，本书所讨论的经济新闻范畴主要是运用大数据技术进行生产的经济新闻，即经济类数据新闻。传统的经济新闻报道不是本书研究的重点。

[①] 〔美〕戴维·斯沃茨：《文化与权力：布尔迪厄的社会学》，陶东风译，上海译文出版社，2006，第161页。

[②] 张志安：《新闻场域的历史建构及其生产惯习——以〈南方都市报〉为个案的研究》，《新闻大学》2010年第4期。

第一节　经济新闻生产的政治控制

在布尔迪厄的场域理论中，经济资本是作为基础、显性、主导资本形态而存在的。但是我国的新闻场域更受到政治资本的影响。这一场域现实是由我国新闻媒介的性质所决定的。新中国成立之初，中央政府在传媒领域采取的第一项重大改革举措就是将各类媒体收归国有，党和政府掌握所有可以进行广泛社会传播的基础设施和主体机构，并把这些渠道资源加以政治授权和组织化的分配，全面管理和引导国家的社会传播。随着社会主义市场经济的不断发展，单纯依靠政府进行控制的媒体运营模式亟须改变，我国新闻媒体纷纷进行体制改革，并在不断的摸索过程中形成了"事业性质，企业管理"的有效模式。我国新闻媒体顺应市场经济浪潮的同时始终保持着国有性质，自觉接受中国共产党的领导，肩负起党和人民"喉舌"的职责，在遵循国家意识形态的政治资本的前提下才能展开对印刷率、收视率、收听率等经济资本的追逐。

一　意识形态建构赋予政经新闻先导地位

从十一届三中全会确定"以经济建设为重心"为党的工作重心，到"十二五"规划的实施，再到十八大以来习近平总书记在多个场合强调当前及今后一个时期要始终坚持以经济建设为中心，"经济"一直都是建设中国特色社会主义进程中的重大命题。作为社会主义经济建设重要推手的经济新闻被赋予比以往任何时期都更为重大的使命，它担负着我国宏观经济健康发展的瞭望者和守护者的职责。因此，无论是经济新闻生产的报道理念，还是财经媒体的发展理念，都需要有大局意识和责任意识，保护国家的经济安全、捍卫公共利益、履行社会责任应当是经济新闻记者需坚守的信条。

首先，媒体要充分发挥党和人民喉舌的作用。中国的经济新闻报道说到底是由"政治经济学"主导的，政治场域的主导作用始终贯穿我国经济新闻发展的全过程。因此，经济新闻记者需要认真领会党和国家关于经济发展的政策，为公众解读国家经济政策和相关法律法规蕴含的精神，剖析或预测其已经或将要给社会经济生活带来的影响。

其次，经济新闻要充当资本市场运作的监督者。信用体系的构建是资本市场得以正常运转的基石，尤其是党的十八届四中全会明确提出"全面推进依法治国"方针，表明了我国政府在未来很长一段时间都将致力于建设中国特色社会主义法治体系。在这种宏观政策背景下，经济新闻更要充分发挥在资本市场的舆论监督作用，敢于揭露一切违规作业，挖掘资本市场中的欺诈信息、虚假信息，大力弘扬遵纪守法行为，保护公众财产不被不法分子所骗取。

最后，新时期经济新闻更要担负起"政府—社会"关系中的协调者和连接者的职能。财新传媒主编王烁接受采访时曾说，本国的国情决定了其新闻题材将在哪方面始终是显著的。具体到经济新闻领域，对于我国来说，目前政经新闻已成为财新先导性的新闻题材，因其根植于中国现实，且最能直观地反映政府与社会的互动关系。改革开放以来，社会开始从政府的概念中独立出来，"政府之外无社会"的状态已经完全消弭，两者的边界正在不断显化。而这种政府与社会的关系变革促使媒体出现不断市场化的趋势，并最终确立了"事业性质，企业管理"的媒体性质。同时，媒体也深刻地反映出这种社会变革，甚至成为"变迁的放大器"。2013年之前的十年中，我国的经济始终处于高速增长状态，"政治维稳"是国家意识形态的主旋律；而2013年之后我国经济开始进入稳定增长时期，这就为政治突破创造了条件，我国开始着力打造更强有力、更具法治性的高效、廉洁型政府。其中"反腐"毫无疑问成为这场寻求突破运动中的先导环节。

同样，这也深刻反映在财新网的经济新闻报道中。不受党媒"规定动作"的局限，它以更丰富的形式、更多样的视角、更专业的设计、更强大的推演完整展现事件的来龙去脉及背后的深层政治因素，"打虎"系列报道使其成为最大的媒体赢家。在财新"数字说排行榜"中，实时浏览量最多的前三名报道中也往往有涉及反腐题材的，例如截至本书截稿前，"数字说"版块浏览量最多的报道即《已有28名官员主动投案 他们都是谁？》（2019年9月16日）。

二 "关系赋权"新范式冲击行政赋权体系

本书从新闻生产社会学和传播政治经济学角度综合论证,认为大数据背景下新闻生产发生变革最重要的原因之一是当前"关系赋权"这一新型范式冲击了既有的行政赋权体系。[①] 传统的行政赋权体系是指个人对"机构""单位""组织"这种场域和条件的绝对依赖性,个人的行动能力和合法性都来源于政治、经济或其他社会组织赋权。而机构也在长久的社会生产实践中探索出了一套完整的掌握、控制价值实现的组织方式。具体到传媒领域,新闻媒体一直发挥着议程设置和舆论导向功能,通过赋予议题显著性的方式在很大程度上决定着人们应该关注什么以及如何思维。长期以来,单向度的宣传成为新闻传播领域中价值判断的主流,政府和媒体往往在新闻事件中牢牢把控话语权,强势且一元化,普通民众缺乏发声和表达意见的渠道。而随着互联网技术的普及以及博客、微博、微信等自媒体载体逐渐风靡,媒体的内容生产过程正在逐渐改变信息传播的框架和路线,使其呈现出开放互动的特点,大众可以通过发布自己亲眼所见、亲耳所闻事件的方式,更广泛、平等地参与到新闻生产流程中,"公民新闻""公民记者"等一系列概念越发风靡。这成为传统新闻生产环节的一个有力补充。

这从根本上激活了个人的行动能力和主体地位,使得社会构造和社会运作的基本主体和基本单位由过去的"机构"降解到个人,个人身上的种种价值因子、个人能量和基础性资源被激活、发现、整合和利用,由此释放出更多的自由度和运作空间。大数据的出现,则进一步推进了这种趋势,越来越多的机构、组织和个人正是充分认识到这一权力关系的转变并加以利用,才成就了更高的影响力和价值。从早期的采访调查,到如今通过网络超链接结构来获取数据与源素材,新闻生态已经发生根本性的转变。虽然行政赋权仍然十分重要,但其作用日渐式微。正如喻国明教授所说,个人的价值因子被激活,才能从根本上赋予互联网以意义,进而才能衍生出更多新功能和新范式。

---

① 喻国明:《互联网的价值本质是网络连接之下的关系赋权》,人民网舆情监测室,2016年2月18日。

第二章 大数据背景下中国经济新闻生产所受的冲击和影响

财新网目前初步形成了基于关系资源的新的生产方式，其"网上＋手上＋纸上"这种覆盖 PC 端、移动端和纸质版的三方平台建设，本质上是对传媒集团内、外部资源的全面整合，也是对财新传媒"原创财经新媒体"的强化：从内部来讲，财新传媒可以将集团内部所有产品的内容都聚合到财新网平台，无论是杂志内容还是视频内容等；从外部来讲，财新网通过"新闻内容共享""社区互动""渠道共建"等合作方式与国内外众多知名传媒机构进行合作，包括美国彭博数据分析终端、英国卫报、中国证券时报，以及腾讯、新浪和搜狐等门户网站。以腾讯为例，财新网与腾讯实行"3 秒绑定互通"策略，用户在绑定之后，其在财新网与微博中任一个平台上的留言都能同步到另一个平台上，这就大大增强了信息反馈价值与传播力，把新闻报道从过去的记者、社会科学家、统计学家、分析师、专家主导的专有领域扩展到了民间，促进了数据与新闻的无缝接入，推进了新闻生产的民主化进程。此外，财新网还专门打造了适合手机端的财新数据新闻作品集，用户可以在手机上体验交互式新闻的魅力，这不光是对财新用户黏性的强化和用户需求的深耕，更是收集数据、增强信息反馈的有效方式。在大数据技术的支撑下，通过这些渠道的内容整合，财新记者可以从更广阔的平台上挖掘出全新的新闻内涵和价值落点，生产出自己的原创新闻。

第二节　经济新闻生产的经济控制

以布尔迪厄在《艺术的法则：文学场的生成与结构》一书中对文学场域的划分标准来看，新闻生产隶属于满足政治、经济、大众需求的"大生产"，因此更受到权力和经济这些外部场域的制约。因此，他将新闻生产受外部制约程度的大小作为衡量其"自主性"（autonomous）和"他治性"（heteronomy）的主要标准。[①] 也就是说，媒体的新闻生产越是受到外部制约，其自主性就越差，他治性倾向就越明显。综上所述，我国的新闻媒体

---

① 〔法〕皮埃尔·布尔迪厄：《艺术的法则：文学场的生成与结构》，刘晖译，中央编译出版社，2001，第 264~265 页。

始终具备明显的他治性，但是受"企业管理"性质的牵引，媒体也同时具备追求经济利益的自主性。这种在高层控制和内部市场化机制的力量之间寻求平衡的局面也形成了我国媒体不同的自身定位和生产特征，尤其是新技术的出现将进一步改变不同力量之间的相互关系。本研究将技术作为新闻生产社会学中的一个重要维度，考察财新网的新闻生产在大数据技术的植入下，其新闻场域中政治、经济场域之间的格局变化。

一 "创造性遵从"主义下的新闻生产实践

布尔迪厄提出了新闻场域中的"创造性遵从"主义，这是新闻场域中他治性和自主性交织而形成的一种特殊生产习性。所谓"创造性遵从"就是指新闻媒体对来自政治场域的控制性力量加以利用，将其所蕴含的底线内化为媒体进行新闻生产时的规则和要求。媒体均意识到僵硬地将国家意识形态领域的内容进行面具化宣传的"盲从"无法适应市场经济条件下的新闻生产，"创造性遵从"则需同时具备高度的政治敏锐性和自主创造性，通过积极介入新闻生产，将新闻生产的自主性与客观呈现事实的原则结合起来，以增强传播效果，获取更多的经济、政治资本，从而享受更多的特权。[1]

财新网正是通过这种方式，不断寻求新闻价值的回归、新闻专业主义的建构与政治场域之间的平衡的。可以看出，财新网"原创财经新媒体"的网站定位、面向高端读者的受众定位、以精英群体作为意见领袖的版块开辟和赋予政经新闻以先导地位等一系列措施，均是通过记录和监督、参与和影响的方式进行的对政治资本的积极争夺。同时，财新网在反腐报道上的力度也反映出它在监督公权力方面不断拓展空间，而这正是基于其不断增长的经济资本和社会影响作用于政治场域，形成了经济资本向政治资本的转换，这一过程的突出反映就是政府机构开始越发重视财新网的相关报道和监督。财新网"创造性遵从"主义指导下的实践方式，使得财新网本身"自主性"不断扩大，构成了对"他治性"的挑战和改变。财新网在

---

[1] 〔美〕戴维·斯沃茨：《文化与权力：布尔迪厄的社会学》，陶东风译，上海译文出版社，2006，第260页。

这种框架下的新闻生产，不仅保持了与我国党和政府对于新闻生产意识形态的政策导向相一致，并且拓展了其舆论监督的空间。

二 由"内容为王"升级为"产品为王"

在当前媒介生态环境下，各媒体之间的比拼已不再局限于内容质量的较量，而是延伸到整个产业链，从内容生产、产品包装到渠道推广、市场营销，上下游环节都被串联起来成为媒体争夺的战场。这就决定了自身整合实力较高的媒体才能取胜。[1] 具体到大数据背景下的经济新闻生产，互联网对原有的经济新闻内容价值体系产生了强烈的冲击。在激烈的同业竞争压力下，传媒竞争的战略重点已经发生转移。当前针对媒体对经济资讯的生产，经济新闻独家报道固然重要，对投资者投资决策产生效用的用户数据等内容也不能忽略。因此，以往经济新闻生产所信奉的"内容为王"理念已然升级，媒体不仅要依靠对第一手经济消息的掌握，在内容生产方面拔得头筹，还要完善产品运营的产业链，树立"产品为王"的理念。

国外领先的传媒集团，例如彭博集团、经济学人集团、道琼斯集团等，都纷纷开辟了金融资讯服务业务以完善其集团产业链，这种新闻生产和高端金融资讯业务并举的措施就是当前传媒集团对产品追求的直观体现。财新网作为我国全媒体、数字化转型方面的先行者，也及时转变生产理念，将战略竞争重点转移到对品牌的战略打造上来，通过开发一系列财经资讯类产品，进一步完善产业价值链。例如财新传媒携手全球领先的多元化财经信息服务公司 Markit，于 2015 年 6 月 30 日推出财新中国 PMI（Purchasing Managers' Index，采购经理指数）[2]。财新中国 PMI 的上线，推动了财新资讯

---

[1] 喻国明：《媒介革命：互联网逻辑下传媒业发展的关键与进路》，人民日报出版社，2015，第 6~7 页。

[2] PMI，采购经理指数，是通过对采购经理的月度调查汇总出来的指数。PMI 每项指标均反映了商业活动的现实情况，综合指数则反映制造业或服务业的整体增长或衰退。PMI 指数 50 为荣枯分水线。一般来说，PMI 略大于 50，说明经济在缓慢前进，PMI 略小于 50 说明经济在慢慢走向衰退。财新中国 PMI，包括财新中国制造业 PMI 和财新中国服务业 PMI，由全球领先的多元化财经信息服务公司 Markit 编制，每月定期发布。Markit 编制的 PMI 覆盖全球 30 多个国家和地区，是业内最权威的 PMI 之一，也是国际上通用的监测宏观经济走势的先行性指数之一，在经济预测和商业分析方面都有重要意义，深受各国央行、金融市场和商业决策者的推崇。

业务的跨越式发展，也完善了财新全产业链中对经济基本面的深度观测和解析的重要一环。这一举措体现了财新对宏观经济及其先行指标的格外关注，是财新将国外先进经验本土化移植从而实现媒体转型的一次成功尝试，也是当前大数据背景下依托新型传播技术进行的业务、增量方面的创新实践。目前，财新中国 PMI 涵盖要闻动态、财智研究、财新调查、机构观点、研究先锋等版块，不仅为用户提供国内外最新行业资讯，还汇聚了一流专家、学者、机构进行现象分析和趋势预测。正如它的宗旨——"一手数据尽在掌握 权威解读指点迷津"，财新中国 PMI 不仅为我国财经媒体提升国际传播力和影响力提供了更广阔的平台和更丰富的可能性，也为吸引国际投资者关注我国资本市场开辟了新篇章。

与此同时，媒体要充分意识到稳定、高质量的受众群是传媒运营的基础和保证。随着大数据技术的普及，受众的反馈信息还能被循环利用从而创造出附加价值，对于产品的个性化推定、用户的精准定位都将产生深远影响。近年来我国网络新闻用户尤其是手机网络用户的数量每年都呈激增态势，网民的网络使用痕迹、反馈信息等都成为媒体收集数据的富矿。在此基础上，进行数据的收集和再次挖掘，赋予新闻产品以针对性和个性化，也是媒体提升产品附加值的有力措施之一。

仍以财新网为例。2017 年 11 月 6 日，财新网启动财经新闻全面收费，推出了以"财新通"（可通读财新网全网内容，此外还同时推出数据通、英文通和周刊通）为主的一系列产品，开始其收入模式和经营模式的转改，目的在于聚焦精准用户，倾力提供高质量原创财经新闻内容。[①] 新闻收费在国外已有先例，例如卫报、经济学人等在新闻付费上已经进行多年尝试并成效显著，但财新网是国内第一家全面实施新闻收费的媒体，这一举措可谓大胆、先锋，媒体纷纷称其为"激进改革"，一时间，"全面收费是不是市场化优质严肃媒体的唯一出路"成为业界和学界的热议话题。其实，财新的付费阅读早有先例，2010 年上线的《财新周刊》自创立开始就一直走付费阅读路线，这为财新传媒积累了一批高质量的忠实用户以及相关数据，

---

① 张翔宇：《财新将全面收费 "财新通"问世》，财新网，http://www.caixin.com/2017-10-17/101157121.html，最后访问日期：2019 年 10 月 21 日。

还积淀了相关技术准备。① 虽然近年来"知识付费"已成为一种趋势，但财新的付费有所不同，准确来说它是"资讯付费"，相比其他内容和知识，用户是否愿意为"硬新闻"买单这一变量值得考量。而财新网实施资讯收费举措，背后依靠的是两大核心竞争力——一以贯之的高质量新闻和数据库建设。以财新 App 在 2017 年 7 月 18 日正式上线的"财新数据+"为例，它就是集金融数据、权威资讯、品质服务于一体的金融数据资讯平台。财新传媒通过历年来的收购兼并，整合了企业、人物、股票、债券、宏观等丰富全面的数据库，不仅有助于新闻前因后果关联图谱的直观呈现，还能在数据中挖掘新闻线索和研究线索并通过大数据智能分析实现新闻背景信息数据化获取，帮助读者一站式完成财经新闻浏览和财经数据获取，进一步满足读者移动端财经新闻纵深阅读的需求。② 正如财新传媒副总裁、财新智库执行总裁高尔基所说，财新收费模式的背后靠的是两条并行思路：一方面，通过收费建立更扎实的用户基础，提升服务；另一方面，发展数据库，为专业用户提供实用性高端平台。这两种方式又会进一步增强财新网优质用户的用户黏性。

值得注意的是，目前财新网采取的是多产品矩阵收费策略。基于不同的用户需求，财新网针对性地推出了"四通"产品订阅服务，即周刊通、财新通、数据通和英文通。"周刊通"用户可在多平台无障碍阅读《财新周刊》全部内容；"财新通"用户的阅读权限覆盖财新网每日新闻以及"周刊通"的全部内容；"数据通"则是"财新通"的升级版，它不仅覆盖"周刊通"和"财新通"全部权益，用户还可以查询使用"财新数据"整个数据库，包括最全面的宏观经济数据库（CEIC）、企业库、人物库等。"英文通"除涵盖财新英文平台 Caixin Global 的全部内容外，还享有"周刊通"和"财新通"的权益。③ 在执行新闻收费的过程中，财新网还会时刻关注读者反馈，再合理调整产品，进行资费模式的更新和转变。例如它开通了月

---

① 张继伟：《付费阅读：财新网的思考与实践》，《新闻战线》2018 年第 5 期。
② 《金融数据产品"财新数据+"正式上线》，财新网，http://corp.caixin.com/2017-08-02/101125286.html，最后访问日期：2019 年 11 月 5 日。
③ 财新网运营部：《此财新正是彼财新：我们将怎么做？》，财新网，http://www.caixin.com/2017-10-16/101156952.html，最后访问日期：2019 年 11 月 5 日。

订功能、单篇付费阅读功能以满足不同用户的独特需求,还有针对金融业的垂直类用户开发了微信小程序"我闻"(WeNews)等。

截至2018年底,"财新通"上线一年累计付费个人用户超过20万人,付费内容覆盖机构用户数近百万,并保持持续、稳定的增长态势。目前财新网月PV[①]值过亿,UV[②]值5000万;此外,注册用户数超200万,阅读时长持续增长,页读数高于业内水平。[③] 财新网作为国内全面新闻付费方面"吃螃蟹"的第一媒体,渐渐走出一条适合中国国情的付费墙之路,这无疑是对当前我国传统媒体赢利模式转型的有益探索。归根结底,财新网新闻付费模式的初步成功,关键在于其生产的新闻内容本身,从某种意义上说,财新网对数据资源的利用也是为了在更大程度上更好地服务于其新闻内容生产。因此,无论是对新闻内容本身的看重,还是对数据库的建设,都是为了最终能够形成完善的产业链。

三 专业主义生产机制赋予媒体更多自主性

布尔迪厄研究文学场域过程中运用的一个突出意识就是"历史建构",即认为对于新闻场域特征的描述前提是对其和其他场域的关系进行的历时性把握,因此,回顾财新网新闻场域的历史建构过程就显得很有必要。本节将技术作为新闻生产社会学中的一个重要维度,并以此为划分标准,对财新网自2010年1月正式上线至今的发展历程进行梳理。

2010年至2011年上半年,我国开始出现将大数据技术运用到新闻生产中的尝试,这一尝试并非发端于新闻媒体,而是由数据研究机构率先推出,当时的数据新闻是以这种机构的附属产品形式出现的,其代表就是南方报业旗下推出"猫眼云情报"(KCIS)这一信息公开平台,它通过报道的形式对资讯进行展示。随后,财新网也开始了大数据应用的试水,但受技术条

---

① PV(Page View)即页面浏览量,通常是衡量一个网络新闻频道或网站甚至一条网络新闻的主要指标。
② UV(Unique Visitor)即独立访问用户数,访问网站的一台电脑客户端为一个访客。
③ 王君晖:《胡舒立:"财新通"个人付费用户超20万 将推多种方式降低阅读门槛》,《证券时报》2018年11月16日。

件、人才配备、部门设置等方面的限制，这一时期财新网的经济新闻往往通过"文字+静态图"的形式呈现出来，大数据技术的运用仍处于初级阶段，且无法摆脱报网结合的传统新闻生产形式。

2011年下半年，财新网推出了"数字说"专栏，并基于自身网络平台的技术优势，定期推出静态信息图与动态信息图并重的经济新闻，其中较倾向于选择题材偏严肃的政治经济新闻，反腐题材往往成为其报道热点。这一时期，财新网的经济新闻生产在数据来源的拓展、新闻体裁的丰富性、可视化呈现上初步形成了自身风格，且报道数量显著提升。

进入2013年，财新网对大数据运用到新闻生产中的实践迈入转型期，最显著的特点就是新闻报道一改过去数据呈现的单向性，开始出现交互信息图表的可视化呈现。由于交互信息图表需要在传统的网页技术基础上运用新型网页技术如HTML 5等，它的出现表明媒体对大数据技术的运用上升到新的层次。从2013年6月起，财新网就开始筹建数据可视化团队；同年10月，财新数据可视化实验室正式成立；12月9日，财新网"数字说"栏目单独开辟"数据新闻与可视化"版块，将交互型的数据新闻与其他单向数据新闻区分开来，截至2019年9月，该版块已展示出67篇交互类数据新闻作品。交互信息图具有数据量级更大、技术运用更丰富、信息组合逻辑性更强等一系列特点，以更全面的视野、更具象的思维、更个性的方式引导读者从"浅阅读"走向"深阅读"。此外，"数字说"还专门辟有"移动端作品集"，用户可以从手机平台直接进入，这无疑是对当前用户媒介使用习惯的一种深度迎合。可以看出，随着大数据运用实践的不断深入，财新网的专业主义生产实践也在不断深化，数据可视化团队的建设、数据可视化实验室的创建、数据新闻与可视化版块的开辟、移动端作品集的建立等都是其专业性的集中体现。

此外，财新网的专业性定位还体现在财新传媒长期以来践行客观、公正的报道理念，以"为公众负责"的态度呈现新闻事实，并以深度犀利的风格和大胆的揭露著称。财新传媒在2009年创办之初就以"公信力"为自身的理念根基，以"新闻为公"为原则，聚合政商学界知名人士设立了第一家民间媒体监督机构——财新传媒公信力委员会，中国经济学界的泰斗、国务院发展研究中心研究员吴敬琏任公信力委员会主席，清华大学五道口金融学院教授谢平、清华大学经济管理学院院长钱颖一、北京大学新闻与传播学院教授徐泓、《比较》杂志执行主编肖梦为公信力委员会委员，著名经济学家、哈佛大学荣誉校长劳伦斯·萨默斯担任公信力委员会顾问。该机构独立于财新传媒董事会和管理委员会，对于总编辑任免及编辑方针的设定拥有决定权。

财新网还致力于建立经营部门和媒体部门之间的防火墙，始终遵循"广告不能插手新闻编辑"的铁律，这也是其长期以来在业界保持毫无争议的旗帜地位的保证。胡舒立更是明确强调财新在新闻生产和销售环节的防火墙设置，认为这是新闻真实性和客观性最有力的保障之一。其中，她提出整治媒体寻租乱象的一个关键措施就是要"杜绝所谓客户保护名单"[①]。

当前，数据隐私与安全也是大数据背景下的一个重大社会议题。财经媒体进行经济新闻生产的过程就是同海量数据打交道的过程。财新传媒秉持专业负责的态度和与时俱进的精神，也在不断探索如何在大数据背景下更负责地获取和使用用户数据。2019年，由财新传媒与世界经济论坛联合主办的财新专场辩论"数据的作用和规范"和"用户数据的真实成本"先后在2019年冬季达沃斯论坛和夏季达沃斯论坛拉开帷幕。在"数据的作用和规范"辩论会上，嘉宾首先从微观角度出发，以真实案例为引，论述了各地如何用数据推动区域进步、落实社会福利以及了解居民对政府的态度等，再上升至宏观角度，探讨整体的数据政策和数据法案的制订。在"用户数据的真实成本"辩论会上，嘉宾们分别从企业界、学界等多维视角出发，指出由于数据保护规定的模糊界限和不成文，全球范围内的数据保护成本都非常高昂，该方面最大的投入在于研究并协调各国不同的数据保护规定所需的律师费。而针对当前呼声高涨的"数据开源"，辩论嘉宾也提出了不同的看法，认为数据透明且可管理的核心不在于所有代码都要开源，而关键在于政府对数据的监管，政府可以把数据看作一种个人资产来监管，让个人有权利处置自己的数据，决定自己数据的用途。财新以世界经济论坛为平台，聚合全球各界精英人士，探讨最前沿的话题，收集最深刻和具

---

① 《财新传媒总编胡舒立：新媒体与防火墙》，新浪科技，http://tech.sina.com.cn/i/2014-11-19/doc-icesifvw7769806.shtml，最后访问日期：2019年11月5日。

实际操作价值的意见和建议，这也是对自身专业性的把控和提升，以及对"负责任的新闻"这一新闻生产理念的贯彻。

可以看出，财新网的新闻场域呈现出不断在高层控制和内部市场化机制的力量之间寻求平衡的特点。在这个过程中，媒体的经济资本和政治资本都在不断增长，这实质上使其更加靠近权力场，能够更加便利地从中获取高端的时政资源，而这也为财新网在更大程度上争取经济资本创造了条件。对于权力场的接近则对其对政府机构、权力部门的报道权重及影响提出了更高要求，但财新网新闻场域并没有被权力场同构，而是始终与其保持相对距离，突出表现就是财新网在专业性和公共舆论监督方面的坚守。

第三节　经济新闻生产的技术控制

在大数据出现之前，受到技术手段和思维等因素的限制，人们进行科学研究往往采取小规模随机抽样的方式，甚至是凭借主观经验进行事实判断。这种研究方法的局限性在不同程度上造成了结论的偏差，而大数据技术的出现和应用，从根本上改变了人们的认知体系和科学研究范式。反映到新闻生产领域，大数据的应用无形中扩大了新闻的内涵和外延，并赋予其更多显性的特点，使新闻生产主体的地位、新闻生产的方式和机制均发生颠覆性变革。

一　数据收集和处理的思维变革

在大数据思维方式出现以前，人们普遍认为数据的功用在其被收集后便终止了，例如当火车到站后票价数据就没有用处了，或是当用户在搜索引擎完成检索后，检索结果和检索命令就变得没有意义了。但是大数据的出现改变了人们的这种惯性思维，大数据技术能够通过对数据的二次甚至是循环发掘创造全新价值。数字化时代，数据处理变得更加便利、快捷，"大数据"正是通过新型数据处理手段发现和理解信息内容及信息和信息之间关系的，而这一数据处理方式的全新之处在于其蕴含了三个重大而又相互关联的思维方式的转变。

(一)"全数据"样本代替随机抽样

长期以来,受记录、存储和分析数据的技术条件的限制,准确分析大量数据一直是一个难题。在长久的实践中,研究者们通过有目的地选取最具有代表性的样本,即随机抽样的方式,用尽可能少的数据来证实尽可能大的发现,这也是统计学的一个重要目的。[①] 在以随机抽样为主要统计方法的小数据时代,样本选择的随机性比样本数量更重要,通过收集随机样本,研究者可以用较少的花费做出精确度较高的推断。不过这一研究方法也存在许多缺陷,它的高精确度必须建立在抽样对象的相对简单和样本采集的绝对随机性上。若无法同时满足这两个条件,分析结果就会有很大偏差。此外,随机抽样的先设性特点决定了研究者只能从抽样数据中得出事先设计好的问题的结果,研究缺乏延展性。而大数据技术的产生,使得采集所有或尽可能多的数据作为研究样本成为可能,研究者能从不同角度更细致地观察、研究数据的各个方面;并且大数据技术支撑下的调查并没有过多的预设性,研究者在研究开始前并不知道能否有所发现以及有什么样的发现,当全数据样本收集完成后再根据研究需要进行选择,来论证新的假设,这样数据也更具可循环利用性。这也是大数据分析优于传统样本分析之处。

(二) 允许数据混杂

保证精确性是信息处理手段受限时代的产物,因为信息收集的有限性意味着细微的不精确处会被无限放大,这将可能对最终研究结果的准确性带来很大影响。但随着数据资源的爆炸式增长,由于放松了容错的标准,人们掌握的数据也越来越多,这就导致大量不相关、不准确的数据混进来。同时,在整合来源不同、格式不一的各类信息时,其多样性也会加大数据库的混乱程度。但这种数据的混杂性能给研究者带来许多运用传统数据处理方法无法监测到的细节,对错误的包容所带来的好处远大于为避免错误

[①] 〔英〕维克托·迈尔-舍恩伯格、肯尼思·库克耶:《大数据时代》,盛杨燕、周涛译,浙江人民出版社,2013,第33页。

而进行的小范围抽样。谷歌公司彼得·诺维格在《数据的非理性效果》一文中提出,"大数据基础上的简单算法比小数据基础上的复杂算法更有效",这正是基于数据选取的全面性和大量性。因此我们需要转变思维,接受混乱,这是获得大规模数据带来的好处的标准途径。此外,大数据背景下数据的混杂性还体现在结构的不统一。大量半结构化、非结构化的数据充斥其中并占据较大比重,这就需要处理这类非常规数据的新型数据库出现。因此,非关系型数据库应运而生。它的出现,避免了预先设定记录结构的弊端,数据不再需要高度精确和准确排列才能被处理,这就使得处理各种形式的数据成为可能。总的来说,大数据强调数据的完整性和混杂性,使人们从各个不同角度观察事物成为可能,通过对事物全貌的抓取能进一步接近事实真相。

(三)探索相关关系

人们传统的思维模式是由具象上升到抽象层面,而这本质上就是对因果关系的追逐过程。但大数据所推崇的探求"相关关系"则完全颠覆了这种认知,它通过收集与所有维度上研究对象相关的关联物,并对各变量之间的内在联系进行分析,不需要揭示其内部运作机制就能推演出结论和预测,即只需要知道"是什么",而不必知道"为什么"。[1] 对研究对象的关联物进行相关关系分析可以帮助研究者捕捉现状和为其提供预测未来的可能性。在小数据时代,受数据数量小和数据处理能力及方式的局限,统计学家们也会进行相关关系分析,但这种分析建立在对结论进行预设的基础上,在框定了先设条件之后才展开对关联物的收集和分析。这无形之中就为实验结果的有效性设置了前提,即必须保证个人、团体的无偏见,由此才能保证在设立假想、应用假想和选择关联物的过程中保持中立以确保研究结果准确,而这一先决条件往往很难达到。在大数据背景下,海量数据和新型数据处理工具的出现使得机器分析代替了人工选择,并且突破了小数据时代局限于寻求线性关系的相关关系分析,从而发现现象背后更复杂

---

[1] 即使是相关关系很强也不一定能解释每一种情况。例如两个事物看上去行为相似,但很有可能只是巧合。因此,相关关系没有绝对性,只有可能性。

的动态、非线性关系。事实证明大数据的相关关系分析法更加快捷，结果更加有效、准确。这种新的相关关系分析工具为人们提供了一系列新的研究视野和有用的预测，使人们掌握了以前无法理解的复杂技术和社会动态，为人们认识世界提供了全新的思路和更为便捷的手段。

由此可见，大数据为我们提供了不受限于传统思维的新型数据处理方式，帮助我们在某种程度上扭转了特定领域里隐含的固有偏见，颠覆了我们在数据收集、分析和解读过程中的方方面面内容，为我们认识、了解世界提供了一种全新的可能和更为科学的方式。这种思维方式的改变和数据抓取、处理技术的革新，让以财新网为代表的媒体充分意识到海量数据的作用，通过建立数据库、开放数据库等方式完成自身与其他主体之间的数据交换和利用，从而形成一个不断更新的链条。

例如，财新网从2015年下半年即开始着手建立数据库，它结合多年积累的股票、债券、企业、人物和事件数据库资源，通过大数据分析和呈现技术手段重新加工整理打造了"所见即所得"的移动端产品——"财新数据"，其自上线以来就获得了大量用户的关注与支持。而且它经历了数次升级，并在全球范围内收购数据库。2018年4月，财新从"欧洲货币集团"收购了全球最大的宏观经济数据库（CEIC）和全球新兴市场商业资讯数据库（EMIS），极大地扩充了其数据库资源，业务辐射范围几乎覆盖全球投资者和消费者。目前，升级后的"财新数据+"栏目包含数据、资讯、服务三部分内容，能够进一步满足读者移动端财经新闻纵深阅读的需求，有效地帮助读者进行信息查询、背景调查、数据分析和决策制定。①

此外，财新网还十分注重读者数据的收集和建设，并通过在微信传播完成新业务拓展。其创新孵化的产品有Enjoy雅趣、无所不能、健康点，配合着财新十几个微信公众账号，三个新媒体实验项目分路探索。

二 经济新闻的内涵与特性延伸

大数据给人们认识世界、了解世界的思维带来如此颠覆性的冲击，反

---

① 财新智库：《财新"数据+"全新升级 五大看点强化数据内容》，财新网，http://www.caixin.com/2017-10-31/101163637.html，最后访问日期：2019年11月5日。

映到传媒实践和理论研究中,也必然使传统的新闻传播理念染上新的时代色彩。随着大数据概念和技术在新闻传播领域的不断渗透和实践,经济新闻也在不知不觉中被赋予新的内涵,其特点和功能不断延伸,冲击着人们对新闻的固有理念。

(一) 新闻及经济新闻的内涵延伸

新闻是对新近发生事实的报道,这就强调了新闻的特性必须包含"新鲜"。随着大数据在新闻传播业的应用普及,新闻的题材来源不再单纯是新近发生的事实,它还可以是对过往数据的历时性整合,或是挖掘数据之间的关联从而发现新闻点。由此可见,新闻报道的"新鲜"不再单单指发生时间接近当前,还可以指内容、题材的新,即选材可以来源于尘封的数据,关键是看能否通过大数据技术挖掘出其中蕴含的全新内涵,赋予旧数据以新生命力。因此,大数据背景下的经济新闻不仅仅是对最新的经济事件进行报道,其内涵扩展至在海量数据的分析处理过程中挖掘深层经济关系和经济现象的历时性报道。

例如,十九大刚结束,财新网"数字说"就不失时机地推出了《反腐·187张面孔》这一政经类数据新闻,选取级别在中管以上的落马官员,对五年来我国反腐的进展与成果进行了历时性梳理。"打虎"并不是一个新话题,而且在财新网的数据新闻报道中,这类题材也并不鲜见。然而这篇报道通过选取新视角进行"老话新谈",以十八大以来"纪言纪语"[1] 变化的梳理为切入点,以地域、年份、违纪信息表述、罪名、刑期为类目,对187名落马官员进行了多维度解读,让读者对党中央近五年的反腐行动有了全局性认知,并通过个案分析让读者在"概览"中有"聚焦"。[2]

再如,财新网于2016年推出的《数说印度经济这半世纪》,横跨1960年到2016年共57年的时间,它以年份为横坐标,以两种颜色的曲线分别代表中、印两国的趋势走向,在同一坐标轴中清晰地呈现了半个多世纪以来

---

[1] "纪言纪语",即中央纪委在通报落马官员时对其违反党纪的语言表述。据采访得知,这篇数据新闻的选题来源于编辑的提议。
[2] 蓝欣桐:《反腐×(多维度解读+可视化创新)="爆款"新闻》,搜狐网,http://www.sohu.com/a/209538979_416207,最后访问日期:2019年11月5日。

两国在 GDP、人均 GDP、商业服务出口额、商品出口额、股票交易、上市公司市值等共 17 个方面的比较趋势，让受众对两国的经济发展、社会演变情势等有了直观的认知。

(二) 经济新闻的特性延伸

新闻报道的内容往往具有真实、新鲜、重要、有趣味、时效性强等特点，经济新闻除了具有以上新闻的共同特点外，还具有专业性、服务性、前瞻性等独有特点。但在大数据传播语境下这些特性需重新解读，不仅真实、客观等作为基本规范的普适价值得以进一步实现，经济新闻的专业性、前瞻性、服务性等特点的外延也都被重新界定。

第一，真实性。客观现实的呈现受到来自媒体和受众的各种认知和行为框架的制约，媒体的新闻报道是事实经过层层框选后呈现出的结果，"媒介真实"并不等同于"客观现实"，这也是李普曼的"拟态环境"所要表达的核心思想。他认为拟态环境是以现实环境作为原始蓝本进行建构的，但不是现实环境"镜子式"的再现，两者在结构、形式和存在方式等方面有相当程度的差异。这种划分存在一个假设前提，即认为媒介在认识和呈现客观现实上存在缺陷。客观、真实是新闻的天然属性，但在传统的新闻生产过程中，包括记者本身在内，都不可避免地受到权力意识形态、利益追求、价值观等方面的影响，所谓的客观只是一种基于社会精英阶层的具有倾向性的客观。此外，造成这一状况的重要因素还有技术局限，传统的样本分析技术和理念决定了新闻只能选取有限的信息和事实加以呈现。而大数据技术的出现和普及，催化出数据驱动的新闻报道方式和"有闻必录"的数据处理方式，不仅在逐渐改变传统的精英阶层主导的新闻生产，还可以为我们提供全新的观察世界的手段，使得采集所有或尽可能多的数据作为研究样本成为可能。喻国明认为大数据背景下"拟态环境的概念极有可能被消弭"[1]，虽然这一观点有待论证，但可以肯定的是，客观现实与拟态环境之间的距离将在很大程度上被压缩，人们对整个世界的看法也会进一步逼近社会真实，新闻的真实性将大大提升。

---

[1] 喻国明：《新闻传播的大数据时代》，中国人民大学出版社，2014。

第二，接近性与时效性。大数据技术的出现使得信息处理过程中的时空转换和时空压缩成为可能，它的即时传播特点使得研究者能在最短的时间内对全球范围内的数据进行收集和分析，且对时事局势灵活及时地做出应变分析。以央视于2014年春节期间推出的"据"说系列报道为例，它是传统媒体与第三方信息服务商联手进行大数据新闻实践的典型。在这一系列报道中，信息的实时更新及呈现形态的多梯度、多节点、多方位特点使它获得了很好的社会反响和传播效果，这也是我国国家级媒体第一次运用大数据辅助新闻报道的成功尝试。这一实践的成功建立在百度地图LBS定位技术等一系列大数据收集和关联分析技术的利用上，它通过对全国范围内手机用户定位信息的收集，绘制出一副春节期间国内人口迁徙的动态地图。在这幅动态地图中，观众可以清晰地观察到春运流动人口的迁徙轨迹和地理方位上的流动密度等态势。2015年，百度又升级了百度迁徙这一应用，开辟了包括百度天眼在内的新版块。通过对全国范围内的机场、车站等交通枢纽的人流情况和迁徙轨迹进行实时监测，民众对春运期间国内人口流动状况以及自身需要获取的相关交通信息一目了然。这深刻体现了大数据技术对新闻接近性和时效性特点的无限延伸。

再以财新网为例。以"负责任 有价值"为目标的财新网，在日常题材选择中也体现出"积极回应受众关切"的接近性特点，如善于围绕关系到目标用户切身利益的问题进行报道。如2018年起，《个人所得税法》被修订并分步实施，其中，起征点从3500元提高至5000元、"专项附加扣除办法"等成为大家热议的话题。这些新政策的落地对普通民众意味着什么？"数字说"适时推出了交互数据新闻《个税专项附加扣除有最优解吗？有！点此计算》，通过让用户输入自己（及配偶）的月薪、五险一金等信息，实时生成关于用户的"独家定制"结论，让用户真正弄清楚那些关系到自身"钱袋子"的问题，如新政策实施后到手的工资变动情况、能享受到的减税金额以及夫妻二人在家庭支出中如何合理分配以获得最大减税红利等。大数据技术的运用，使得经济新闻对民众的服务性和接近性得到进一步提升。

2018年，财新数据新闻中心凭借经济新闻报道作品《高铁三小时能到的地方，你想去哪个？》提名全球数据新闻奖（DJA）"年度数据可视化奖"和"公众选择奖"。这篇作品的数据来源为铁路客服中心12306和《中国城市建设统计年鉴》，海量数据在即时更新（数据更新至 2018 年 9 月 23 日）的同时被大数据技术抓取并处理，最终在中国地图上以可视化方式清晰、直观地呈现出来，在地图中点击任一站点，就可即时看到距离该站点高铁动车车程 3 小时至 6 小时的其他地点，以及沿途的国家名胜风景区。这也是经济新闻时效性和接近性特征在大数据技术加持下得以进一步提升的优秀典型。

第三，显著性。关于"新闻价值"显著性的特点，曾任美国《纽约太阳报》编辑主任的约翰·博加特的界定从 19 世纪 70 年代流传至今，即"狗咬人不是新闻，人咬狗才是新闻"。也就是说，事件发生的概率越小，便越有新闻价值。且新闻的显著性还体现在事件主人公的身份地位的显著性，越是著名人物身上发生的事实，越具有新闻价值。[1] 但随着时代的变迁，尤其是大数据概念越来越普及的今天，这一标准已发生深刻变化，"显著性"的标准由之前的影响力转变为以点击量、转发量、评论量为指标的用户使用量。[2] 例如美国《芝加哥论坛报》通过运用多媒体新闻中心管理工具"实时流量监测"和内容管理工具"数码新闻港"，对网站上新闻内容被点击情况进行实时监测。前者可以监测哪条新闻被点击次数最多、每条新闻的点击量和转发量有多少等信息，并借助大数据统计分析技术实时生成图表。后者则以此为基础，配合受众需求，在不同时间基于不同媒介向用户发送新闻摘要或全文。

财新网也不例外。在财新网首页有"数字说排行榜"一栏，按顺序显示实时浏览量最多的五篇左右的报道。而通过这种"议程设置"，更多的用户会被吸引点击阅读，如此将进一步提升这些报道的阅读量。当然，这些浏览量可观的报道题材往往也具有显著性特征，笔者随机抽取两日，发现，2019 年 9 月 24 日，阅读量排名第一的报道题材是关于"反腐"的；2020 年 1 月 27 日，排名第一的报道则是武汉新冠肺炎确诊病例实时动态。

第四，专业性。大数据背景下，经济新闻的专业性不仅体现在运用经济学专业术语、复杂的数据图表等表现方式来分析、解释抽象的经济规律

---

[1] 陈力丹：《新闻理论十讲》，复旦大学出版社，2012，第 9~10 页。
[2] 刘义昆：《大数据时代的数据新闻生产：现状、影响与反思》，《现代传播（中国传媒大学学报）》2014 年第 11 期。

和经济现象,更体现在对数据的处理和使用层面。大数据的真正价值不在于"大",而在于"全"。由于数据本身的混杂性,它不仅包括以文本为主的结构化数据,而且包括种类繁杂的原始、半结构化和非结构化数据,例如来自网页、搜索索引、社交媒体论坛的数据。这都对数据处理能力提出了更高要求,相关研究者需要从这些貌似不相关的集合中,找到事物、人物、社会之间的有机联系,从而建立内在的分析逻辑,洞察哪些数据是最为关键的集合,并以此为依据,结合报道主题,为数据从属性上进行标签化分类,以达到专业化报道的目的。[1] 这不仅对经济新闻报道的专业性提出了挑战,也为其专业性的提升带来了无限可能。正如前文所述,财新网的数据可视化团队的建设、数据可视化实验室的创建、数据版块和栏目的开辟等也都是其专业性的集中体现。

第五,前瞻性与服务性。前瞻性与服务性作为当前我国经济新闻报道的常态要求,也是媒体实现自我价值、完成媒体使命、获取社会效益和经济效益的保障。随着社交媒体时代的来临,新闻生产已从原来的专业化组织生产过渡到更广阔的社会化大生产阶段。但传统新闻报道的前瞻性仍十分有限。随着大数据技术的不断完善,挖掘数据背后的隐藏价值,预测未来走向变得更具现实可能性、科学性和准确性,反映到经济新闻报道中,会使政府、企业、个人的经济决策更加精准,经济新闻的服务性特性更加凸显,用户黏性也会得到显著提升。大数据不同于传统的数据分析,它不再局限于追求精确度和因果关系,而是通过关联物分析的计算机算法对海量数据进行处理甚至预测,从中获取信息挖掘的附加值。如美国 Farecast 公司发端于一个机票预测系统,这一系统在搜集 41 天之内的 12000 个价格样本的基础上建立,通过预测机票价格走势和增降幅度帮助消费者抓住最佳购买时机,为消费者提供参考。我国目前也已有相关机构开始尝试,如 2014 年 8 月 13 日,百度基于大数据引擎平台支持,与中国科学院联手推出经济指数预测产品。这一举措就是利用大数据的前瞻性功能对其服务职能的深化。这一经济指数预测产品的推出,对宏观层面的政府政策优化、中

---

[1] 喻国明、李彪、杨雅、李慧娟:《新闻传播的大数据时代》,中国人民大学出版社,2014,第 30～35 页。

观层面的企业决策制订以及微观层面的人民经济生活的指导都具有十分积极的影响,提高了各层面人员决策的针对性和精准性,有助于其把握全局的战略方向。

当然,这种预测性功能也越来越多地体现在财新网这一严肃媒体的经济新闻报道中。以财新网"观点网"栏目为例,其包含"财新名家""财新评论""视听""智库""思想精选"等共七个子栏目,聚集了政商学界的意见领袖,将前沿的观点、犀利的剖析、准确的预测带给读者。此外,无论是财新网诸如"观点网""行情中心""博客""专栏作家"等版块的设置,还是对金融、经济、公司、能源等各类题材的报道分析,其目的都不仅仅限于帮助读者进行信息查询、背景调查,还旨在通过精确、专业的数据分析和走势预测帮助读者进行决策制订,这些都离不开大数据技术的支撑。

三 新闻记者的主体性遭受冲击

随着自媒体时代的到来,尤其是大数据技术的推进,一方面,个人传播技术不断进步与普及,受众主动参与新闻传播的需求也日趋高涨,"公民新闻"渐渐风靡;另一方面,大数据通过抓取数以万计的同类报道自动生成报道模板,"机器人写作新闻"实践出现在越来越多媒体内部。这两种新闻生产方式都在一定程度上解放了专业记者劳动力,成为专业记者队伍之外的有力补充,但同时也对记者在新闻生产中的主体性带来了冲击。在这种形势下,专业记者应如何进行差异化竞争值得思索。

(一) 公民新闻:重构"记者"定义,促进民间话语体系崛起

公民通过大众媒体、即时通信工具等传播载体选择、撰写、分析和传播新闻信息,甚至以众包、众筹的方式参与新闻生产,新闻生产不再是专业记者的特权和专利。西方新闻界认为公民新闻是"未经职业训练的公民从事报道"[①],而中国较为通行的说法是"个体公民为了公众利益进行新闻

---

① 黄浦林:《试析"公民记者"与职业记者的区别》,《东岳论丛》2010年第4期。

活动"[①]。公民新闻的出现也衍生了"公民记者"这一称呼,记者不再单纯指代受过专业培训的媒体从业人员,而是将范围扩大到了各个阶层的人群,人人都可以当记者,尤其是某些新闻的突发性特点使得现场目击者具备第一时间采集第一手资料的客观条件。如汶川地震期间,第一条关于地震的消息是震区灾民用手机发布的微博求助信息;再如伦敦爆炸案事件中,第一条视频信息是当时现场的市民用手机拍摄并发布到网上的。目前,"公民记者"的提法越来越普及,这种身份也是对专业新闻生产者队伍的有力补充。

在大数据背景下,公民记者越来越多地借力大数据技术推动政府信息公开,推动相应公共政策建立,大数据为公民新闻的发展和民间话语体系的崛起提供了积极的生态条件。其中一个典型案例就是2011年10月起潘石屹开始在新浪微博上持续发布关于空气质量指数的微博,随后一年多的时间里,他凭借自身名人身份的强大影响力和及时更新跟进,在全国范围内掀起了一场关于"$PM_{2.5}$"的讨论和运动。这大大促进了政府对大气环境污染的治理进程,2012年2月国务院发布空气质量新标准,增加了$PM_{2.5}$值监测;随后各地区也纷纷推出大气污染治理规划,并通过实时播报$PM_{2.5}$数据全面监测大气环境。其中,潘石屹每天进行数据更新运用的软件就是"全国空气污染指数"应用程序,这是一款运用大数据技术开发的手机App,其数据来源于中国环保局和美国大使馆,通过列表和地图等可视化方式提供了各城市空气质量指数的实时监测。这一事件由公民记者发起,并依靠大数据技术和自媒体平台不断发酵,民众诉求和政府反馈在不断互动中寻找契合点,这不仅增强了公众参与公共事务的信心,也提高了政府对受众需求的了解程度,取得了令人较为满意的社会效果,堪称公民记者在环境新闻领域成功试水的典范。

首先,长期以来,我国的舆论格局是社会精英充当意见领袖的角色,引导公民进行议程设置,广大民众在很大程度上只是信息的被动接受者,反馈的声音则往往由于缺乏表达渠道而式微,但公民新闻的出现在很大程度上消解了社会精英的话语权,公众不仅可以传播新闻,同时也可以是新

[①] 张震:《公民记者的概念厘定与辨析》,《东南传播》2010年第2期。

闻的生产者，这就打破了传统"传者"和"受者"的身份界限。此外，公民新闻给舆论格局带来的最根本变化是促进了民间话语体系的崛起，促使传统主流媒体对公众议程设置进行重新思考，公众已经不再满足于被动接受新闻，而是更倾向于自己选择新闻，甚至是生产新闻。其次，公民新闻在大量突发事件报道中正在发挥越来越重要的作用，因为现场的目击者比传统媒体能更快获得第一手资料。最后，这些草根新闻、公民新闻还担负起社会舆论监督的职责，可以进一步促进政府、企业工作的透明化、民主化，提升主流媒体报道的客观性和贴近性。公民新闻更加关注被忽略的群体，如弱势群体，由于记者本身的参与性较强，公民新闻的主观性、情感化倾向比较明显，这也能够在短时间内聚集民众情绪，甚至发展成为社会行动。而且，由于公民新闻的草根性、匿名性及网络空间的高自由度，公民新闻的话题敏感度和尖锐性甚至高于传统媒体，可以通过运用自媒体等传播渠道进行公众舆论监督。公民新闻的这些优势从一个侧面反映出传统媒体的劣势，它给整个新闻业带来的冲击是革命性的。

但是公民新闻容易出现公信力不足、虚假信息过多、新闻策划过度等弊端。公民记者来自各个阶层，有不同的教育背景、生活体验与价值观，且普遍缺少新闻职业道德约束，知识素养和理性价值规范也稍显不足。而且由于自媒体的零门槛为所有人提供了面向所有人的传播渠道，海量内容的出现使得信息过滤更加困难，公民新闻缺少把关人是网络传播时代一个很严峻的问题。但应该注意，尽管公民新闻的质量参差不齐，这一新闻报道形式的出现却给专业新闻记者在诸如以下方面提出了新的要求：从海量的信息中去粗取精、去伪存真，充分发挥媒体人的专业性优势；克服公民新闻为维护公共利益的道义制高点而对科学报道专业主义可能产生的负面影响；引导公众重视主流科学结论和文献证据，巧妙规避情感宣泄对权威结论的刻意对抗。这些都是未来专业经济新闻记者在新闻生产中需要注意的重点内容。

（二）机器人写作新闻：解放记者劳动力，担负早期预警职责

机器人写作新闻是指用电脑程序自动生成新闻的新型报道形式。其工作原理是：针对一些在报道模式方面有规律可循的新闻种类，如财经报道、

第二章 大数据背景下中国经济新闻生产所受的冲击和影响

体育报道等，在收集大量相关报道的基础上，运用计算机程序创造出一定数量的固定模板，然后在进行报道时选取相应模板，并将采集的数据填入相关空格里，这样，一篇机器人写作的报道就生成了。能够采用这种技术进行报道的新闻，从故事的构思，素材的采集、组织与整理，文章结构的处理到最终的遣词用句，都有一定的模式和规则。这一技术十分适用于报道范式一直相对固定的经济新闻。机器人写作新闻技术最早由美国《洛杉矶时报》于2014年开发出来，当时该报记者兼电脑程序员肯·舒文克编写了地震新闻自动生成系统（Quakebot），在这一系统的支持下，《洛杉矶时报》得以在2014年3月18日加州发生4.4级地震时以首家媒体的身份报道该次地震。在收到美国地质勘探局电脑系统发出的地震信息后，Quakebot仅用三分钟就完成了首篇新闻报道并发表在该报网站上，其在当时引起了全球关注。随后，《洛杉矶时报》又将这一技术应用于其他新闻报道领域，目前该报的部分罪案新闻报道任务也已由电脑系统承担。

在《洛杉矶时报》首创这一技术后，各大传媒集团均意识到该技术在抢占报道先机及提高新闻生产效率方面的强大作用，纷纷开始机器人写作新闻的尝试。目前其普遍采用两种方式：其一，与技术公司合作进行机器人写作新闻报道；其二，自主研发机器人写作新闻技术。以美国为例，Automated Insights（AI）公司就是开发机器人写作新闻技术领域的先行者，其数据库收集了超过3亿个模板，适用于不同种类的新闻报道。[①] 目前美联社使用AI公司开发的软件WordSmith进行一部分财经报道和体育新闻的写作。此外，美国好事达保险公司、雅虎等企业和传媒巨头也与AI公司进行了相关合作。Narrative Science公司也开发了自动撰写新闻的Quill平台，其合作伙伴包括福布斯等。《纽约时报》并没有选择与技术公司合作，而是由自己的数字部门团队研发了机器人编辑Blossomblot。不过Blossomblot的性质并非新闻生成软件，而是更擅长辅助编辑挑选出潜在热文，这一尝试取得的效果十分理想，《纽约时报》2015年度的内部统计显示，该报每天通过Blossomblot推送300篇文章，而经过Blossomblot筛选的文章点击量是普通文章

---

① 何新田、孙梦如：《机器人也能写新闻了！媒体记者会被取代吗？》，人民网，http://yuqing.people.com.cn/n/2015/0918/c212785-27605218.html，最后访问日期：2019年11月5日。

的38倍。放眼全球，《华盛顿邮报》使用"Truth Teller"核实新闻的准确性；路透社利用"Open Calais"帮编辑审稿；《卫报》利用机器人筛选网络热文，生成实验性纸媒产品。

继多家国外媒体启用机器人写稿后，这一方式也终于引进国内，腾讯网财经频道于2015年9月10日发布《8月CPI同比上涨2.0% 创12个月新高》一文，这是国内首篇由机器人写作的新闻。财新传媒也敏锐地意识到机器人写作新闻的机遇和挑战，早在2015年就计划自主研发写稿机器人，随后，财新传媒的智能辅助写稿机器人"财小智"（CaixinBot）正式上线。它依托财新数据丰富的实时数据库，利用自然语言处理技术，生成了行情播报、市场分析、重大事件持续追踪等各类即时报道，成为财新传媒的一大亮点。[①]

随着计算机技术的日益增长，计算机写作新闻的能力不断提高，自动化新闻在新闻报道中越来越普及，成为专业记者报道之外的新的可能和有力补充。在新闻业中出现的所有数据导向的实践中，Matt Carlson认为目前新兴的机器人撰写新闻的新型写作方式来势汹汹，这在解放专业记者劳动力的同时却不得不让人担忧一个问题：脱离了主观认知的机械性新闻生产，其报道的严谨性和权威性是否还在？[②] 正如他所说，新闻机器人能将记者从一堆基础数据和信息中解放出来，在很大程度上解放了记者劳动力。据美联社统计，其每季度运用机器人撰写的新闻量是人工写作量的14倍以上，大大减少了记者的工作量。然而新闻机器人也暴露出许多自动化编写程序的固有缺陷，它只能以一种十分机械的模式，即通过将相关数据嵌入计算机程序中的固定模板中生成报道，却无法实施采访等环节，也无法判断采用何种角度更能凸显报道主题。这类新闻机器人的最大用处可能是充当编辑记者的早期预警系统，通过挑拣和抓取信息、发出警报，为记者进行后续工作做好线索发掘和标记工作。[③] 因此，这需要记者转变认知思维。记者

[①] 邱祺璞:《关于财小智》，财新网，http://other.caixin.com/2017-06-06/101098801.html，最后访问日期：2019年11月5日。
[②] Matt Carlson, "The Robotic Reporter, Automated Journalism and the Redefinition of Labor, Compositional Forms, and Journalistic Authority," *Digital Journalism* (3) 3, 2015, pp. 416-431.
[③] 郭恩强等:《数据新闻何以重要？——数据新闻的发展、挑战及其前景》，《新闻记者》2015年第2期。

应充分意识到机器人写手的优势并使其充分发挥辅助效能,即机器人通过速度优势快速、全面、准确地发送消息,专业记者则充分发挥自身知识积累、逻辑思维等众多的能力来负责深入解读和分析。

第四节　经济新闻生产的组织内部控制

黄旦在《传者图像：新闻专业主义的建构和消解》一书中提出,新闻生产的组织内部控制可以从两个维度进行理解：一是来源于集团层面的调配控制,它通过确立整个集团及其子集的发展目标,进而决定媒体内部的资源分配；二是来源于媒体自身层面的操作控制,即媒体在遵循上一级决策的基础上如何具体执行和操作才能达到效能最大化。[①] 财新网也不例外,同样受到这两种控制因素的制约。本节主要从后一维度对其进行考察,探析财新网如何通过重构经济新闻生产流程和重新规划媒体内部组织架构,实现对组织内部的控制,寻求媒体自主性延伸。

一　经济新闻生产的流程再造

（一）新闻生产流程再造的内涵

"流程再造"（Process Reengineering）作为管理学中的一个概念,由美国学者 M. Hammer 和 J. Champy 于 1993 年出版的《企业再造》一书中首次提出。[②] 他们认为,流程再造就是通过对企业的业务流程进行根本性的再思考和彻底性的再设计,达到显著改善企业成本、质量、服务和速度等绩效考量指标的目的,同时把行政管理和专业分工有机结合,将支离破碎的流程整合成高效、集约化、个性化的生产大流程,以更好地发挥整体优势和效能。流程再造的主体对象是既有的业务流程,相关对象是整个组织架构

[①] 黄旦：《传者图像：新闻专业主义的建构和消解》,复旦大学出版社,2005,第 187~208 页。
[②] 张柱：《新媒体时代的电视新闻生产——平台思维与流程再造》,中国人民大学出版社,2016,第 33 页。

和相关的支持系统。流程再造的目标是显著提高企业绩效，实现途径是彻底改变既有流程，完全优化出一整套新流程。流程再造最基本的动因是外部环境的变化——包括顾客以及其他变化因素——引发了企业的竞争。流程再造的内部因素主要是企业的生产和管理人员的素质，以及企业的生产能力等。流程再造针对三种企业分别有不同的目标诉求：对于问题众多，尤其是生产成本高、企业竞争力弱，无法继续维持的企业，必须进行彻底的流程再造；对于看似发展顺利，实则暗藏危机，面对任何市场变化都会产生颠覆性结果的企业，必须尽早进行优化的流程再造；对于处于发展高峰的企业，则要把流程再造当作自身优势的一部分，利用这个优势进一步拉大与其他企业的距离，巩固自己的地位。

新闻生产的流程再造是对现有流程的优化和颠覆，实施的前提是现有流程不适应或者无法满足新闻生产的需要。随着技术的发展、传播环境的改变，不同时期的新闻生产流程会有一个自我调节、不断完善的过程。大数据背景下，经济新闻生产流程再造的目的已经不单是追求内容取胜，还要面对更为广泛的用户群体以及更多样的用户需求，进行有针对性的内容研发和设计。唯其如此，才能发挥经济新闻的效能，并助力媒体在长久的媒介竞争中立于不败之地。

（二）大数据背景下新闻生产的全新流程："双金字塔"结构

当前国内外学界和业界普遍认为，大数据已经渗透新闻业的方方面面，这给新闻生产制作、评价体系制订和受众反馈等环节都带来了颠覆性影响，新闻生产的数据化实践意味着生产流程的变革。在过去，媒体进行新闻生产大致遵循"发现新闻线索—新闻采访—新闻编辑—新闻发布"的流程，然而随着大数据技术的介入，传统的新闻生产业务流程和生产链条在很大程度上被解构。数据记者米尔科·洛伦兹认为运用大数据技术的新闻生产流程主要包括对数据进行收集、清洗和分析，并最终通过可视化形式呈现出来。而《泰晤士报》新视觉新闻团在进行数据新闻报道时则遵循"拟定选题—数据挖掘—数据处理—数据可视化—数据发布"的流程。以上几种代表性结论都能被归结为数据新闻采编流程的"倒金字塔"结构。在此基础上，保罗·布拉德肖创造性地提出了包含数据处理和新闻传播两大环节在内的"双金字塔"结构（见图 2-1），其中数据处理的结构呈现出包括数据编辑、清理、情境和整合等四个小环节的"倒金字塔"形，而新闻传播的结构则呈现出包含可视化、个性化等六个小环节在内的"正金字塔"形，数据处理的最终目的是完成新闻的有效传播。布拉德肖的这一理论更全面地揭示了当大数据技术运用于新闻生产过程中时，数据如何焕发新的生命力。

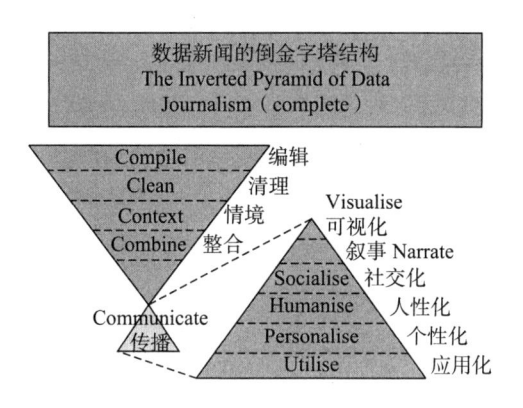

图 2-1 数据新闻的"双金字塔"结构

资料来源：Bradshaw，Paul. http://online journalism blog. com/2011/07/07/the-inverted-pyramid-of-data-journalism/.

其中，针对大数据的数据处理流程，由于源数据的混杂性，其本身并非绝对客观的，因此在收集了大量数据的基础上，要开始对数据进行清洗、归类、储存，以保证数据质量，从而为新闻报道的客观、中立、精确打下基础。需要注意的是，用于处理源数据的统计模型、挖掘技术也并非天然中立的，它是由人设计出来的，其中必然或多或少地掺杂人的主观思维理解以及技术的局限。因此，为竭力避免这些局限给新闻生产带来的困扰，统计者需要在数据处理过程中遵循一系列编辑准则。针对大数据处理信息的流程问题，国内学者刘智慧、张泉灵的总结具有代表性。其在中国人民大学网络与移动数据管理实验室（WAMDM）的研究基础上创造性地提出大数据信息处理流程基本可用数据采集、数据处理与集成、数据分析、数据解释四步概括（见图 2-2）。[①]

---

① 刘智慧、张泉灵：《大数据技术研究综述》，《浙江大学学报》（工学版）2014 年第 6 期。

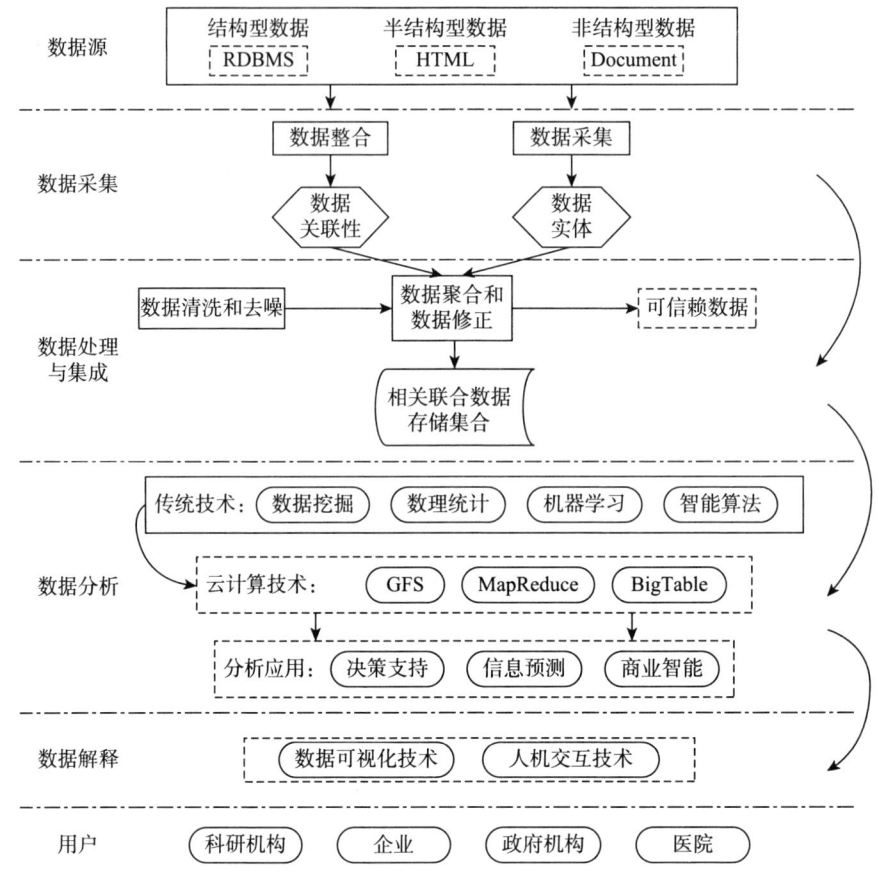

图 2-2 大数据信息处理基本流程

第一步，数据采集是基础。在互联网、物联网、云计算等传播手段迅速崛起的当下，通过传感器接收、射频识别、各大搜索引擎和移动软件等数据采集技术，大数据可谓记录着人们生活中的一举一动。这一环节蕴含对数据之间关联性的考量，通过梳理数据之间的逻辑关系，我们可以进一步确定数据采集阶段的目标和关注焦点，这也有助于在数据采集过程中发现独特的报道视角和新闻点。在这一阶段，相关技术人员并非毫无目的地进行数据采集，而是要具有问题意识，理清数据采集的主体、时间、方法等要素。

第二步，数据处理与集成是框架。这是数据的筛选、清洗和储存工序。经数据源获取的数据结构、形式复杂，因此在数据处理阶段首先应将其转化为单一或便于处理的结构。且大数据样本具有"全数据"性,其中必然包含很多无用及不相关信息,通过数据过滤器等手段可以完成数据的清洗和降噪。随后,针对不同种类的数据分别建立相应数据库,进行数据归置和储存以提高数据提取速度。应该注意的是,大数据技术下产生的数据呈现出混杂性,这种混杂性不仅体现在数据在内容上的重复、无效、损坏、不相关甚至错误,还包括格式不一致,因此对数据的清洗需要把握两个原则:一是处理无效值和缺失值,借助 DataWrangler、Google Refine 等软件将重复、无效、损坏等类型的数据进行清洗;二是对数据格式进行统一,将新获取的数据转换成与已使用数据相一致的形式。

第三步,数据分析是核心。迈尔-舍恩伯格等学者提出,信息技术变革的重点在于"I"(信息),"T"(技术)只是一种手段。[1] 可见,大数据的根本意义在于对数据背后意义与价值的探求。大数据催生出来的数据具有传统数据不具备的特性,这也对数据处理技术提出了新要求。Google 无疑是数据分析技术方面的领头羊,该公司先后研发了分布式文件系统 GFS、分布式数据库 BigTable、批处理技术 MapReduce 以及开源实现平台 Hadoop 等,为新型数据处理提供了可能和便利。

第四步,数据解释是最终目的。对数据进行解释不仅是研究的需要,更是为了满足用户需求,更深层意义是对"预测"这一大数据的核心要义的实现。其中,新型数据可视化技术以生动、直观的呈现手段成为目前数据解释环节的主要方式,可以通过对不同呈现方式的有机组合与运用表达不同的主题需要。例如时间轴和地图形式可以从时间、空间维度搭建信息框架,更高级别的交互式图表则可以通过信息的叠加和对比完整呈现不同变量之间的关系。大数据技术赋予信息解释以更丰富的形式和更直观的途径。

虽然学者对大数据背景下新闻生产的流程表述各异,但共同点在于都承认数据采集、数据处理和数据呈现是新闻生产的三个中心环节。其中值得注意的是,当前媒体在新闻生产方面越来越注重优化面向受众的服务体

---

[1] 〔英〕维克托·迈尔-舍恩伯格、肯尼思·库克耶:《大数据时代》,盛杨燕、周涛译,浙江人民出版社,2013,第97页。

系，把受众转化为用户，以用户需求为重心，贴近用户、了解用户、服务用户。在大数据技术的支撑下，全数据样本的数据采集特点突破了新闻选题的先设性，数据研究者可以在对海量数据的采集过程中发现新闻点，当全数据样本采集完成后再根据研究需要进行选择。这些信息不仅包括政府公开发布的信息，还包括物联网、传感器以及未联网的各种设备尤其是社交媒体和自媒体拥有的大量用户个人信息，大数据通过对这些相关数据集合进行计算处理，从中找出规律，进而针对不同用户的需求进行定制化推送。例如电视媒体的新闻生产，通过采集用户何时换台、在这档节目上停留多长时间、何时后退或暂停等受众收视行为的相关数据，并在与社交媒体结合的基础上分析用户对节目的喜好和评价。民众也可以直接参与新闻生产，例如新闻众包。在整个流程中，最为明显的改变是将新闻发布后的受众反馈提前，变成"前馈"，构建个人的兴趣图谱成为新闻生产的基础。这种前测实际上也是数据采集过程的一种形式，部分承担着发现新闻线索、提供新闻选题的职责。

（三）财新网经济新闻生产的流程再造

正如我们在第二章开篇所述，由于我们将视野限定在"大数据背景"下，本书所讨论的经济新闻范畴主要是运用大数据技术进行生产的经济新闻，即经济类数据新闻。其中，由于"数字说"是专门的数据新闻栏目，本章的案例和样本也主要来源于该栏目。

2015年9月12日，财新传媒首席技术官、财新数据可视化实验室负责人黄志敏在由中国传媒大学国际传媒教育学院、财新数据可视化实验室、百度新闻实验室联合主办的"京华论道——2015可视化与数据新闻分享会"上，通过自己团队实际操作过的新闻作品，提出互动类的数据新闻生产的七个步骤：找选题、找角度、数据搜集整理和清洗、数据分析、选择合适的图形、丰富图形的内涵、代码呈现图形。[1] 再结合上文的分类，本书将大数据背景下财新网经济新闻生产的流程概括为以下五步：确定选题、数据

---

[1] 黄志敏、张玮：《数据新闻是如何出炉的——以财新数据可视化作品为例》，《新闻与写作》2016年第3期。

采集、数据整理和清洗、数据分析、数据可视化呈现。

1. 确定选题

选题的确定一般需要对两方面进行衡量，即发现选题和分析选题可行性。黄志敏介绍，财新数据可视化实验室主要通过两种方式发起选题：第一种即传统新闻生产方式——由编辑部发现新闻点；第二种即由实验室在海量数据的分析中寻找新闻点。[①] 无论采用何种方式，其选择新闻点的原则都要遵循基本的新闻价值要素。正如前文论述，当大数据运用到新闻生产过程中时，新闻价值的外延进一步扩大，新闻点的来源、新闻角度的选择等也都更加丰富，大数据技术使得"数据"的深层价值得到进一步挖掘。财新网常用的发现选题的思路有以下三种。

其一，善抓热点。这也是对新闻"新鲜、及时"这一核心价值的回应。在这个过程中，财新网并不满足于"就热点报热点"，而是善于在热点话题中发现新颖的切入角度，以"经济眼"看待这些话题。

例如，2019年8月10~11日，第9号台风"利奇马"登录浙江省温岭市，又一路北上到达山东省青岛市。财新网"数字说"于8月11日发布了《超强台风"利奇马"会被除名吗？》这篇经济新闻，以台风的行进路线为引，以台风带来的经济损失为角度，以"利奇马"为"点"，进而梳理出一条完整的"线"——近十年来在中国境内造成巨大人员和财产损失而被除名的台风。类似的还有《中国大城市能抵御"百年一遇"暴雨的防涝体系为何年年失守？》（"数字说"2019年8月9日）这篇报道，它源于2019年6月以来全国强降雨天气多发，武汉、重庆、长沙等16个省会及以上城市出现不同程度的内涝，到各大城市"看海"成为大家热议的话题。在这样的情势下，财新网以"发现问题—分析问题—解决问题"的思路推出了该报道，从内涝现象入手，从经济角度切入，探究"地上"与"地下"失衡的深层原因，最后从国家制度和政府落实两方面寻找解决城市内涝问题的新思路。看似都是报道自然灾害的社会新闻，其中却蕴含浓浓的经济味。

再如，2019年7月30日中央政治局会议召开，财新网不失时机地对十

---

① 陈茂利：《财经类数据新闻生产流程研究——以财新网"数字说"为例》，浙江传媒学院硕士学位论文，2017。

八届、十九届中央政治局召开的所有会议进行了历时性梳理,并于8月1日在"数字说"发布了《关于经济工作 历次中央会议都说了啥?提法有何变化?》这篇互动型数据新闻。该报道从经济角度入手,对历次中央会议的主要内容字斟句酌,对政策导向进行专业分析,对经济形势进行准确研判,以期对我国宏观方面的经济规划和微观方面的经济行为都发挥真正的指导作用。

其二,旧话新提。从"不新"的题材中寻找"新"的切入角度,赋予该新闻以新活力。仍以财新网非常青睐且擅长的"打虎"题材报道为例,每当一"虎"落马,财新网就会及时推出相关报道,这些报道不仅仅局限于就事论事,还往往会选择不同的报道角度:或是涉案金额,如《"亿元贪官"已38人 内蒙古政法委原书记邢云受贿4.49亿创纪录》("数字说"2019年8月15日);或是落马地域,如《十九大后各省落马"首虎"都是谁?》("数字说"2019年7月23日);或是利益关系网,如《迈不过的亲情关、人情关 秦光荣贪腐案中有哪些人?》("数字说"2019年7月16日)。同样的题材,因为新角度的选取,也会让读者乐此不疲。

其三,从普遍中找规律。财新网常常不满足于"一事一报",而是擅长寻找规律和共性,梳理出清晰的脉络,将"点"串成"线"甚至是"网"。如每年"3·15"国际消费者权益日前后,各大媒体都会策划关于质量安全问题的新闻报道,财新网也不例外。以2019年3月15日的报道为例,财新网"数字说"通过《又到3·15 过去一年发生的这些质量安全问题与你有关》这篇数据新闻,梳理过去一年与消费者健康息息相关的质量安全问题,力图还原事实,加强舆论监督,规范市场监管及商家行为,保护消费者权益。

当然,此类选题的发现也越来越多地依赖于大数据的分析技术,尤其是数据分析师对感兴趣的数据进行分析时很容易发现一些有价值的新闻点。那么,权威、充足的数据来源就是此类选题进入编辑和数据分析师视野的前提条件,如政府、国际组织与第三方机构的公开数据以及媒体自身的数据库等。如《京沪人均GDP达到发达国家水平 背后是地区发展不均衡》("数字说"2019年3月14日)、《"吸猫撸狗"很费钱 为什么入坑的人越来越多?》("数字说"2019年3月6日)、《东阳公布2018年纳税榜 张艺兴杨幂景甜纳税超千万》("数字说"2019年2月13日)等都是这种类型的报道,其通过新鲜出炉的权威机构调查数据或者媒体自身的大量数据调研发现新闻点,题材也涉及民生、娱乐等方方面面。以《京沪人均GDP达到发达国家水平 背后是地区发展不均衡》为例,其以中国各省区市的GDP数据统计结果为权威数据来源,在此基础上财新记者对数据进行梳理,发现其背后蕴含的经济规律:各省区市之间经济发展不均衡,中国人均GDP与发达国家相比还有很大的差距。

当发现选题后,对这一选题能否实施和落地还需要进行可行性评估,其中比较关键的一点就在于对可视化方面实现的效果进行预判。经济新闻本身的专业性特点在一定程度上会导致它的内容比较艰深,尤其当涉及一些重大、时间跨度大、政策多且变动大的题材时,普通读者理解起来会更有难度,所以能否把这些专业且复杂的内容以清晰、易读的可视化形式呈现出来也是数据可视化实验室项目组(以下简称"项目组")成员需要优先考虑的问题。在进行初步分析判断后,项目组才会最终确定此选题。

2. 数据采集

当确定选题后,项目组人员就要开始进行数据获取工作了。如果说前期的选题确定更类似于"头脑风暴"阶段,需要成员集思广益,那么进入数据采集阶段就会面临海量的数据,强大的工作量就意味着项目组必须明确数据采集的目标并做好数据存放工作,这也是尽量节省人力、财力和时间的重要方式。[①] 数据的来源和质量直接决定着新闻报道的质量和效果,经济新闻报道的权威性、政策性和专业性特点也对数据提出了更高的要求。数据采集也是有规律可循的,例如各级政府及其他行政机构、企事业单位、第三方信息服务商、学术机构(包括各大高校及研究机构)及社会组织定期公布的官方数据或研究/调查报告,政府信息公开数据,众包搜集数据,媒体自己的数据库,数据采集工具抓取的网络数据等,都可以是数据出处。应该注意的是,选择数据来源必须遵循权威、准确、客观等基本原则。

---

① 陈茂利:《财经类数据新闻生产流程研究——以财新网"数字说"为例》,浙江传媒学院硕士学位论文,2017。

接下来，笔者将以 2015 年"数字说"发布的《从调控到刺激 楼市十年轮回》（以下简称《楼市十年》）为例，展开分析财新网经济类数据新闻报道的流程。房地产市场作为过去 20 年中国经济发展的重要推动力，它的波动和起伏对于千千万万个中国家庭来说也是"几家欢喜几家愁"。《楼市十年》正是对 2006~2015 年中国大陆楼市波动的历时性梳理，它以大量翔实的权威调研数据为基础，以交互地图、图表和新闻相结合为表现手法，内容涵盖中国 70 个大中城市，回顾了中国房地产十年的价格及政策走势。该报道由记者、设计、开发、编辑、监制等 5 种职责分工共 7 名团队成员共同完成，作品最终入围第五届凯度信息之美大赛①决赛。

确定此选题后，项目组便着手数据的采集工作，在这一过程中会根据不同的数据发布机构和来源采取不同的数据采集工具。根据选题的性质以及报道目的，项目组大致确立了以下几个权威数据来源：国家统计局、中国指数研究院、Wind 资讯。其中，房价环比涨跌幅数据来自国家统计局每月公布的 70 个大中城市新建住宅价格指数，国家统计局发布的数据多是结构化的，一般可直接下载 Excel 文件进行分析；房价数据由于国家统计局没有发布个别城市的新建住宅平均价格，大部分选取自中国指数研究院统计的百城新建住宅样本平均价格，另有少数城市不在中国指数研究院监测列表中，为保证数据的全面性和准确性，此类城市数据选取自其他公开资料，如易居房地产研究院发布的报告等；城市居民人均可支配收入数据来自 Wind 资讯。此类大数据企业获取整理的数据一般格式比较规范，无须过多处理。一般情况下，将结构化数据表格化可以采用 import.io 等数据提取工具。②

3. 数据整理和清洗

在数据采集阶段获取的数据由于获取渠道和方式的多样性，往往会出现重复、不完整、格式不统一等问题而无法直接分析和使用，所以非常重要的一步就是对原始数据进行清理，去粗取精、去伪存真，剔除"脏数

---

① 凯度信息之美大赛（Kantar Information is Beautiful Awards）是全球数据可视化方面的高端赛事之一，由全球调研巨头凯度集团独家赞助。

② 陈嘉慧、黄志敏、黄晨等：《从调控到刺激 楼市十年轮回》，财新网，http://datanews.caixin.com/2016/home/，最后访问日期：2019 年 11 月 5 日。

据"。其中，窜改数据、不一致数据、不完整数据、重复数据、错误数据和异常数据等都属于非常常见的"脏数据"，对其清理可以采用手动清理方式，也可借助专业工具。①《楼市十年》这篇报道由于时间跨度大、涉及城市多，相关数据非常庞杂，必须借助专业的清理和分析工具才能继续，如Excel、Spss、OpenRefine、R语言、DataWrangler、Python等。财新数据可视化实验室的数据分析师习惯将数据放到Excel文件中整理、查找规律，并以数据库的格式进行储存。

在数据清洗的过程中也有一些原则需要遵循，这可以保证相关工作顺利推进。其中，刘英华在《数据新闻实战》一书中的总结较为全面和系统。一是备份原文件。这样做便于后期查询，即使多人操作也可以保证有迹可循。二是养成抽查数据的习惯，以便尽早发现问题。三是关注文本数据，尤其是空格、大小写、对齐方式和函数等。四是测试数据。在对数据进行编辑前要仔细查看"预览"选项卡。五是记录清理过程。② 财新数据可视化实验室的数据分析师在进行这项工作流程的时候也大致遵循这样的思路。数据清洗的重要性不言而喻，在此过程中一定要认真严谨，避免"一步错，步步错"。

4. 数据分析

正如前文所述，数据分析常用Excel、Spss、R语言等工具。其中，我们需要注意数据分析过程中的一种特殊情况：当获取的样本数据缺失时，可以尝试通过公开的数据网站、搜索引擎等进行补充查询，也可以使用工具根据一定的规则为样本添加缺失的数据。③

例如，项目组在《楼市十年》的数据统计分析过程中发现，百城新建住宅样本平均价格的统计始于2010年，而2005~2009年的数据缺失，无法构成报道的"十年"回顾。于是，项目组基于百城新建住宅样本平均价格，以及国家统计局的70个大中城市新建住宅价格指数（环比），推算出2005年7月至2009年12月的百城新建住宅样本平均价格数据。因此，数值会有些许偏差。项目组最终通过采集的数据分析得出结论，过去十年间，东、

---

① 刘英华：《数据新闻实战》，电子工业出版社，2016，第50~53页。
② 刘英华：《数据新闻实战》，电子工业出版社，2016，第87页。
③ 刘英华：《数据新闻实战》，电子工业出版社，2016，第115页。

中、西部城市总体来说房价差距明显。十年虽有多轮政策调控，但全国住宅均价平均上升70%以上。而且各城市对政策的反应速度也不尽相同，一线城市相比二、三线城市更加灵敏。

5. 数据可视化呈现

可视化是数据新闻生产的最后一步，拥有化繁为简的魅力，对于经济类题材的报道更是成效显著，枯燥生硬的数据、艰深晦涩的经济原理、难以捕捉的经济规律等都可以通过生动、直观的图表形式呈现出来，真正做到让内行愿意看、外行愿意学。据黄志敏介绍，财新的可视化项目最终成型主要有以下五步：数据分析、匹配适宜的图表类型、视觉编码、交互设计、程序开发。财新的互动类新闻作品主要靠以下三个软件实现可视化：用于绘制图形和动画的HTML 5，用于排版的CSS 3，用于处理交互和动画的JavaScript。[1] 接下来，本节仍以《楼市十年》为例，对数据可视化的设计到最终呈现进行简要分析。

首先，在上一步数据分析的基础上，数据可视化设计师还要再次对数据可视化的呈现方式进行分析和预设。针对不同的数据类型、变量之间的关系、用户的阅读习惯及喜好等影响因素，灵活采用相对适宜的可视化方式进行呈现，如用来比较不同分类的维度值可以运用条形图，呈现时序类数据往往运用线图，查看日期、项目计划或不同定量变量之间的关系适合用甘特图。《楼市十年》主要处理的是两条主线：时间主线（2006~2015年）和空间主线（全国70个大中城市）。此外，又要处理好时间、城市、房价和政策这四个主要变量之间的关系：房价、政策随着时间的推移/城市不同均会有所变化，政策的变化也会直接影响到房价。[2]

其次，梳理清楚主线和变量之间的交叉关系之后，就可以选择适宜的图表类型并进行视觉编码以呈现数据和其间的关系。《楼市十年》主要选了线图、柱状图、地图等可视化形式进行数据呈现。例如，"房价地图"采用动态地图和线图的方式呈现10年间各地平均房价和全国平均房价（前者以蓝色曲线表示，后者以红色曲线表示）的变动情况，用颜色和高低不同的

---

[1] 黄志敏、陈嘉慧：《财新数据可视化实验室的创新》，《传媒评论》2015年第4期。
[2] 陈茂利：《财经类数据新闻生产流程研究——以财新网"数字说"为例》，浙江传媒学院硕士学位论文，2017。

柱状图分别表示各地房价的涨跌情况（红色代表上涨，蓝色代表下跌，白色代表持平）。"环比分布"则采用了马赛克地图和线图的方式呈现数据，通过红蓝条的渐变色反映各地对政策反应的快慢（红色方格代表房价反弹，蓝色方格代表对政策反应滞后），通过折线图反映全国均价环比和当前房价环比两组数据。

再次，进行交互设计。这件作品主要采用了鼠标的"滑动"作用、"点击"作用和手动输入作用。[①] 以鼠标滑动为例，在每页的图表上，只要滑动鼠标使光标定格在中国地图上的某个柱状图上，图表右侧就会显示出该城市名称，相应地，用户根据图表颜色和曲线的变化就可以看到对应城市的房价走势和政策变化。再看"房奴计算器"，就是采用了手动输入的设计。用户可以手动选择自己所在的城市并输入自己的收入金额，点击"去买房"按钮，即可实时生成关于自己的"独家定制"结论：用户在某个城市想要购买一套80平方米的房子，一家人需要不吃不喝多少年。

最后，该作品依靠HTML 5完成交互式网页设计。整篇报道时间跨度及空间广度都很大，既关注北上广深等大城市，目光也投向很多面临房地产困境的中小城市，一部作品呈现出十年间中国房地产市场的变迁画卷，最终落足于普通中国人买房之难的量化呈现。[②]

二 媒体内部运作机制改革

（一）新闻生产运作机制改革的必要性

在大数据的影响下，经济新闻生产的流程实现了再造，因此经济新闻生产的运作机制也需开发出一套全新的以与之相适应。传统的经济新闻生产的运作机制是各生产环节部门独立运作，经济新闻采、编、排版和印刷是上下游关系，各级分工明确，每个环节都相对独立。记者和编辑先撰写出一篇完整的经济新闻报道，再由版面设计部进行排版，最后再印刷并分

[①] 陈茂利：《财经类数据新闻生产流程研究——以财新网"数字说"为例》，浙江传媒学院硕士学位论文，2017。

[②] 《财新数据新闻作品再度入围高端国际赛事决赛》，财新网，http://www.caixin.com/2016－09－28/100992933.html，最后访问日期：2019年11月5日。

发出去。但随着大数据技术被引入经济新闻生产环节，传统的运作机制已完全被改变，新闻生产的各环节之间相互协调、统一规划、共同合作，各部门的专业人员在互相沟通的过程中不断调整方案，在权衡开发成本、生产周期等复杂因素之后设计出最优方案，之后新闻采写、版面设计、数据开发等各步骤同时跟进。

自2012年开始创立的数据新闻奖（Data Journalism Awards），作为数据新闻领域创立最早、最权威的国际奖项，可以在很大程度上反映出全球范围内运用大数据进行新闻报道的最新实践水平和动向。从2014年起，数据新闻奖大幅调整了奖项设置，新增"最佳单主题故事奖""最佳个人作品集奖""最佳团队或新闻编辑室作品集奖"等奖项，这预示着数据新闻已不仅仅停留在注重调查深度、可视化效果、呈现渠道与呈现效果的层面，其更注重各种专业人才各司其职但又互相配合的数据团队及编辑室的整合能力。新闻生产的运作已跳出比拼采访力量和团队规模的桎梏，而向专业、有机的融合编辑室方向发展，通过整合资源实现规模经济效应。2013年3月24日，《纽约时报》发布了《创新报告》，该报告强烈呼吁传统纸媒机构将改革的重点放在将过去单纯的内容比拼变为现在的产品比拼和产业链比拼，加强产业链上下游环节的建设，例如新闻采写编辑和数据可视化人员同样也要考虑产品推广和市场运营。综上所述，当前的媒介现实呼吁新型新闻编辑室出现，通过部门融合和跨部门的生产团队建设，实现编辑部的整合效应。

通过观察国外媒体的机构改革实践不难发现，融合新闻编辑室已经成为大势所趋，其中美国媒介综合集团、美国论坛公司、美国甘耐特报业集团的实践颇具代表性。美国媒介综合集团旗下的"坦帕新闻中心"就是在整合集团内所有传统媒体和新媒体编辑部的基础上设置的新型多媒体编辑部；美国论坛公司也采取了这种策略，并将不同媒介的内容产品放置于共同平台上进行多渠道传播，为受众提供形式丰富的多媒体信息的同时开发最优销售路径。[①]

---

① 石长顺、肖叶飞：《媒介融合语境下新闻生产模式的创新》，《当代传播》2011年第1期。

（二）财新网的组织架构建设

作为我国唯一获得过数据新闻奖的可视化团队，财新的数据可视化团队也充分吸取了国外先进数据团队的建设经验，推倒了编辑部的墙，充分发挥数据团队与编辑团队的融合优势。

财新数据可视化实验室并非实体实验室，其不足 20 名成员主要分为编辑、设计师和程序员三种固定职能，分别分布在编辑部门、设计部门和技术部门，数据新闻生产还往往有记者加入，四种角色构成的团队在新闻生产各个环节呈现不间断讨论与合作的工作状态。实验室实行项目制，新闻项目按需抽调人手，因此每个项目的数据可视化团队参与人员并不固定，有时还会根据新闻生产的走向不断加入财新传媒的其他采编、设计和技术团队。不过目前财新数据可视化实验室只对一些大型、重要性议题的报道抽派四人或以上人手进行合作生产，其余大多数报道仍采取记者和制图两方合作的形式进行。虽然大数据技术的介入使得各职能部门之间不再那么壁垒分明，但是各团队的分工还是会有所侧重和区别。

项目负责人主要负责设计内容、制定决策、协调项目进程、做好不同角色之间的沟通与协调，激发成员创造力。记者/编辑负责新闻选题、后期文字编辑；数据分析师负责数据采集、清洗、分析；美术设计师和程序设计师主要负责数据新闻的可视化呈现和新闻发布平台的设计。[1] 在具体操作过程中，当编辑和技术发生冲突的时候，财新数据可视化实验室创始人兼项目负责人黄志敏的首要原则是"尊重编辑权"，让主编把握内容生产，而项目负责人着眼于整个项目的资源整合。[2] 当前的传媒生态已经越来越呼吁复合型人才的培养，为了顺应时代发展和迎接新技术带来的变化和挑战，无论是以财新传媒为代表的各路媒体，还是学界对于未来新闻工作者的学术培养，都更加注重培育记者/编辑的复合型素养，其中，对数据的挖掘和分析能力是重要一环。

在"数字说"中，有一个名为"数据新闻与可视化作品"的子栏目，

---

[1] 黄志敏、陈嘉慧：《财新数据可视化实验室的创新》，《传媒评论》2015 年第 4 期。
[2] 黄志敏、张玮：《数据新闻是如何出炉的——以财新数据可视化作品为例》，《新闻与写作》2016 年第 3 期。

汇聚了数据可视化实验室成立以来共 67 篇重大题材的动态互动可视化报道（截至 2019 年 9 月）。其中的每篇报道都由记者、设计、开发、编辑、监制等多种职能人员通力合作完成。例如《政府大楼》（"数字说"2015 年 11 月 24 日）这篇动态交互可视化作品，运用 Google 地图的形式进行呈现，将中国的政府大楼按区块划分为 18 个区共 104 个政府大楼，每座大楼都配有财新网拍摄的相应图片。整篇作品由摄影记者、图片编辑、设计、开发、监制 5 种职能共 8 人完成。《阿里巴巴 IPO 风云录》（"数字说"2015 年 1 月 27 日）这篇经济新闻报道由编辑、设计、开发、监制共 4 种职能的 7 人团队完成。该作品分"阿里群侠""阿里收购""阿里版图""阿里营收"四个部分，且每个部分又按照时间脉络、内部构成等不同标准进行细分："阿里群侠"以动态关系图的形式分别以 1999 年、2013 年、2014 年这三个时间节点对阿里巴巴集团在不同时期的骨干人物进行介绍；"阿里收购"以动态坐标图的形式展示了阿里 2005~2014 年在电商、IT、O2O、金融等领域的已知或未知的收购总金额；"阿里版图"则从电子商务、移动及 O2O、数字娱乐、云和大数据等方面对阿里巴巴集团旗下产品进行归类；"阿里营收"以占比图、折线图等形式将细分下的营收及净利润、营收详细分析、利润及利润率、交易额分析这四个方面进行清晰展示。

第三章

大数据背景下中国经济新闻生产的现状
——以财新网为例

大数据技术已渗透社会生活的方方面面，技术的勃兴同样也给传媒行业带来了巨变。反映到经济新闻生产领域，无论是媒体内部的组织架构还是生产流程都为适应新的理念和技术而进行了相应调整，经济新闻作品本身则是这些变化带来效果的最直观呈现者。接下来，本章将着重分析大数据背景下我国经济新闻生产的内容及特点。

第一节 大数据背景下财新网经济新闻报道的内容分析

由于我们将视野限定在"大数据背景"下，因此，本章所讨论的经济新闻范畴是运用大数据技术进行生产的经济新闻，主要表现为经济类的数据新闻。其中，财新网"数字说"栏目最具代表性。"数字说"自2011年上线之后，其生产出的数据新闻屡获国内外大奖，《青岛中石化管道爆炸事故》《星空彩绘诺贝尔》等一系列获奖新闻作品都在国内外取得了强烈反响。2018年，财新数据可视化团队击败BBC、卫报等老牌媒体，斩获"2018年度全球最佳大型数据新闻团队奖"，这也是中国媒体首度获得这一重磅奖项。

基于此，本章将采用定量与定性相结合的方式对财新网经济新闻的报道现状进行考察：运用案例分析法和内容分析法，通过选取财新网数据新闻栏目"数字说"中的经济新闻为研究样本,从新闻文本角度分析财新网运用大数据进行的经济新闻报道呈现的特点和趋势;运用深度访谈法观察财新网在经济新闻生产中各环节的交互作用和配合过程。

一 样本选取与抽样方法

本章选择财新网"数字说"这一数据新闻栏目作为研究对象,并选取栏目中的经济新闻报道作为样本进行统计分析。2013年是大数据引爆舆论话题的一年,各行业都在寻找大数据带来的机遇,业界和学界纷纷开始对数据新闻进行实践和研究(详见第一章),因此2013也被称为"大数据元年"。本研究选取2013年1月至2015年12月这3年为研究时段,每篇报道为一个分析单位。针对抽样方法,J. B. Hester等学者通过实证分析后得出,在网络传播内容的抽样方法选择上,复合周抽样比简单随机抽样或连续日抽样等方法更有效。[①] 所谓复合周抽样,是指在连续不同的星期里随机并按照顺序抽取周一至周日样本,抽取的这些样本构成一个周样本。这一抽样方法使用的前提是研究对象必须保证考察期间每一天都有合乎主题的报道,它适用于跨度较长的研究,尤其适合同一天有数量较多的样本的研究。财新网"数字说"栏目符合这些要求,因此本章采用复合周抽样的方法,并在总体样本中剔除军事、医疗卫生等非经济类题材的报道,共得到有效样本305篇(详见附录1)。在分析过程中,根据需要既有数量统计的分析,也有对代表性的报道进行的个案分析。

二 研究问题

本章主要采用内容分析法,通过定量与定性研究相结合,主要致力于解决以下问题:财新网在运用大数据进行经济新闻报道的过程中,其数据采集、数据处理、数据呈现和数据发布方面分别有什么特点?存在

[①] J. B. Hester, E. Dougall, "The Efficiency of Constructed Week Sampling for Content Analysis of Online News," *Journalism & Mass Communication Quarterly* 84 (4), 2007, pp. 811 – 824.

什么不足？

三 类目建构

我国学者王石番认为运用内容分析法进行科学研究要遵循以下原则：符合研究目的，反映研究问题，各类目之间互斥、无交叉，且合乎信度、效度。[①] 因此，本章在参考学界比较通行的理论和较为成熟的研究成果的基础上，结合对样本的观察、分析和对本书研究目的的综合考察进行类目建构。正如第二章所论述，本研究认为大数据技术支撑下的经济新闻生产流程概括起来主要有数据采集、数据处理、数据呈现、数据发布等主要步骤，因此本章类目建构也以这种新闻生产的全流程为依据，相应地，建立"数据来源""经济新闻主题""新闻生产者职能""新闻生产团队人数""报道区域""数据可视化呈现方式""数据图表使用类型""新闻传播效果"等八项类目指标，在此基础上对研究内容进行分类和编码，分别从新闻文本角度和媒体运作机制角度对大数据背景下我国经济新闻生产的现状进行分析。

（一）数据来源

数据来源即新闻素材、资料的获取途径。数据来源作为数据新闻生产的原始素材之源，其意义不仅在于为新闻报道提供客观证据，更在于从根本上限定了什么样的内容可以进入新闻文本之中。数据新闻一般会在报道中标注具体的数据来源方名称，但也有部分报道标注含糊，如"公开资料"，本章将此类情况归入"没有注明数据来源"。我们为该变量建构的类目为以下八个：一是政府等行政机构，二是企事业单位，三是第三方信息服务商，四是学术机构（包括各大高校及研究机构）及社会组织，五是媒体自采，六是其他媒体，七是网络数据，八是没有注明数据来源。[②]

[①] 王石番：《传播内容分析法——理论与实证》，幼狮文化事业公司，1989，第199页。
[②] 需要注意的是，相当一部分样本使用了不止一种数据来源，所以统计数据里的比例之和并非100%。

（二）经济新闻主题

从报道题材出发对经济新闻分类是近年来学界较为通行的分类方法。这种分类方法突出了经济因素对社会的影响，扩大了经济新闻报道的领域，且核心清晰，各类别涵括性强，因此特别适合市场化媒体和综合性经济媒体的经济新闻报道。[①] 其中，"政经新闻"包括政治性的经济新闻和政策性的经济新闻，如党和国家颁布的经济政策或国家的政治活动对经济活动产生的影响等。"财经新闻"主要是指对财政金融领域尤其是资本市场的相关报道，侧重于第三产业。"产经新闻"则是与"财经新闻"相对的概念，它侧重于第一、第二产业，主要针对行业、企业尤其是新兴产业进行报道，如房地产业等。"社经新闻"则是社会性的经济新闻，聚焦经济事件和经济现象的社会性，或透视社会现象中的经济学内涵。按照以上分类标准，再结合样本分析细化报道主题，对经济新闻主题的类目建构细分为以下十四个：一是国家重大会议及经济政策，二是（重大）经济事件[②]/经济形势，三是银行与货币金融，四是信息、互联网、移动通信产业，五是房地产业，六是能源产业，七是证券投资，八是汽车产业，九是交通运输产业，十是旅游业，十一是收入/就业，十二是物价，十三是居民消费、理财等经济生活，十四是其他。

（三）新闻生产者职能

运用大数据进行经济新闻生产不同于以往传统的新闻运作机制，新闻生产各环节呈现相互协调、统一规划、共同合作的态势，报道过程中往往需要各环节相关人员共同配合，组成一个团队进行合作。因此对该变量建构的类目为以下五个：一是记者，二是可视化设计人员，三是编辑与监制，四是开发人员及其他，五是未注明新闻生产者。

（四）新闻生产团队人数

新闻生产团队人数是指一篇数据新闻的生成共有多少人参与，一般也会在报道中标注出来，因此为该变量建立以下四个类目：一是1人，二是2

---

① 李道荣等：《经济新闻报道研究》，中国社会科学出版社，2013，第51~63页。
② 关于反腐类报道，本书不分所涉及的领域，统一将其归为"（重大）经济事件"类目。

人，三是3人及以上，四是未注明。

（五）报道区域

本章对报道区域的界定是新闻事件的发生地或涉及主体的归属地。对报道区域的选择可以在一定程度上反映出媒体的受众定位及视野特征，本章对该变量建构了以下三个类目：一是国内，二是国外，三是国内外双方。

（六）数据可视化呈现方式

根据前文的论述，本研究将数据可视化呈现方式分为静态信息图和交互式动态图。其中，交互式动态图参考许向东的划分方法[1]，并结合样本的统计分析，将其分为以下五种。第一，Flash动画型，即借助于Flash动画的信息图表，用户通过移动鼠标触发信息。第二，信息查询型，是指受众按照自己的了解意愿有选择地获取信息，这种动态信息呈现方式体现出较强的用户主动性。第三，问卷调查型，通过调查问卷的形式让受众参与新闻生产，并将调查结果即时反馈给受众。第四，个性定制型，是指受众输入个人信息以得出个性化结果。第五，综合集纳型，它通常包括文字、照片、视频、动画等多种传播符号，是网络媒体超链接技术和网状信息结构的综合应用。基于此，本变量的类目为以下六个：一是静态信息图，二是Flash动画，三是信息查询动态呈现，四是问卷调查动态呈现，五是个性定制动态呈现，六是综合集纳动态呈现。[2]

（七）数据图表使用类型

本研究在进行文献分析和样本收集过程中，发现数据可视化中静态或动态图表的图表样式大致可分为七类。一是占比图。是将数据用百分比的形式呈现出来的图表，如最常见的饼状图、环状图和柱状图。二是坐标图。是指用X/Y轴分别代表两个变量，在坐标系上展示两者关系的图表。三是泡泡图。它是坐标系图的升级，将气泡的大小甚至颜色作为除横、纵坐标

---

[1] 许向东：《互动式信息图表的应用及设计研究》，《国际新闻界》2013年第1期。
[2] 若一篇样本中有多种可视化呈现方式，本书将按照样本所采取的最主要的一种进行归类统计。

系之外的维度界定。四是时间轴。即以时间推移为逻辑进行新闻事件梳理和展示的图表。五是地图。是通过给地图上不同区域标注不同色块，或在地图上标注坐标点，并嵌入相应信息，以呈现不同地区在特定指标上的不同。六是社会关系图。它可以厘清新闻事件中各变量的社交网络关系，以明晰事件的来龙去脉，包括网状图、树图等形式。七是词云。这一概念兴起于新媒体，是将网络文本中的关键词按照出现频率的高低进行构图，从而使读者能够直观感受到文本主旨的一种可视化呈现方式。[①] 除此之外，还有一些可视化形式无法归类于以上任何一种呈现方式，只是简单的数字图表或示意图以辅助新闻报道，是最传统的可视化样式，本章将此类样本归于"其他"选项。因此，该变量建立的类目如下：一是占比图，二是坐标图，三是泡泡图，四是时间轴，五是地图，六是社会关系图，七是词云，八是其他。

（八）新闻传播效果

虽然对新闻传播效果的界定标准莫衷一是，但是，业界和学界普遍认可当前对网络新闻传播影响力的界定可以将以点击量、转发量、评论量为指标的用户使用量作为重要衡量标准，正如 HP 实验室发布的报告中所称，"Twitter"影响力的关键不再是有多少粉丝量，而是转发量。[②] 由于财新网"栏目"的每篇报道中只显示评论数，不提供参与评论的人数，因此本研究以每份样本显示的评论数为指标，对该变量进行类目设置，共分为以下六个区间：一是 0~50 条，二是 51~100 条，三是 101~500 条，四是 501~1000 条，五是 1001~3000 条，六是 3000 条以上。

四　信度检验

本研究从 2013 年 1 月至 2015 年 12 月共抽取 305 篇有效样本，通过"数据来源""经济新闻主题""新闻生产者职能""新闻生产团队人数"

[①] 紫竹：《"词云"——网络内容发布新招式》，人民网，http://media.people.com.cn/GB/22100/61748/61749/4281906.html，最后访问日期：2019 年 11 月 5 日。
[②] 《惠普实验室：Twitter 用户影响力取决于转发数量》，新浪科技，http://tech.sina.com.cn/i/2010-08-06/08244515211.shtml，最后访问日期：2019 年 11 月 5 日。

"报道区域""数据可视化呈现方式""数据图表使用类型""新闻传播效果"等八项指标逐项对样本进行统计,按照编码表录入。编码工作由两名新闻传播学专业的博士研究生完成。在编码之后,研究者从所有样本中随机抽取了30篇报道(样本总数的9.8%),以另一名博士研究生为独立编码者进行检验,检验结果显示编码员间信度值为90%,符合信度要求[1]。所有数据均采用SPSS for Windows 18.0进行处理分析。

五 各关键变量之统计及描述

(一) 数据来源统计及描述

在对样本进行统计过程中发现,一篇经济新闻引用的数据往往不止来自一处,因此该变量统计的是数据来源出现的频次。财新网"数字说"中的经济新闻数据来源分布如图3-1所示,整体来看,数据来源分布比较平均,除了未注明数据来源的部分,政府等行政机构、企事业单位、第三方信息服务商、学术机构及社会组织、其他媒体、媒体自采及网络数据作为

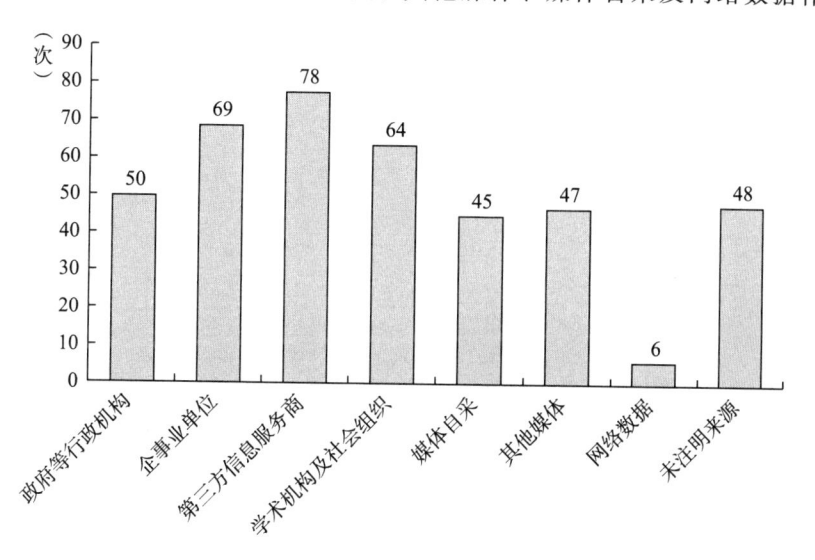

图3-1 数据来源统计

---

[1] R. Wimmer, J. Dominick, *Mass Media Research: An Introduction* (7th Edition) (California: Wadsworth Publishing Company, 2003), pp. 20-45.

数据来源的频次均有分布。其中，媒体①作为数据来源出现的频次最高，为92次；其次是第三方信息服务商，达78次；再次是企事业单位，为69次；学术机构及社会组织和政府等行政机构出现的次数也较多，分别为64次和50次。而网络数据作为数据来源只出现了6次。

（二）经济新闻主题统计及描述

从图3-2可以看出，财新网的经济新闻报道主题呈现明显的偏向性。政经类报道所占比重最大，其中对（重大）经济事件/经济形势的相关报道数量最多，为68篇（占总样本的22.3%）；对国家重大会议及经济政策的相关报道也有24篇（占7.9%）。其次为对房地产业和证券投资行业的报道数量，分别为51篇（占16.7%）和47篇（占15.4%）。信息、互联网、移动通信产业方面的报道也较多，有35篇（占11.5%）。此外，关于居民消费、理财（28篇，占9.2%）以及收入/就业（25篇，占8.2%）等社会经济类新闻的报道也占一定比例，而银行与货币金融、物价、能源产业、汽车产业、旅游业、交通运输产业等方面的报道占比较小。

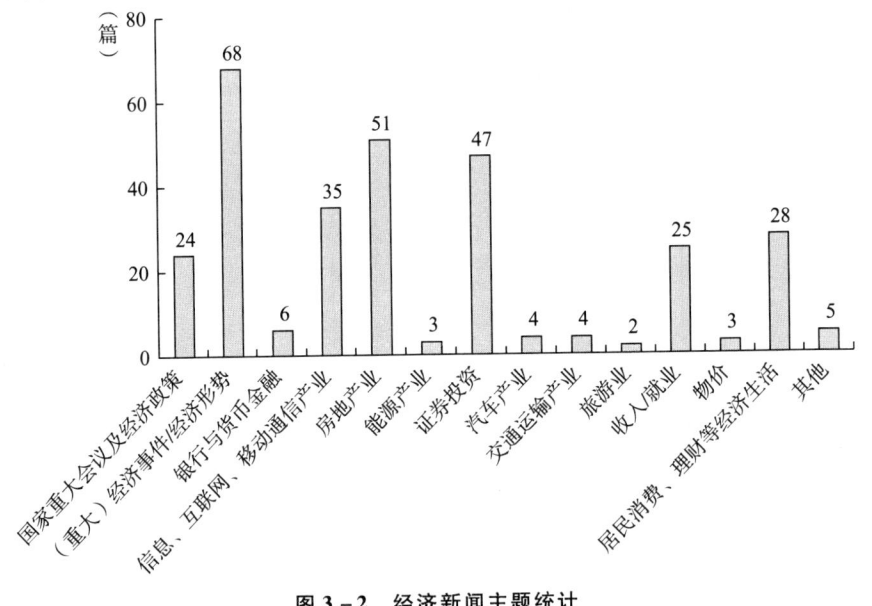

图3-2 经济新闻主题统计

---

① 此处将"媒体自采"和"其他媒体"两类数据来源合并，因其同属于媒体范围，即45+47=92。

（三）新闻生产者职能统计及描述

由于财新网的数据可视化实验室具有虚拟性，实行的是"项目制"，其每篇数据新闻报道的参与人数也因需要的不同而有所增减，本章对该变量统计的是担任不同职能的新闻生产者在所有样本中的参与频率。如图3-3所示，在305篇样本中，有296篇中都有记者参与，289篇中有可视化设计人员参与制图。可见，财新网"数字说"栏目在进行经济新闻报道时，大多数情况下由记者和制图人员两种职能的新闻生产者合力完成，编辑与监制、开发人员及其他等出现的频率较小。几种职能互有交叉，在一些报道中，记者甚至同时承担记者与编辑的双重职能。

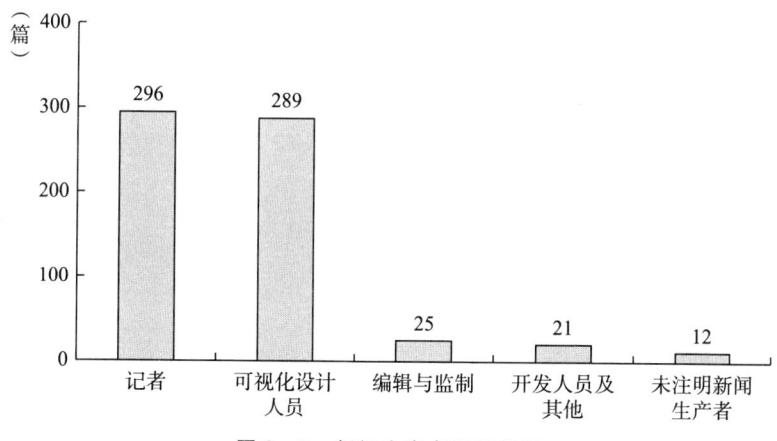

图 3-3 新闻生产者职能统计

（四）新闻生产团队人数统计及描述

财新网"数字说"栏目中的经济新闻报道一般采用"文字报道+可视化信息图表"的报道方式，其新闻生产的两大核心职能就是负责编写新闻稿件的记者和负责制图的可视化设计人员，每个职能包含1~2名参与者。在所有样本中，有75%的报道采取2人合作的形式进行，对于一些大型、重要性议题的报道，财新数据可视化实验室则会抽派3人及以上人手进行合作生产（见图3-4）。例如"数字说"于2015年12月31日发布的《楼市十年》这篇大型交互可视化报道，共分"楼市十年""房价地图""环比分布""房奴计算器""结语"五个部分，整个项目由2名监制、1名编辑、2

名开发人员、2 名设计师和 1 名记者组成的 8 人团队共同完成。其中，"楼市十年"以 Flash 动画的形式展现了国家从调控到刺激的政策轮回；"房价地图"则以信息查询型的动态地图形式呈现，通过点选地图上的某点，就可看到相应的房价；"环比分布"运用信息查询的形式讲述了各城市对楼市政策的不同反应速度，最终看出对比前两次调整，2014 年整体房价下调后，刺激政策在大部分城市都收效甚微；"房奴计算器"则通过个性化定制的动态方式呈现，用户选择自己所在地并输入自己的家庭月收入得出自己的房价收入比，以此衡量房价是否处于居民收入能够支撑的合理水平；最后得出结论：房价远远抛离收入，高房价绑架了许多市民的生活。

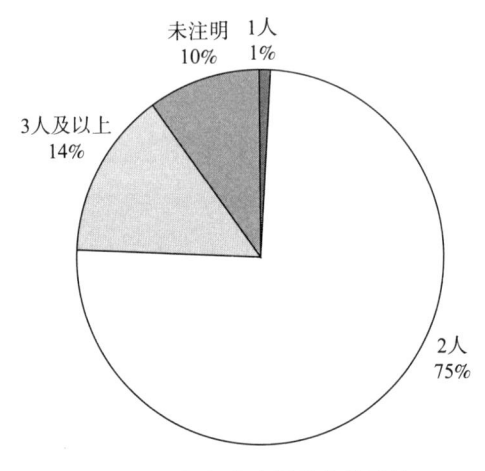

图 3-4　新闻生产团队人数统计

（五）报道区域统计及描述

由表 3-1 可以看出，财新网"数字说"栏目中的经济新闻报道往往聚焦于国内经济新闻的报道，所占比例为 82.3%。完全以国外为报道区域的相关报道很少，占 2.3%。而以国际视角出发考察国内外经济现状、经济因素、经济事件，报道区域对国内外均有涉及的报道也占一定比例，为 15.4%。值得注意的是，涉及国内外报道区域的经济新闻数量在 2013~2015 年呈现不断增长的态势，这在一定程度上反映了财新网宏观国际视野的拓展，其不再满足于只关注国内经济动态，开始注重整个国际的经济走势，以期对我国经济趋势的把握有所提示。

表 3-1 2013~2015 年样本报道区域统计

单位：篇，%

报道区域		年份			合计
		2013	2014	2015	
国内	数量	52	117	82	251
	占比	85.2	84.2	78.1	82.3
国外	数量	1	2	4	7
	占比	1.6	1.4	3.8	2.3
国内外双方	数量	8	20	19	47
	占比	13.1	14.4	18.1	15.4
合计	数量	61	139	105	305
	占比	100.0	100.0	100.0	100.0

本章针对经济新闻主题和报道区域的关系进行考察，如表 3-2 所示，发现经济新闻主题与报道区域显著相关（$p=0.000<0.01$）。其中，政治经济类新闻的取材范围往往都是国内，但对国际的政经类新闻的报道力度也不容小觑，对国际经济事件的报道和经济形势走势的分析占国际报道的 23.4%。该类目题材的报道是国际区域类经济新闻报道的最热门题材，主要是横向对比各国与中国宏观经济现状、趋势或某类经济问题的差异。针对信息、互联网及移动通信产业，财新网对国外与国际范围内的产业形势尤为关注，尤其是微软、谷歌等国际互联网巨头企业和苹果手机等移动通信企业。房地产行业和证券投资行业的报道所占比重较大，不仅包括国内范围（17.9%，15.9%），也包括全球范围内（12.8%，14.9%）的相关报道。此外，收入/就业和消费、理财两大事关国计民生的话题，财新网也倾向于以国际宏观视野进行考察（10.6%，8.5%），通过与国内形势进行横向对比以期对改进群众生活质量有所启发。

表 3-2 经济新闻主题与报道区域之关系

单位：篇，%

经济新闻主题		报道区域			合计
		国内	国外	国内外双方	
国家重大会议及经济政策	数量	23	0	1	24
	占比	9.2	0	2.1	7.9

续表

经济新闻主题		报道区域			合计
		国内	国外	国内外双方	
（重大）经济事件/经济形势	数量	57	0	11	68
	占比	22.7	0	23.4	22.3
银行与货币金融	数量	6	0	0	6
	占比	2.4	0	0	2.0
信息、互联网、移动通信产业	数量	20	7	8	35
	占比	8.0	100.0	17.0	11.5
房地产业	数量	45	0	6	51
	占比	17.9	0	12.8	16.7
能源产业	数量	2	0	1	3
	占比	0.8	0	2.1	1.0
证券投资	数量	40	0	7	47
	占比	15.9	0	14.9	15.4
汽车产业	数量	4	0	0	4
	占比	1.6	0	0	1.3
交通运输产业	数量	2	0	2	4
	占比	0.8	0	4.3	1.3
旅游业	数量	0	0	2	2
	占比	0	0	4.3	0.7
收入/就业	数量	20	0	5	25
	占比	8.0	0	10.6	8.2
物价	数量	3	0	0	3
	占比	1.2	0	0	1.0
居民消费、理财等经济生活	数量	24	0	4	28
	占比	9.6	0	8.5	9.2
其他	数量	5	0	0	5
	占比	2.0	0	0	1.6
合计	数量	251	7	47	305
	占比	100.0	100.0	100.0	100.0

注：$d.f. = 26$，$p = 0.000$。

（六）数据可视化呈现方式统计及描述

如图 3-5 所示，在对从"数字说"中选取的 305 篇经济新闻样本进行统计的过程中发现，样本数据可视化呈现方式侧重十分鲜明，即静态信息图是主要可视化呈现方式，占总样本的 93%（285 篇）。在剩下的 7% 的动态、交互可视化呈现报道中，信息查询动态呈现的交互方式有 11 篇，占 4%；其次为 Flash 动画形式，共 7 篇，占 2%；个性定制动态呈现的可视化方式也出现了 2 次，占 1%。样本中没有对"问卷调查动态呈现"及"综合集纳动态呈现"两种可视化形式的运用。由此可见，"数字说"栏目中的可视化呈现样式比较单一，对动态交互方式的运用仍显不足。

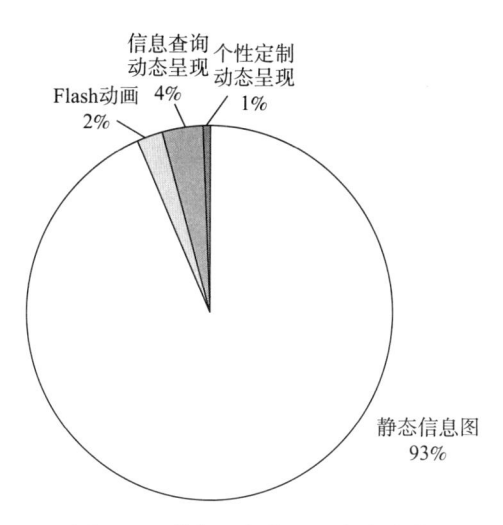

图 3-5 数据可视化呈现方式统计

（七）数据图表使用类型统计及描述

在统计数据图表的使用类型时我们发现，占比图的使用频率最高，有 115 篇报道都运用了这种数据图表，占 37.7%。财新网经常运用饼状图、柱状图、环状图等形式展示数据，辅助新闻报道。其次是坐标图，共 63 篇报道使用了这种类型的图表，占 20.7%。再次是地图和时间轴，分别占 9.8% 和 9.2%。社会关系图和泡泡图的使用较少（4.6%，3.6%），词云的运用频率则最低（0.7%）（见图 3-6）。值得注意的是，有 42 篇报道（占 13.8%）

中的图表使用都归入了"其他"选项,这类图表往往只是对数字进行简单罗列,是最传统、最基本的数字呈现方式,或只是单纯将新闻报道内容复制到表格中或图片上,以花哨的形式进行新闻报道,本质上却是"新瓶装旧酒",因为它既没有运用大数据技术进行分析、处理和挖掘,也没有运用大数据技术进行呈现,与数据新闻的内涵与功用有本质上的区别。

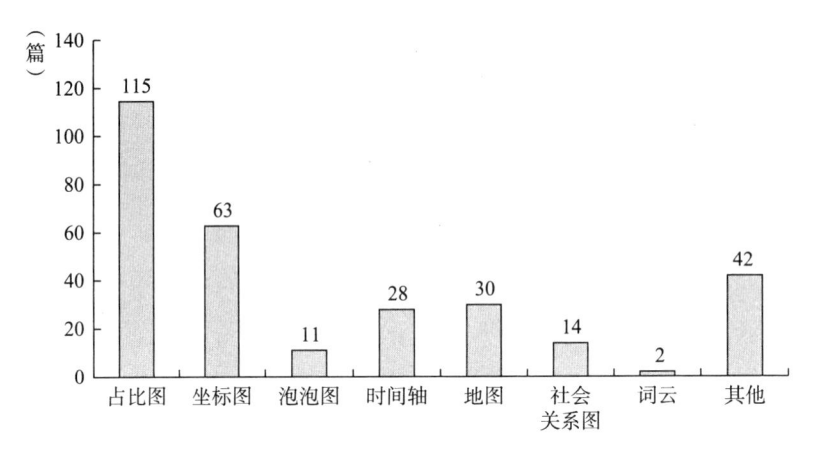

图 3-6 数据图表使用类型统计

本章针对经济新闻主题和数据图表使用类型的关系进行考察,如表3-3所示,发现经济新闻主题与数据图表使用类型显著相关($p = 0.000 < 0.01$)。各报道主题都对占比图和坐标图有很高的使用频率,但在政经类经济新闻报道中,信息图表的使用方式则更为多样化,如对(重大)经济事件和经济形势的报道,泡泡图、时间轴、地图和社会关系图等样式的分布比例相对均衡(7.4%,13.2%,16.2%,11.8%),对国家重大会议及经济政策的报道还运用到了词云类图表,虽然比例不高(4.2%),但这种形

表 3-3 经济新闻主题与数据图表使用类型之关系

单位:篇,%

经济新闻主题		数据图表类型								合计
		占比图	坐标图	泡泡图	时间轴	地图	社会关系图	词云	其他	
国家重大会议及经济政策	数量	4	1	0	7	3	0	1	8	24
	占比	16.7	4.2	0	29.2	12.5	0	4.2	33.3	100.0

续表

经济新闻主题		占比图	坐标图	泡泡图	时间轴	地图	社会关系图	词云	其他	合计
（重大）经济事件/经济形势	数量	14	8	5	9	11	8	0	13	68
	占比	20.6	11.8	7.4	13.2	16.2	11.8	0	19.1	100.0
银行与货币金融	数量	4	1	0	0	1	0	0	0	6
	占比	66.7	16.7	0	0	16.7	0	0	0	100.0
信息、互联网、移动通信产业	数量	14	5	1	4	0	4	0	7	35
	占比	40.0	14.3	2.9	11.4	0	11.4	0	20.0	100.0
房地产业	数量	17	14	0	2	12	0	0	6	51
	占比	33.3	27.5	0	3.9	23.5	0	0	11.8	100.0
能源产业	数量	0	1	0	2	0	0	0	0	3
	占比	0	33.3	0	66.7	0	0	0	0	100.0
证券投资	数量	20	17	1	3	1	2	0	3	47
	占比	42.6	36.2	2.1	6.4	2.1	4.3	0	6.4	100.0
汽车产业	数量	3	1	0	0	0	0	0	0	4
	占比	75.0	25.0	0	0	0	0	0	0	100.0
交通运输产业	数量	3	1	0	0	0	0	0	0	4
	占比	75.0	25.0	0	0	0	0	0	0	100.0
旅游业	数量	0	1	1	0	0	0	0	0	2
	占比	0	50.0	50.0	0	0	0	0	0	100.0
收入/就业	数量	14	5	1	1	2	0	0	2	25
	占比	56.0	20.0	4.0	4.0	8.0	0	0	8.0	100.0
物价	数量	2	1	0	0	0	0	0	0	3
	占比	66.7	33.3	0	0	0	0	0	0	100.0
居民消费、理财等经济生活	数量	18	6	2	0	0	0	0	2	28
	占比	64.3	21.4	7.1	0	0	0	0	7.1	100.0
其他	数量	2	1	0	0	0	0	1	1	5
	占比	40.0	20.0	0	0	0	0	20.0	20.0	100.0
合计	数量	115	63	11	28	30	14	2	42	305
	占比	37.7	20.7	3.6	9.2	9.8	4.6	0.7	13.8	100.0

注：$d.f.=91$，$p=0.000$。

式能以最直观的形式让读者掌握我国重大会议对于近期国家经济的部署重点。而银行与货币金融类报道和信息、互联网、移动通信产业报道更倾向于采用占比图的形式（66.7%，40.0%）。

（八）新闻传播效果统计及描述

在对样本的传播效果进行考察时，我们发现305篇样本中，有295篇样本的评论数都处于50条以内，评论数在100条以上的只有2篇（见图3-7）。这反映出财新网的数据新闻传播效果不甚理想，在与读者进行互动交流方面仍比较欠缺。虽然财新网通过汇聚财新名家、意见领袖等社会精英团体的观点为用户提供对经济现象和趋势的权威、专业解读，但在群众意见收集方面不如搜狐、腾讯等其他门户网站。

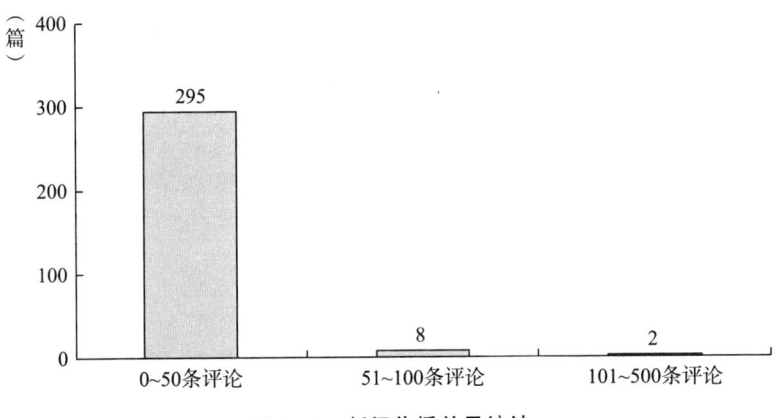

图3-7 新闻传播效果统计

第二节 大数据背景下财新网经济新闻生产的特点

本节将在总结上文样本分析结论的基础上，从新闻文本角度进一步总结财新网运用大数据进行的经济新闻报道呈现的特点，并结合深度访谈、文献资料收集和阅读，分析财新网在整个经济新闻生产过程中呈现出的模式特点。

一 选题特征：抓宏观高屋建瓴，"接地气"回应读者关切

（一）选题角度以宏观、中观为重头，兼具全球化视野

前文的抽样分析结果显示，财新网对于重大经济事件、宏观经济形势、国家重大经济会议的召开、经济政策的发布与实施等事件的报道所占份额非常可观（共占30.2%）。对国际经济情势的关注度也呈现递增趋势，但即使报道国际新闻，也是落脚于国外经济现状、经济因素、经济事件对国内的影响。这都显示出了它的宏观视野和全局理念。此外，对于产业结构和行业形势也有较多关注，如证券投资（15.4%）、房地产业（16.7%）等题材的中观经济新闻报道占比也较高。此类报道诸如《历年中央经济工作会议，重点有何不同？》《多省"十三五"规划出炉》《个税缴多少，各国大不同》《亚太面临金融危机以来最慢增长》《全球房价指数：香港暴涨内地微跌》《全球投资：中国首成"吸金王"》等立足宏观、中观角度，题材也是涉及房地产、金融投资、居民收入等各个方面。

第一，这种报道选题的倾向性跟财新网自身的背景和定位分不开。财新网面向的是"中国最具影响力的读者群"，以专业、严谨的态度和内容为中国政界、金融界、产业界和学界精英服务，在向他们传递市场经济理念与财经新闻资讯的同时，也为其进行宏观经济规划和做出经济决策等提供参考和指引。除此之外，财新传媒旗下的各大传统媒体无一不坚持高端定位，例如《中国改革》作为高端政经评论杂志，往往聚焦那些影响中国改革进程的重大事件和焦点人物，以期为中国的设计者、决策者建言，建构起转型社会的公民认知框架；《比较》杂志广采世界一流经济学家的最新理论和思想，有针对性地介绍国内外学术理论界对中国经济改革的方案设计、政策建议和评论。依托这些高端的传统纸质媒体不断前行的财新网，在吸收采纳的过程中更加高屋建瓴，善于以宏观视角看待国内外经济形势，以中观视角指导区域经济协调发展，在产业升级、行业转型方面进行积极引导，帮助企事业单位做出正确决策。第二，这种报道选题的倾向性也是对国家政策的积极回应。党的十八大以来，我国经济建设取得巨大成就，国

内经济的平均增速一直在世界范围内排在前列，这得益于我国对宏观调控的不断创新、完善和科学把控，在给予市场经济"微刺激"的同时更加注重定向调控，重点抓经济发展中的突出矛盾和结构性问题，定向施策、精准发力。① 这种政策指引和宏观布局也深刻地体现在财新网日常的经济新闻中，例如对小微企业和"三农"问题的报道、对部分热点城市房价泡沫风险的预期都体现了财新网对这一时期货币政策的解读和预测。此外，财新网经济新闻报道中全球化视野的增强，不仅是对当前不断加速的全球化进程的回应，也在一定程度上显示了我们与世界接轨，在国际范围内提升本国话语权的决心和实力。

（二）关心读者"钱袋子"，回应投资者关切

财新网虽然坚持高端定位，但也必须在专业性和可读性之间寻找平衡点，才能更好地在市场经济的洪流中站稳脚跟。其中，股票、证券是热门产业，也是热门投资领域。所以，涉及金融市场的财经类新闻也是财新网报道的重头戏（占17.4%）。为回应投资者关切，诸如《A股反弹 投行开派股市鸡汤》《A股谱神曲：天堂、地狱和炼狱》《A股救市连放大招 降税费有用吗?》《A股经历了怎样的两周?》《A股大象起舞 市值刷纪录》及类似报道出现频率非常高。当然财新网很了解其目标受众，对消费、理财、投资、就业等其他事关民众"钱袋子"的题材报道也较多，真正能让目标用户得到投资理财等方面的专业指导。此外，随着互联网时代的加速发展和信息产业的不断升级，信息、互联网、移动通信产业也越来越得到投资者和消费者的关注，财新网也敏锐地捕捉到了这一趋势，对这类报道的关注度也不容小觑（占11.5%），尤其是对微软、谷歌等国际互联网巨头企业和苹果、华为等移动通信企业的报道力度较强。如《每年秋季，苹果带给世界的》《苹果发布Apple Watch 股价这次没跌》《苹果业绩依赖iPhone iPad 销量连续下滑》《苹果股价难逃"逢发必跌"魔咒》《iPhone入华五年：由"肾机"到"街机"》等新闻作品，均以苹果手机业务在中国的起伏为切入

---

① 刘伟、陈彦斌：《十八大以来宏观调控的六大新思路》，人民网，http://theory.people.com.cn/n1/2017/0301/c40531-29114608.html，最后访问日期：2019年11月5日。

点，以小见大，进而从全局考察我国国民经济发展进程以及全球资本市场的变动。

二 数据来源：依托全媒体运营及数据库建设，采集渠道权威且多元

赫尔曼和乔姆斯基在《制造共识：大众传媒的政治经济学》一书中提出，从大众传媒的政治经济学视角来看，新闻获取渠道是大众媒体进行新闻报道的强大过滤器之一，大众媒体被其本身的经济需求和相互利益关系等因素拖进了一种实力强大的消息源之间的共生关系。新闻获取渠道这一过滤器的作用在于使精英阶层得以统治媒体并对反对意见实施边缘化策略。[1] 无论在权力杠杆为关联机构掌握的国家还是在媒体私有且不存在官方审查机制的国家，这种模式都是客观存在的，集中体现着社会中财富和权力的不均以及这种不均对大众传媒利益和选择的多重影响，例如金钱与权力如何对新闻进行过滤和筛选，如何将不同见解边缘化并让官方和私营利益集团得以向公众传达他们选定的信息。由于媒体的力量有限，以及新闻具有偶然性的天然特点，媒体很难第一时间在第一现场取得第一手资源。但当前传媒业的市场化运作越来越要求新闻实践的专业化，媒体想要在业界占据领先地位，这就对获取新闻素材的时效性和客观性都提出了更高要求。它们每天都有大量的新闻需求和相对固定且必须完成的新闻报道计划，要抢占最新鲜、权威的新闻素材，媒体需要稳定可靠的新闻素材来源。

经济模式决定了媒体必须将其报道资源集中到可能产生重大新闻的场所，即消息的传播和透露最集中的场所以及新闻发布会现场。各国媒体在长期的报道实践中均形成了约定俗成的规律，即选择某些权威或者专业机构作为新闻源，它们因工作性质本身掌握着许多新闻事件，能够提供大量的、具有可信度的消息流来满足媒体的固定报道计划。例如通讯社的应运而生，新闻通稿、约稿等形式的报道。这些权威消息源的优势还在于其来

---

[1] 〔美〕爱德华·S. 赫尔曼、诺姆·乔姆斯基：《制造共识：大众传媒的政治经济学》，邵红松译，北京大学出版社，2011，第 15~20 页。

源部门因拥有地位和特权而具备清晰的身份标志和消息的可信度，这也是大众传媒报道客观性的内在要求。但随着新媒体时代非官方消息源的不断出现并以权威身份发布不同见解，官方消息源的主导地位在不断被削弱。于是，媒体通过大量吸收专家资源以缓解这种压力[1]，如直接雇用他们作为智库成员并资助其研究活动等。权力与消息报道之间的关系从官方和企业提供日常新闻内容延伸到对意见领袖的意见进行控制引导。如此，就可以形成偏见，而专家队伍的组成就可以朝着政府和市场希望的方向倾斜。[2] 这种消息源结构的更新使那些可以为精英阶层起到实际作用的观点得以继续保持主导地位。新闻传播仍显示出权力的制约和精英团体对于舆论的高度控制。

但是，在大数据技术的支持下，信息获取的方式在很大程度上被改变，新闻线索的发现不再单纯依靠权威机构提供、新闻工作者主动挖掘或报料人提供，还可以通过利用专业数据库对数据进行检索、整合、对比而发现，也就是说，机器承担起部分发掘新闻点的职责。[3] 这就要对数据的来源进行考察，从源头优化经济新闻的选题策划。财新传媒旗下有传统媒体支撑，因此其不同于其他门户网站会受到采编权的限制，财新网数据来源中，媒体自采的频率较高（45次），往往通过对其他来源的数据进行二次分析以得出自己的独家观点；且财新网注重自身权威性和公信力的构建，因此聚集了一批精英博主和专栏作家作为其优质、权威的原创内容的创作主力军，这也是其原创财经媒体定位的彰显。此外，财新网与国内外众多传媒机构、数据运营商合作的运营模式，使其在收集其他媒体资料（47次）及第三方信息服务商提供数据（78次）方面也独具优势，能够获取大量相关报告和资源。这得益于财新传媒通过历年来的收购兼并整合出的集金融数据、权威资讯、品质服务于一体的数据库资源，其为专业用户搭建起一个实用性高端平台，在数据采集方面拥有了碾压其他媒体的先决条件。

---

[1] Bruce Owen, Ronald Braeutigam, *The Regulation Game: Strategic Use of the Administrative Process* (Cambridge, Mass: Ballinger, 1978), p.7.

[2] Edward S. Herman, "The Institutionalization of Bias in Economics," *Media, Culture and Society*, 1982, pp. 275–291.

[3] 祝兴平：《大数据与经济新闻生产方式的颠覆与重构》，《中国出版》2014年第4期。

总体来说，财新网依托全媒体的优势和数据库的建设，其数据采集的渠道也更多样化。目前看来，政府部门、数据终端及信用等级高的第三方机构、搜索引擎都是财新网进行数据采集最常用的数据来源。

首先，政府部门的官方数据。它作为国内最权威的数据来源，在体现财新网新闻报道的公信力方面功不可没。以"数字说"的代表作品《三公消费龙虎榜》（2015年6月29日）为例，其数据采集就基于我国各地90多个政府部门的网站；《中央纪委巡视风暴》（2015年2月4日）和《"红色通缉令"众生相》（更新至2016年11月16日）这两篇政经新闻的数据来源是中央纪委监察部网站。[①] 再比如，国家统计局作为主管全国统计和国民经济核算工作的国务院直属机构，其定期公开发布的全国国民经济和社会发展情况的统计信息也是财新网经济新闻报道的重要新闻源，如《2013年国民经济数据全图解》（"数字说"2014年1月20日）、《CPI低于预期 通缩风险加大》（"数字说"2015年6月10日）等，均是以国家统计局的权威统计数据为依据进行的经济研判。还有诸如涉及人物、公司关系等方面的调查类报道，财新网经常将原国家工商总局所设的官方网站"全国企业信用信息公示系统"作为切入点，该网站下设的31个省区市的地方信息查询子系统为搜集、核实人物、公司等调查对象的相关线索提供了强大的网络支撑。

其次，大型资讯公司的数据终端。作为信息的聚合机构，大型资讯公司的数据终端包含大大小小的数据库，这种海量数据基础为信息的获取提供了保障。例如财新网较常用的终端之一Wind[②]在提供宏观经济、金融市场类的选题方面具有极强的优势，包括上市公司的财务报告、股权变更和重大事项等。再比如CTR（央视市场研究股份有限公司）媒介智讯也是财新网经济新闻报道中常见的数据出处。CTR是中国国际电视总公司和Kantar集团（凯度集团）合资的股份制企业，依托央视和凯度两大集团在全球领先的行业经验，其媒体监测执行网络覆盖全国超过500个城市，通过提供360度的营销传播监测服务帮助客户及时洞悉和应对市场营销变化。《速度

---

① 黄晨：《财新经验：做数据新闻如何搞定搜索与数据》，记者网，https://www.jzwcom.com/jzw/ba/10019.html，最后访问日期：2019年11月5日。
② Wind资讯（万得资讯）是中国领先的金融数据、信息和软件服务企业。

与激情：中国品牌崛起2015》（"数字说"2015年4月27日）等大型数据新闻作品的生产都离不开这些大型资讯公司的数据支持。而且，数据终端由专业数据公司提供强大的技术支撑，实现数据同步，避免了人工录入过程中的差错，在数据格式及数据的批量导出方面也普遍比我国其他官方机构更具优势。

再次，信用等级较高的第三方机构。例如高校研究机构、会计师事务所等，财新网往往倾向于选择具有权威性的第三方机构，并且在使用此类来源的数据时注重数据的采集背景、样本数量与特征、调查方法和结论的严谨性。

最后，搜索引擎。对搜索引擎运用得当可以查询出许多关键性信息，例如人物名称、特征描述以及与其相关的人物、事件等，以此组成一个完整的关系网。

对于媒体信源，需分情况讨论。以新华社、人民日报为代表的国家级官方权威媒体是可以采信的来源，除此之外，地方性官方媒体在报道地方政府消息方面也具有独特优势。例如每年年初需要了解各地上一年经济数据和下一年经济目标的时候，地方统计部门的数据经常较为滞后，但地方官方媒体能及时地根据地方两会工作报告中披露的相关数据迅速做出反应。此外，财新网不轻易采用别家媒体整理的批量数据，因为很难掌握数据采集过程，但其擅长以其他媒体的数据为线索，最终找到第一手数据。

三 可视化呈现：以静态信息图表为主，动态交互制作水平不断提升

按照前文所述，本书将数据可视化的呈现方式大致分为静态呈现和交互式动态呈现，交互式动态呈现方式基本可概括为"Flash动画型、信息查询型、问卷调查型和综合集纳型"[1] 这四种类型。其中，交互式动态呈现方式按照新闻与受众的交互程度又可以细分为单向动态信息图和双向互动动态信息图，前者是指受众可以在动态图上自主选择感兴趣的内容进行浏览

---

[1] 许向东：《互动式信息图表的应用及设计研究》，《国际新闻界》2013年第1期。

或深入了解，但无法影响新闻生产；而后者允许读者自主上传自有信息以得出个性化结果，与此同时该信息图也具有收集读者数据的功能，可谓一箭双雕。

随着传媒市场竞争的日趋激烈以及受众市场的日益成熟，传统的静态图形、图表等可视化手段已无法满足受众需求，要吸引受众注意力、提高用户黏性，都在呼吁数据可视化在视觉设计、审美体验方面的创新。Venturebeat 前主编 Dylan Tweney 提出："信息图表已死，图片和可视化才是趋势。"他认为，现在愿意看大型的、垂直排列的枯燥图表的受众越来越少了，但是如果用吸引人、互动式的可视化形式就会产生截然不同的效果，"如果里面的数据还挺有趣，哪怕是简单的柱状图或者饼状图，都会产生很好的阅读体验"。有数据可依的故事总是更具说服力，用可视化的形式呈现出来就更好了。此外，可视化信息图表更利于分享，也就有助于扩大故事或者新闻的阅读范围。

（一）静态信息图表占大多数，动态交互信息图表中政经新闻占比大

财新网可谓国内数据可视化方面的领头羊，其凭借《青岛中石化管道爆炸》（"数字说"2013年11月24日）等大型交互类数据可视化新闻获得国内外数项数据新闻大奖。不过本书在统计分析样本的过程中发现，当前财新网在运用大数据进行经济新闻报道的过程中，对静态信息图的使用仍占绝对比例（93%）。[①]

值得肯定的是，在为数不多的动态交互信息图表中，财新网运用了较为多样的数据呈现形式，且历时性报道居多，通过收集、处理、整合一段时间内的相关信息，清晰展示事件来龙去脉及相关利益关系，体现出财新数据可视化团队较高的制作水平和数据整合能力。随着 2013 年后我国数据新闻生产实践迈入转型期，交互信息图表这种可视化呈现方式的出现频率越来越高。财新网的"数字说"栏目中开辟有"数据新闻与可视化作品"子栏目，里面收录了数据可视化实验室的代表作品。这些作品的交互性特

---

① 该统计结果截至 2015 年 12 月，因此结论有一定局限性。

征比较明显，HTML 5、CSS 3 和 JavaScript 这三种技术是制作相关作品的最常用工具。其中，"HTML 5"是近期数据新闻中一个十分热门的名词。所谓 HTML，也叫超文本标记语言，它作为标准通用标记语言下的一个应用，属于万维网的核心语言，功能地位十分突出。标准通用标记语言是一种定义电子文档结构和描述其内容的国际标准语言，在数据分类和索引中非常有用。2013 年 5 月 6 日，HTML 协议的第五次重大修改版本 HTML 5.1 正式草案公布，在这个版本中，新功能不断被推出，以帮助 Web 应用程序的作者努力提高新元素互操作性，万维网联盟更是将其称为"开放的 Web 网络平台的奠基石"。2014 年 10 月，HTML 5 标准规范终于完成最终制定并公开发布。在此之前，HTML 5 的应用和普及都因 PC 端浏览器版本不同存在呈现效果偏差的问题而受到巨大限制。移动终端通用的浏览器版本众多，但诸如 IE 6 以下的版本并不支持 HTML 5 技术，而这类用户在国内还占据相当大市场份额。这不仅打击了产品经理设计 HTML 5 作品的积极性，还导致 HTML 5 作品的开发要充分考虑针对大部分版本浏览器的网页兼容性这一难题，因此 HTML 5 一直难以普及。[1] 2014 年下半年开始，随着 HTML 5 版本的统一，这一工具的学习成本和开发成本大大降低，HTML 5 开始在使用浏览器相对统一的手机终端流行起来，还借力微信朋友圈的流行，大大拓宽了 HTML 5 相关作品的分享途径。

财新网历来重视政经类新闻的报道，而反腐报道往往是政经类新闻的重点，这类作品也是"数字说"历时性动态交互经济新闻报道的典型代表。在本书选取的 305 份样本中，反腐类报道占政经类新闻的 22.8%，占全部报道的 6.9%。且财新网对反腐报道的可视化投入力度更大，截至 2019 年 9 月，在汇集财新数据可视化团队大型合作项目的"数据新闻与可视化作品"专栏中，67 篇作品里就有 7 篇是关于反腐题材的。尤其是 2014 年 10 月党的十八届四中全会提出了全面推进依法治国，对于各行业、各领域的法治工作推进力度空前加大，反腐题材更成为财新网的关注焦点。2014 年以来，财新数据可视化团队先后推出《"从将军府"到"兵工厂"——濮阳的谷家

---

[1] 黄志敏：《程序员获新闻奖，你怎么看？——解读财新网可视化数据新闻》，《中国记者》2015 年第 1 期。

产业》《"红色通缉令"众生相》《中央纪委巡视风暴》《反腐·187张面孔》等一系列大型反腐报道，在可视化呈现方面也体现了较深的功力。

以财新网2015年2月4日推出的《中央纪委巡视风暴》为例，报道横向分为"地区"和"单位"两个维度。在"地区"这一维度中，中央巡视的各地区均通过橙色图标标示出来，读者点击图标便会跳出相应页面，显示该地区在巡视时发现的问题及巡视后落马的主要官员；再点击每个官员的头像就会跳转到财新网之前对该官员所涉事件的具体报道。"单位"这一维度列举了中央纪委巡视的单位，不仅包括国土资源部、水利部、科技部、商务部等国家机关，还包括一汽集团、中粮集团等企事业单位，还有中国科学院、复旦大学等学术、研究机构。这一维度与"地区"维度的呈现方式大致相同，即点击相应单位就会出现巡视发现的主要问题和落马官员的页面。这幅可视化作品是对中央纪委巡视开始及之后的一段时间内财新网的相关报道的历时性整合，以横向的空间分配和纵向的时间串联展示了中央纪委巡视的阶段性成果，报道主题宏大，报道视野全面，呈现方式直观。

（二）可视化手段不止于效果呈现，更着重意义挖掘

大数据技术的发展促使数据开源，也使数据收集比以往更加便捷；各类可视化软件如 WEKA、Orange、Google Chart Tools 的不断升级也使制作丰富的数据图表成为可能，数据可视化作品越来越受到传媒行业和受众群体的追捧。各类媒体纷纷采用视觉化的表达手段传递信息，丰富的色彩、直观的呈现与动态交互的操作使得新闻报道的思想和意义传达不再枯燥、单向。数据可视化已经成为当下新闻制作的一个重要生产环节，而且将越来越成为数据呈现的常态。但数据可视化的意义并非单纯地呈现效果，其深层意义在于意义挖掘，而可视化的信息呈现方式只是为了辅助受众理解复杂问题，不能本末倒置。尤其是针对经济新闻报道，经济新闻天然的专业性、服务性特点的博弈往往使得经济新闻报道呈现出"外行看不懂，内行不愿看"的尴尬局面。这更是对数据可视化在讲述经济故事、揭示经济价值、发现经济规律上提出了更高要求。

第一，讲述经济故事。可视化经济新闻报道本身就是利用视觉化手段呈现经济新闻事实的一种报道手段，其中，可视化是手段，而根本目的则

在于讲述经济故事，揭示故事背后的价值和要义。利用静态、动态信息图表讲经济故事本质上与写经济报道类似，必须综合考虑数据取舍、叙事的逻辑顺序等。以财新数据可视化实验室的政经新闻报道为例，2015年4月22日，中央纪委监察部官网公布了近期100名重要腐败案件在逃涉案人员的名单。随后，财新网"数字说"栏目对曾经深入报道的上述百人名单中的部分内容结集并以可视化形式呈现出来。其中，在"出逃人员出逃地及逃往地"动态地图中读者可以看到密密麻麻交织的曲线，每一条曲线都显示了线路的起止地区，读者通过分别点击不同曲线就可以清楚获知涉案人员的逃跑线路；此外，其他静态图表还显示了外逃人员的案发地、涉嫌罪名及逃往国家等具体信息。财新网运用这种方式进行空间的串联，进而引出重大经济犯罪案件的个案介绍和探讨，这种讲故事的手法不仅为读者呈现出清晰的报道脉络，还能以直观、生动的形式让读者了解报道内容。

第二，揭示经济价值。以财新网"数字说"作品《三公消费龙虎榜》（2015年6月29日）为例，由于民众权利意识的提高和对公权力监督的意向增强，每年的"三公"[①]消费正逐渐成为公众问政的重心所在。自2011年起，中央政府行政、事业单位开始每年公开三公经费的预算、预算执行数及决算数字，《三公消费龙虎榜》针对以上信息提供多角度数据解读，将2010~2015年官方公布的90多个中央级单位的三公消费数据录入数据库，并利用可视化形式做出一个包含概况、费用榜、比例榜、人均榜、大趋势、关于"三公"等六个部分的榜单，不仅能有效吸引读者关注，还能使用户清晰了解三公消费的来龙去脉。这一栏目无疑也是对政府工作的有效监督，成为社会效益与市场效益兼顾的典范。

第三，发现经济规律。财新网擅长通过可视化方式让读者清楚看到某件或某类经济事件/现象背后蕴含的经济规律。以"数字说"于2016年12月23号发布的《2016年的楼市》为例，该报道属于大型年终策划报道，牵涉地域广，涉及调控政策复杂，各地情况差别大……种种因素都意

[①] "三公"经费即财政拨款支出安排的出国（境）费、车辆购置及运行费、公务接待费这三项经费。

味着该报道需要收集和分析的数据十分庞大，而且该项目不仅需要对中国100座城市的房价进行历时性统计，而且要分析中央和地方的房地产调控政策和房价之间的关系，进而揭示我国在房地产方面的调控思路和规律。如何表现这些复杂的数据和其中千丝万缕的联系呢？财新数据可视化实验室的工作人员经过努力，将这些数据和逻辑关联以可视化的方式清晰呈现出来。

在"2016年中国100城房价"部分（见图3-8），不同颜色的曲线代表不同级别的城市，其中，黄、蓝、紫红色线条分别代表一线、二线、三线城市。而且这一部分包含了五个话题：2016年中国100城房价、2016年100城房价涨幅、2014~2016年100城房价涨幅、2011~2016年100城房价涨幅、2011~2016年100城房价。点击右侧竖行的红色球心按钮即可切换界面。在同一坐标轴中，这些颜色各异、密密麻麻的曲线的跌宕起伏告诉我们一个整体结论：2016年的楼市，最热的不是一线城市，而是热点省会城市和一线周边城市。但总体来说，自2011年至今，新建住宅价格涨幅最高的依次为深圳、厦门、上海、北京。

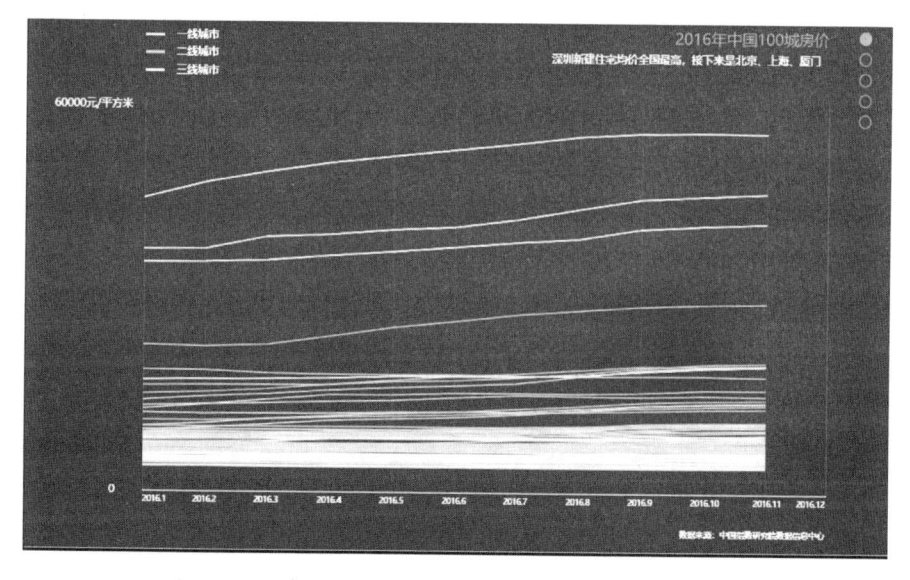

图3-8 《2016年的楼市》"2016年中国100城房价"

在"中央和地方的房地产调控政策"部分（见图3-9），项目组以时间轴的形式为我们呈现了从2009年12月到2016年11月的政策变化。虽然政策类信息更适合用文字呈现，但是如果单纯以文字形式长篇大论地展示，既会受到版面限制，又会让读者丧失阅读兴趣，而且，关于房地产的调控政策又涉及购房政策、贷款政策等细分领域，因此，项目组先对中央以及各地方调控政策进行分类，再沿用上文的思路，分别以不同颜色的实心点代表不同类别的调控政策：蓝、黄、紫红、靛青、深红五色分别代表的是购房政策、贷款政策、销售政策、土地政策和中央政策。房价则用灰色线条表示。再把所有中央和地方的调控政策以时间顺序排列在时间轴中。此外，项目组还对该图表辅以互动的方式，横向拖动时间轴上的进度条就可以完成时间的推移，读者移动鼠标停留在任一点上，即会出现相关的政策描述。由此，读者即可轻松看到中央和地方的房地产调控政策和房价之间的关系，进而了解我国在房地产方面的调控思路和规律：房价上涨过程之末和下跌过程之始政策最密，这样的调控"既抑制房地产泡沫，又防止出现大起大落"①。

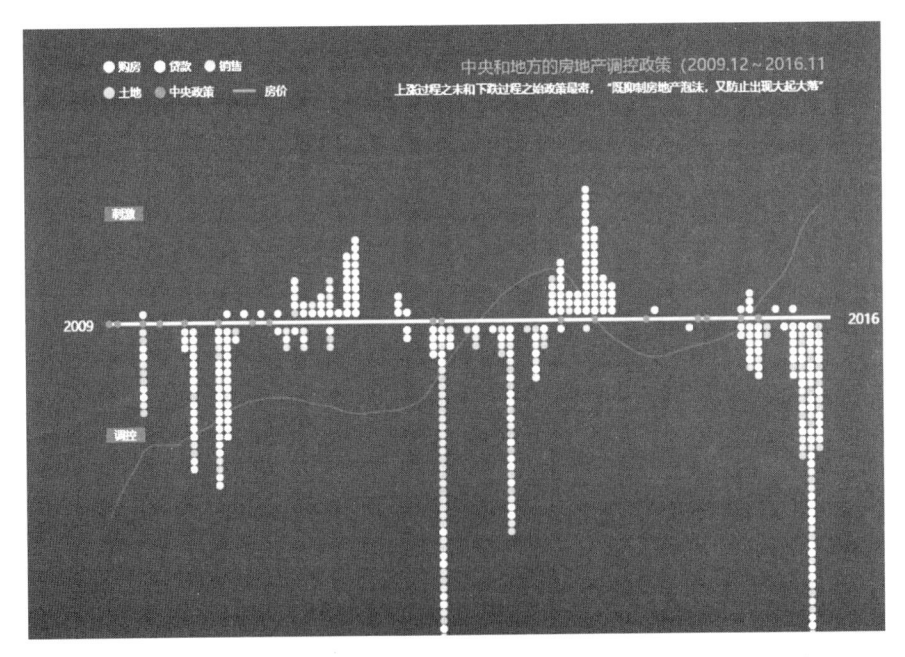

图 3-9 《2016 年的楼市》关于 2016 年房地产调控政策的可视化图表

---

① 黄晨等：《年终策划：2016 年的楼市》，财新网，http://datanews.caixin.com/2016-12-23/101030698.html，最后访问日期：2019 年 11 月 5 日。

四 平台建设:"网上+手上+纸上"=新闻内容共享、社区互动和定制发布

国外许多传统媒体的数字化转型已经形成"内容+平台"的运作模式,如纽约时报等,它们纷纷依托传统媒体的内容优势和新媒体的平台优势,将原创新闻资讯以付费或免费的形式通过新媒体进行传播,并随着时间推移慢慢形成稳定的付费市场,培养相应的用户黏性。目前,财新网也在不断探索这一模式,大致上形成了"网上+手上+纸上"这种覆盖PC端、移动端和纸质版的三方平台建设。这种平台建设,本质上是对传媒集团内、外部资源的全面整合,也是对财新传媒"原创财经新媒体"的强化:从内部来讲,财新传媒可以将集团内部所有产品的内容都聚合到财新网平台,无论是杂志内容还是视频内容等;从外部来讲,财新网通过"新闻内容共享""社区互动""渠道共建"等合作方式与国内外众多知名传媒机构进行合作,包括美国彭博数据分析终端、英国卫报、中国证券时报,以及腾讯、新浪和搜狐等门户网站。以腾讯为例,财新网通过与腾讯实行"3秒绑定互通"策略,使用户在绑定之后,其在财新网与微博中任一个平台上的留言都能同步到另一个平台上,这就大大增强了反馈价值与传播力。在大数据技术的支撑下,通过这些渠道的内容整合,财新记者可以从中挖掘出全新的新闻内涵和价值落点,生产出自己的原创新闻。

值得一提的是财新网移动端业务的拓展。随着移动互联网潮流的兴起,人和媒体的无缝连接得以真正实现,移动端阅读越来越成为一种阅读习惯和主流趋势。为了迎合这种需求,财新传媒除了在PC端(Personal Computer)呈现的财新网,还推出了"财新+"这一原创财经新闻和专业咨询客户端,目前发布了共6个产品7个版本,包括分别针对iPhone用户和安卓用户的财新网客户端、财新目击者客户端,以及财新网手机WAP版、新世纪周刊iPad版、中国改革iPad版等。目前财新在移动端的投入主要包括对服务器的升级利用和对人力资源的重新分配,都取得了极其明显的收益,据统计,财新移动端2015年上半年的收入已达到2014年同期的8倍。财新网和"财新+"通力合作,共同组成内容与平台搭建的模式。

此外，财新目前正在加大对读者数据库的建设，通过在微信传播完成新业务拓展。其创新孵化的产品有 Enjoy 雅趣、无所不能、健康点，配合着财新十几个微信公众账号，三个新媒体实验项目分路探索。针对用户分层问题，财新联手今日头条共同搭建基于国别的媒体平台，目的是服务于目标用户日益增长的全球化资讯需求。今日头条是我国媒体基于分析用户兴趣提供定制化内容推荐的典型，其运作机制如下：首先，收集用户在微博上的上网行为，包括用户在微博上的搜索内容、用户所属群组、微博的发送内容及所属类别、与他人的互动行为等；其次，基于这些源数据，利用大数据分析技术推断用户兴趣点；再次，利用大数据整合技术建立初始的用户兴趣 DNA 数据；最后，根据这些兴趣的权重，向用户推送定制化内容。今日头条是手机上用户黏性最高的资讯类客户端，其用户数量已突破 3 亿，日活用户超过 3500 万人，人均停留时间超过 50 分钟。2016 年 1 月 20 日，财新宣布，和今日头条联合孵化的全球资讯国别平台"世界说"在 App Store 正式上线。该 App 向美国、英国、法国、日本等 10 个主要国别开放，入驻的近百家自媒体、专家、专业机构为读者带来当地华人视角的观点、故事、讨论和资源，在增强用户体验、国人"走出去"的战略实践方面开放了一扇全新的信息窗口。[①]

---

① 马玲：《财新传媒携手今日头条 打造全球资讯国别平台"世界说"》，财新网，http://www.caixin.com/2016-01-20/100901666.html，最后访问日期：2019 年 11 月 5 日。

第四章

大数据背景下中国经济新闻生产的不足及原因

随着大数据理念和技术不断蓬勃发展，我国媒体也在持续探索如何能更好地将大数据与经济新闻生产结合起来，在理念革新、部门改革、平台建设、人才培养、技术创新等方面都投入了大量的人力、物力、财力，并取得了显著成绩，以财新网为代表的国内媒体屡获国内外数据新闻大奖就充分说明了这一点。各大媒体在经济新闻生产过程中不仅注重内容生产，还注重平台打造，以期更好地为内容服务。但是我们也应看到，相比国外媒体，我国将大数据理念和技术应用到新闻生产领域的起步较晚，相关实践仍处于摸索和不断改进阶段。因此，本章主要总结当前大数据背景下我国经济新闻生产存在的一些不足，并探究其背后的深层原因。

第一节 大数据背景下我国经济新闻生产的不足

当大数据技术运用到经济新闻生产中时，它带来的优势毋庸置疑。但与此同时相应的问题也在渐渐凸显，长此以往，势必影响到媒体高质量新闻的产出，这跟当前传媒行业的新闻付费、媒介融合等趋势背道而驰。因此，本节将在综合第二、三章论述的基础上，以财新网为主要案例，并结合国内其他运用大数据技术比较广泛和深入的主流媒体，指出大数据背景下我国经济新闻生产呈现的一些缺陷。

一 数据公开进程缓慢，前测型数据不足

经济新闻与数据密不可分的天然属性决定了对数据的收集是报道的基础。因此，广泛的数据来源是经济新闻报道得以实施的先决条件。尤其是在大数据背景下，只有保证数据收集渠道的畅通和接触海量数据尤其是目标数据的可能性，才可以在此基础上进行价值挖掘、数据整合及处理等步骤，使报道始终遵循"数据收集—数据处理—数据呈现"的基本逻辑。财新网也是如此，其在进行新闻策划的时候将数据的可得性摆在首要位置，在保证这一条件的基础上再对新闻素材的价值进行衡量。但当前我国媒体在运用大数据进行经济新闻报道过程中，往往容易遭遇信息采集方面的瓶颈：数据开放进程进展缓慢使得许多有价值的新闻点因无法找到足够强大的数据支撑而被扼杀在襁褓中；我们获取数据的技术水平有限，造成媒体在数据采集方面仍处于被动地位。

（一）数据公开进程缓慢

掌握海量的数据资料是大数据技术应用的前提和先决条件，理想的媒介环境中，各种数据应该是容易获取甚至大多是自由开放的。国外的信息公开和数据意识比较领先，如联合国、经济合作与发展组织、世界银行、世界卫生组织等都有相对易用、完备的数据源提供下载。国内大数据专家涂子沛更是提出"内开放"[①]理念，认为国家内部数据开放是十分必要的。反观我国的数据开放现实，情形却不太令人满意，主要体现在我国政府的数据公开程度不高以及国内互联网巨头们长期的信息垄断，而我国大部分信息都集中在这两大群体手中，因此国内的数据公开进程依旧任重道远。

首先，关于政府的数据公开进程，长期以来我国政府掌握的大部分公共数据并未面向公众开放，且层级和部门之间的信息呈现流动渠道不畅、资源不共享的局面，这不仅无法使现有数据发挥应有作用，从长远看还将严重制约经济发展。此外，政府部门网站公开数据的不规范现象也亟须解

[①] 涂子沛：《数据之巅：大数据革命，历史、现实与未来》，中信出版社，2014，第217页。

决，主要体现在以下两个方面。第一，数据归类问题上的不统一。以"三公"数据为例，财新网在收集相关数据时发现，不同政府部门往往将其归类于不同种属，在"要闻""政务公开""通知公告"等专栏均有分布，这就给财新网工作人员的数据收集带来很大困扰，单纯运用站内搜索手段无法保证搜索质量。因此，数据采集人员还要对报道主题有一定的了解，通过细化三公类目才能达到想要的效果，例如用"部门预算"等其他关键词进行替代搜索。第二，数据格式不规范。不同政府部门公布数据的习惯有差别，格式包括页面文字、PDF、EXCEL、DOC、JPG等。这就给数据采集人员的工作带来了难度，他们不得不对格式进行统一转换，数据在转换过程中难免会出现纰漏，进而影响后续价值实现。

其次，关于互联网巨头的信息占有情况，许多领域的数据信息被该群体依靠其自身技术便利所垄断。例如，百度拥有LBS云开放平台及相关技术，通过掌握全国范围内移动终端用户的位置信息创造出无限商机和潜能，2014年春节期间百度与央视联手推出"据说"系列节目，用动态地图形式展现春运期间全国范围内人员的迁徙轨迹就是最好的证明。再如，阿里巴巴为了更好地利用其海量的公众网上消费数据信息，从2009年开始就将云计算和大数据服务列为战略投资的一个主场，2016年1月20日更是发布了全球首个囊括前、中、后台的大数据一站式开发平台。该平台集合了计算引擎、开发套件、可视化工具等大数据技术，极大地拓展了阿里巴巴的服务范围和影响力。商品购买的推荐、花呗额度和芝麻信用等相关信息的查看等都建立在阿里巴巴运用大数据技术对用户网上消费数据的分析基础上。其他如腾讯、新浪等互联网企业也依靠自身技术优势集合了海量的网民社交信息数据。不过，这些集团往往将其所垄断的数据移作商业用途，虽然近段时间内开始不断尝试与媒体合作，却存在对接过程中有缺口等局限。虽然财新网近年来一直在建立自己的数据库平台，而且成效显著，但放眼目前我国国内大部分媒体，其自身不具备数据库资源，甚至不能熟练运用大数据获取和使用技术越发成为新闻生产过程中的一块短板。

最后，在数据服务商、运营商的数据提供方面，也存在较大的信息获取局限，这主要是由于许多公司和企业的数据也存在发布盲区。例如财新网经常将金融数据终端Wind作为数据来源，Wind虽对上市公司的数据获取比较有效，对未上市公司却不能进行很好的信息收集。虽然 Wind 终端中诸如中国并购库、中国 PEVC 库、中国企业库等数据库包含一些非上市公司的数据，却存在数据不全面、不稳定的硬伤，因此只能作为信息参考，其准确性和权威性都有待考量。

（二）前测型数据获取不足

目前，以财新网为代表的媒体在运用大数据进行经济新闻生产过程中，往往存在前测型数据获取不足的现象，主要体现在两个方面。第一，用户反馈机制仍需加强。财新网聚集了一批精英博主和专栏作家，设置了"财新名家""舒立观察""精英访谈""火线评论""意见领袖""财新博客"等栏目巩固其优质、权威的"原创"财经媒体的定位，但是它在收集用户意见、反馈方面并不突出，无法充分发挥反馈数据的前测性作用，财新网在形成完整数据闭环方面仍有较大缺口。反观以搜狐"数字之道"为代表的数据新闻专栏，其往往在每篇报道右侧设置调查问卷对用户意见进行收集，是前测型数据收集的一种形式。媒体可通过大数据处理技术对这些数据进行归类统计、整合比较，揭示个别、分散行为中蕴含的共同规律，为媒体发现新闻点提供新思路。第二，前测型数据获取不足的另外一种表现就是目前业界以众筹、众包等方式集合公众进行经济新闻生产的实践不多，这不仅是财新网在新闻生产方面的短板，也是我国整个新闻行业中亟须开发的领域。我国新闻众筹的实践不多，媒体以此方式进行新闻生产的实践进展也并不顺利，运作模式未形成、合法性边界不明确等风险都制约着新闻众筹在我国的发展。

二 数据止于"辅助理解"层面，深挖、预测作用不大

深度挖掘数据，充分发挥预测功能是运用大数据这种新型计算机技术进行经济新闻生产的核心意义。值得注意的是，大数据背景下海量数据的价值挖掘已不单单停留在传统小数据时代的"展现演变""揭示结果"层面，而是延伸至"预测趋势"层面，这也是大数据的"预测"功能这一核心要义的集中体现。虽然财新网注重在经济新闻报道的过程中运用大数据

技术讲述经济故事、发掘经济规律，但结合其整体的报道呈现来看，财新网在数据价值挖掘层面仍有许多上升空间。综观目前国内的经济新闻报道，无不如此。亟须改进之处集中体现在以下三个方面。

（一）对"大数据"及"数据新闻"的理解不够充分

新闻工作者没有准确理解大数据的内涵，也没有很好地发挥大数据的功用，混淆了"数据新闻"与"用数据呈现新闻"的概念。在财新网现有的经济新闻报道中，有相当一部分报道并非真正意义上的数据新闻，其既没有运用大数据技术进行分析、处理和挖掘，也没有运用大数据技术进行可视化呈现，而是完全停留在传统报道的思路上对"小数据"进行整合，只是简单地用传统的图表形式来辅助新闻报道而已。还有一些报道通篇只是直接选取一些调研机构的报告和数据进行简单的可视化呈现。类似现象在国内其他媒体的报道中也较为常见。这种内容和形式的报道与数据新闻在内涵与功用上有本质区别，正如人民日报中央厨房数据产品经理戴玉所指出的那样，目前中国的"数据新闻"很多都属于"精确新闻"，这只是数据新闻的早期形态。

（二）数据只具备"参考""辅助理解"价值

在对样本进行研究过程中发现，财新网目前的经济新闻报道很多都采用"文字＋配图"的形式，其中这些叙事性数据图表的功能往往集中于辅助文字报道来解释某一经济现象、理清某种经济结构、呈现某种经济态势，但对一篇经济新闻报道的完整串联作用仍然较弱，图表需要配以文字报道才能较为完整地讲述新闻事件的始末。虽然财新网越来越注重挖掘数据价值和意义，对大数据技术的运用也越来越成熟，但是目前从整体上看，图表的参考作用仍然大于分析、解释和预测作用，运用大数据技术进行数据深度挖掘的目标还没有充分实现。目前国内其他媒体也或多或少暴露出类似的短板。

（三）没有充分挖掘大数据的分析、预测作用

目前，以财新网为代表的媒体在利用大数据技术进行经济新闻报道时，

对大数据的分析、预测功能还没有充分开发出来,这集中体现在两种类型的报道——建设性报道和预测性报道还不够。

所谓建设性报道,美国弗吉尼亚联邦大学教授凯伦·麦金泰尔提出它是近年来国外主流媒体兴起的一种新兴报道方式,专注于提供解决方案和行之有效的措施来唤醒积极的情绪,而不仅仅聚焦于事件中的冲突和负面影响。[①] 我国现在正处于社会转型的关键期,市场经济蓬勃发展,经济形势瞬息万变,十九大报告指出,当前我国社会主要矛盾已经转化为人民日益增长的美好生活需要和不平衡不充分的发展之间的矛盾,而这种矛盾在经济领域尤其突出。因此,正确地反映社会矛盾,合理地解决矛盾甚至未雨绸缪,与整个社会的良性发展和社会秩序的稳定都息息相关。其中,经济新闻责无旁贷。此外,从新闻传播规律看,建设性报道在当前我国的传媒生态环境下也会更具传播力,因为它可以更多地反映群众之所急,满足群众之所需。但目前看来,我国主流媒体这种类型的报道还不够,无法真正全面反映社会发展过程中出现的矛盾和问题。与此同时,一些自媒体或者商业新媒体出于对利润的追逐进行不实报道或越"红线",这对新闻的真实性越发形成了挑战。

所谓预测性报道是对将发生而未发生的事件所做的前瞻性报道,它着重以理性、前瞻的眼光对新闻事实的发展变化趋势或前景进行科学预测。这种报道在经济新闻领域的运用更具价值,因其能起到引导社会舆论、指导经济行为、提供经济决策参考等作用,甚至能影响到国家层面的经济政策制定,经济新闻的实效性大大增强。大数据的核心就是预测,其意义不仅在于为人们提供客观而准确的决策依据,更在于在对数据进行相关关系分析的基础上提出预测。但综观目前财新网经济新闻报道,预测性报道所占比重不大,大部分报道仍停留在对信息的呈现与解读层面,并没有做到充分挖掘数据价值、研究数据背后相关关系以及提供前景预测。近年来,财新网开辟了观点网、博客、视听等版块为读者提供行业解读和专业预测。例如,"财新视听"集合了短视频、直播、音频、微纪录片等形式的音视频,主要以面对面采访的形式,邀请政商学界的专业人士作为独立观察者和权威评论员,通过多维度和

---

① 晏青、〔美〕凯伦·麦金泰尔:《建设性新闻:一种正在崛起的新闻形式——对凯伦·麦金泰尔的学术访谈》,《编辑之友》2017年第8期。

视角对热点事件进行剖析,对政策趋势进行解读,对市场动向进行研判。财新"观点网"又包含"财新名家""财新评论""视听""智库""思想精选"等共七个子栏目,聚集了各行各业的意见领袖,将前沿的观点、犀利的剖析、准确的预测带给读者。不过按照新闻体裁对以上这些版块中的内容进行分类的话,它们更多属于新闻评论的范畴,而且这些内容更多的是传统意义上的新闻评论,在内容生产方面并没有太多运用到大数据技术。综上所述,财新网在发挥大数据预测作用方面仍有很大的探索空间。

三 数据可视化形式创新不足,缺乏互动性

可视化的数据呈现能赋予经济新闻生命力,一篇交互性强、形式新颖的经济新闻报道往往能引起受众更强烈的反响,数据呈现的生动、新颖程度直接关系到一篇经济新闻的传播效果和影响力。数据新闻网联合创始人马金馨将国内数据新闻的发展分为以下三个阶段:第一,简单的信息图辅助报道;第二,可交互的专题界面结构化整合数据;第三,深度交互设计强调细节,综合集纳的数据呈现形式出现。但是笔者在对财新网经济新闻报道进行考察的过程中发现,运用静态信息图表进行数据呈现仍是主要方式,大数据辅助经济新闻报道的实践还处于初级阶段。其中,静态饼状图、柱状图、环形图等占比图(37.7%)成为媒体惯用的可视化形式,有时甚至是最传统的表格式数据填充。此外,还有相当一部分经济新闻报道只是采用一些可有可无的图画或是单纯将新闻报道内容复制到表格中或图片上,来烘托新闻主题,可视化的形式反而喧宾夺主。综上所述,可视化形式创新不足,数据呈现以静态图表为主,这种互动性的缺乏使得受众很难从图表中得到想要的东西和感兴趣的内容,仍然处于被动接受的传统新闻报道状态,大数据运用的思维创新还任重而道远。

四 新闻传播效果不佳,受众反馈渠道受限

若一篇新闻生产出来,读者反响平平,说明其新闻价值、选题、表现形式、对数据挖掘和解读的深度和逻辑性、新闻叙述的生动性、报道的分

发渠道等方面可能存在问题，这都需要媒体着重考察。而这些环节无一不关系到用户体验。提升用户体验是媒体增加用户黏性，增强传播效果，获得更好收益的关键一环，对于媒体及时调整生产、运营手段也尤为重要。同时，传播效果的好坏也直接体现在受众的反馈和互动程度上。传播效果会直接影响到网站、移动端后台对反馈数据的统计，进而影响到完整的数据闭环形成，也会直接关系到媒体能否了解到受众的兴趣点，进而改进报道方式、精准化信息推介等一系列动作。大数据技术的出现，使得收集用户反馈更为便捷、成本更低。

　　胡舒立曾提到，在当前的市场环境下，判断媒体的价值和影响力的标准主要是流量，即 UV（独立访客）、PV（访问量）、DAU（日活跃用户数量）、开机数等要素，而 UV、PV 也是财新网长期以来非常关注的两项指标。目前财新网月 PV 值过亿、UV 值 5000 万，从这些指标来看财新网的新闻传播力是非常可观的。不过最直接关系到用户意见收集的一项，即新闻的"网友评论"也不容忽视。但在对样本的传播效果进行考察时，我们发现 305 篇样本中，有 295 篇样本的评论数都处于 50 条以内，评论数在 100 条以上的只有 2 篇。其中，评论数超过 50 条的经济新闻主题集中于薪资、消费、理财、房价等事关国计民生的领域和"反腐"这类舆论监督领域，从中我们多少可以窥探出一些受众的兴趣点。影响一篇经济新闻传播效果的因素有很多，从报道内容来说，包括报道本身的新闻价值、新闻立场和观点、新闻呈现方式等；从媒体来说，又包括受众基础、传播渠道等众多因素。其判断指标也不仅仅只有评论量这一项，还包括诸如转发、点赞等参与评论的数量，后台对 PC 端、移动端等分发渠道的流量监测等。虽然本书单纯对报道评论量进行统计分析有很强的局限性，但从这一变量的统计结果中仍可以管中窥豹：财新网经济新闻的传播效果没有得到最大限度的发挥。

第二节　我国经济新闻生产出现不足的原因分析

　　本书以新闻生产社会学为基本理论依据进行研究建构，遵循"新闻生产的本质是社会生产"这一核心理念,认为新闻生产处于各种社会因素互相控制和博弈的复杂结构中,媒介在生产实践和社会控制两大环节交织的过程中不断寻求自主性的衍生。目前国内外学者从不同研究视角出发,对影响新闻生产因素的总结莫衷一是,这些结论大致涵盖了政治、经济、文化、技术、受众等诸多层面。因此,我们应结合我国的现实环境进行辩证分析和选择性引用。我国新闻媒体的"事业单位,企业管理"这一体制特点,决定了其在保持作为党和人民喉舌而存在的国有性质前提下才能展开对经济利益的追逐。这就从根本上生成了我国媒体新闻场域的特殊性,因此研究我国的经济新闻生产必然要将其放置于宏观的社会政治背景下进行考察。同时,本研究引入技术的维度,认为大数据技术不仅引发了新闻产业环境的巨变,同时也影响到政治、经济等因素的变革。对问题和不足的原因分析应回归到新闻生产社会学的视角,由此,首先,本研究从宏观的政治层面出发,探讨当前制约我国经济新闻生产的制度因素;其次,从媒体层面出发,对经济新闻生产的理念、平台、机制、内容方面的局限因素进行分别概述;再次,从受众层面出发,探讨经济新闻反馈不足的问题;最后,对技术层面进行探讨,研究我国经济新闻生产各流程中的技术缺位。

一 制度层面:信息公开、新闻版权保护和媒体管制缺乏制度保障

商鞅云:"凡将立国,制度不可不察也。"(《商君书》)制度是一个国家的根本,制度的变迁可以在很大程度上反映出国家长期以来的政治、经济、文化等各种社会因素的变迁轨迹,同样,不同历史阶段的制度制定也会影响到当时整个社会结构的调整。正所谓"无制不立",具体到当前大数据背景下我国的经济新闻生产,其出现种种不足的根本原因也要从制度层面寻找,这也是由我国媒体的国有性质决定的。因此,在新闻生产社会学的理论逻辑下,本章将首先从制度层面进行原因探究。概括来说,目前我国在政府信息公开、新闻版权保护和媒体监管等三个方面制度存在明显短板,这在很大程度上导致了我国媒体在经济新闻生产中"束手束脚"且最终效果不尽如人意。

（一）政府信息公开方面的制度欠缺

开放是互联网精神的内核，也是保证权威数据源、实践大数据精神的根本，广泛、互动、有价值的交流平台必须建立在开放的基础上。我国的现实环境是政府掌握着大部分有价值的数据，因此，数据开放的基础环节就是政府信息公开。

2006年党的十六届六中全会上第一次明确提出建设"服务型政府"，强调要加强公共服务职能。在"服务型政府"的理念指引下，中国共产党及政府更加注重"民本位"，把人民的利益放在首位，强调为人民服务。政府信息公开是对公众知情权的满足，同时也能让公众对政府运行进行有效监督，这不仅能督促政府建设提升到新高度，更能进一步促进整个社会的和谐发展。因此，政府信息公开不仅是保证信息畅通、优化资源配置的助推剂，更是当前我国政府服务公众的重要手段之一。

当前我国政府信息公开进程虽然取得了阶段性胜利，但仍需进一步推进。从国家层面来看，我国相关法律制度不完善，并存在相互矛盾的尴尬局面；从各级政府层面来看，相应配套制度比较欠缺，执行过程困难重重，政府信息公开无法真正落到实处。

1. 国家层面：信息公开的法律制度尚待完善

我国政府信息公开的法律制度不完善主要体现在两个方面。第一，宪法是一国的根本大法，拥有最高的法律效力，但我国宪法中并未明晰政府信息公开、公民知情权等问题的相关概念和条款，无法从根本上保证我国政府信息公开的合法性和系统性，这就必然导致操作过程中的种种瓶颈和限制。第二，自2008年5月1日至今，我国在政府信息公开方面一直遵循国务院颁布的《中华人民共和国政府信息公开条例》（以下简称《政府信息公开条例》）。不过需要看到，《政府信息公开条例》属于行政法规，其法律地位低于通过人大立法的法律。2015年全国政协委员蒋洪在两会上更明确指出现行的《政府信息公开条例》的义务主体和涵盖范围较窄，立法机关、司法机关、政党、社会团体等群体被排除在外，且对个人信息等重要部分未做相关规定。此外，《政府信息公开条例》的一些规定与国内现行相关法律诸如档案法、保密法等存在矛盾，其结果就是许多公共信息的不公开成为常态。① 例如，我国档案法规定一般的档案保密期是 30 年，因此当政府信息进入被机关档案室保存的程序后，它就需要遵循档案法的规定而不需履行《政府信息公开条例》的相关规定，这就与信息公开的实施、政府信息的有效获取形成了强烈冲突。

2. 各级政府层面：信息公开的相应配套制度欠缺

政府信息公开工作的落实，需要各级政府在遵循国家法律法规的基础上，结合本地实际量体裁衣，细化各种配套制度。不过目前我国地方政府在这方面的工作仍显不足，具体体现在政府信息公开平台建设力度不够以及政府信息公开监督体系不完备。前者直接导致政府无法真正深入群众，想群众之所想，与公众形成积极互动，倾听底层声音，及时了解公众需求。后者则容易导致政府审查机制出现漏洞，信息公开无法真正落到实处。归根结底，这是由于各级政府在政府信息公开方面缺乏主动性，服务性理念仍需进一步加强。只有扭转了理念，真正把人民利益置于首位，自觉接受群众监督，才能在转型服务型政府的道路上建立坚实的群众基础，进一步督促自身工作做到位。

（二）新闻版权保护方面的制度欠缺

无论是新闻内容、形式还是用户反馈等方面的短板，都在一定程度上暴露了当前媒体优质新闻原创力不足的困境。财新网这一专业财经媒体已属当前中国传媒行业新闻原创力方面的领头羊，因其依托一众高端传统纸质媒体，并且拥有自己高素质的采编队伍，又不断充实扩大自己的数据库资源，在新闻资源的接近和新闻内容的生产等方面都有天然优势。而且，其生产的新闻具有专业、权威、独家、有深度等特征。但是，不可否认，其在优质新闻产出方面仍存在不足。当然，还有很多媒体，尤其是蓬勃兴起的自媒体以及商业新媒体并不具备如财新网一样的先天优势，它们对专业、权威、有深度的优质新闻的原创力并不令人乐观。这在很大程度上导致了市面上假新闻、劣质新闻横行的局面，同时

---

① 《两会大讲（1）蒋洪：制定〈政府信息公开法〉十分紧迫》，澎湃新闻网，http://www.thepaper.cn/news Detail_forword_1310828，最后访问日期：2020 年 3 月 30 日。

也加剧了新闻侵权现象。

保护原创新闻生命力一直是传媒行业的使命，但是伴随着大数据技术的勃兴，新闻版权保护的现实环境变得更加严峻。许多新媒体机构或平台通过数据抓取技术几乎零成本地获得信息源，并在进行算法排序和植入广告后展示给用户。这种低成本高流量的套利手法往往使原创新闻的源头被忽略，尤其是生产严肃新闻的传统媒体，其付出了大量的时间、金钱、人力成本却享受不到成果，这给当前步履维艰的媒体经营雪上加霜，更会削弱媒体对优质新闻的原创力。如此一来，无疑是恶性循环。

针对传媒市场劣币驱逐良币的现状，以财新网为代表的媒体开始寻求釜底抽薪的途径，其中，新闻付费是现阶段较为行之有效的措施之一。它能给予原创内容资金等方面的激励，而且提高了新闻转载的成本，这在很大程度上抑制了新闻侵权现象。虽然财新网在新闻付费道路上做出了有益探索并取得了初步成功，但是它成功的关键在于原创、优质内容的生产力。而这种生产力背后不竭的动力在于对版权的保护。因此，新闻版权也是新闻付费的法律保障。但目前针对新闻版权的保护，无论是完善立法还是落实司法责任方面都还有很多不足。

1. 立法方面的缺失：对新闻版权问题争执不休

在当前传播生态下，保护原创、激励优质内容生产不仅是促进传媒业顺利转型、良性发展的重要举措，更能进一步促进整个社会文明的现代化进程。但保护原创新闻步履维艰，关键还是由于缺乏立法保障。例如，目前一个很严峻的现实就是对新闻版权这一问题的争议始终没有定论。我国现今有关新闻版权保护的法律主要有《著作权法》和《侵权责任法》，但都不是专门针对新闻报道的，如我国《著作权法》第五条明确提出本法不适用于时事新闻[1]，这从根本上导致了大量新闻侵权的维权行动无法可依，耗时耗资仍得不到妥善解决。此外，正如学者朱鸿军、张化冰等所指出的，《著作权法》第二十二条第一款所规定的合理使用他人已发表作品的情形——"为个人学习、研究或者欣赏"，在当前新媒体的传播生态下也会进

---

[1] 时事新闻，按照《著作权法实施条例》的规定，即通过报纸、期刊、广播电台、电视台等媒体报道的单纯事实消息。

一步加剧新闻侵权现象的横行。① 尤其是在大数据背景下，越来越多的新闻作品以更易复制和传播的数字格式呈现出来，新闻作品的外延进一步扩展，新闻侵权现象更加普遍和隐蔽，导致原创新闻的付费难以为继。如此恶性循环与我国保护知识产权的初衷和目标背道而驰。这些情势都在强烈呼吁相关制度的完善。

2. 司法方面的困境：侵权成本低，维权成本高

我国法律规定，原告有举证责任。被侵权媒体需要证明侵权方靠这些内容获得收益并确实损害了被侵权方利益。而这一因果关系的证明往往很难，更不用说在当前新媒体环境下，原告很可能被不止一家媒体侵权，而估算因侵权造成的流量、广告收入等方面的损失更是难上加难，取证之路可谓"道阻且长"。此外，我国《著作权法》法定判赔额上限为 50 万元，而且在我国大陆法系下，整个民法体系讲究的是补偿性原则，即对方给你造成损失，法律判他给你赔偿。② 这也往往造成获赔金额与维权投入不成正比，出现"自己打官司难，律师找不起"的尴尬状况。除了取证难、判赔额度低，高额维权成本、案件审理进展缓慢等因素也是新闻维权路上的一座座大山，让很多被侵权媒体深感得不偿失，进而望而却步。

（三）政府在媒体监管方面的制度欠缺

在新媒体时代，影响新闻传媒市场发展的变量迅速增多，政府对媒体的管理难度也在不断增大。从国家层面到各级政府，纷纷出台各种措施来更好地履行新媒体时代"把关人"的职责，对最能代表媒体公信力的传统、主流媒体的监管更是严格。具体到新闻题材方面，尤其当涉及题材比较敏感的新闻时，政府和媒体内部更是层层把关，且不允许异地监督。这就导致了一种很尴尬的情形：主流媒体报不出，商业媒体瞎报、滥报。《南方周末》总经理姚伟新在接受采访时曾表示，媒体在进行新闻生产时往往将新闻报道的稳妥性放在第一位，"新闻不能出事是我们需要考虑的头等大事，

---

① 朱鸿军、张化冰、赵康：《我国推行原创新闻付费的障碍与路径创新研究》，《新闻大学》2019 年第 7 期。

② 任晓宁：《中国版权之困：证明侵权难度堪比证明"你妈是你妈"》，《经济观察报》2018 年 7 月 29 日。

牵扯了我们大部分精力"①，尤其是对独家深度新闻生产的监管过于严格，束缚了媒体的手脚，层层审核之后新闻报道也丧失了其原有的神采。可是，政府和媒体内部的这种把关机制却让其他自媒体或者商业新媒体钻了空子，它们会抢先发布新闻，但内容往往是粗制滥造的。

这也是前文所提到的建设性报道在所有的经济新闻报道中比重不大的重要原因之一，也与呼唤更多原创、专业、有深度新闻出现的初衷背道而驰。媒体如果怕"多说多错"，势必影响到记者发现问题、揭露黑暗、寻根究底和解决问题的积极性。若要消除媒体的这种担忧，归根结底还是要从制度入手，为新闻生产提供一个健康、宽松又有保障的环境。

二 媒体层面：生产理念、生产平台、生产机制、生产内容等方面均存在短板

（一）生产理念层面：数据思维缺位及精英主义理念的固化

从生产理念角度出发探究大数据背景下我国经济新闻生产出现不足的原因，最突出的两点就是我国经济新闻记者的数据思维缺位及财经类媒体一贯坚持的精英主义定位。前者容易导致经济新闻记者在新闻报道中陷入数据唯大等误区，而后者将直接影响普通受众的参与热情。

第一，记者的数据思维缺位。主要体现在以下两个方面。其一，中国具有长篇叙事的历史文化积淀，对事物的叙述和思考呈现完整的线性模式，但当大数据被运用到新闻报道中后，其带来的新闻叙事方式往往是跳跃式、碎片化的，这需要我国的受众及经济新闻记者有一个思维转变的接受过程。美国的数据新闻生产之所以迅速发展，也是基于追求科学主义和理性主义的文化背景，重视运用自然科学方法的报道理念。在科学与伦理方面，西方文化崇尚科学主义和理性主义，而中国传统文化强调伦理精神。数据新闻使用的图表和画面断裂叙事方式，对于期待线性完整叙事的中国民众来说需要一定的接受过程。其二，数据至上思维误区使不可或缺的质性分析

---

① 朱鸿军、张化冰、赵康：《我国推行原创新闻付费的障碍与路径创新研究》，《新闻大学》2019年第7期。

缺位。新闻报道的对象是社会生活中发生的具有新闻价值的各类事实。有些事实是数字化了的，有些事实是可进行数字化处理的，有些事实则无法通过数字与数字化来处理和表现。因此，不加区分地提倡对任何类型的新闻事实都采用数据新闻的方式加以报道，或者不做限定地将数据报道作为新闻改革的方向和新闻发展的趋势，都是不严谨的。而提高大数据处理的能力，可能是未来新闻传媒提升竞争力的重要路径之一，但并不是媒体核心竞争力的唯一内容和全部内容。新闻报道中的一部分，完全可以以对大数据的分析解读为主形成文本和视频，但这类报道不应只是停留于植入数据这样一个层面。对于数据乃至大数据，需进行深度挖掘和精细分析。在此基础上，分析数据中包含的事理和价值，此环节同样不可忽略。

第二，精英主义理念的固化。目前，我国专业财经类媒体的普遍定位仍偏向社会精英阶层，为诸如政界、产业界及学界的精英人士提供经济信息咨询和决策指导。财新网也不例外，这反映在其经济新闻生产过程中主要体现在以下两个方面。其一，报道内容的专业性很强，经济类专业话语的使用程度较高，这对普通读者的信息理解造成了一定难度，在专业性和贴近性结合方面仍有较大提升空间。其二，财新网设有精英访谈、财新名家、火线评论、意见领袖等子栏目，细看之下不难发现，这些发声群体几乎全集中于学界专家、产业大咖、业界名记者等具有较高传播影响力的精英人物。归根结底，这也是其"原创财经新媒体"的定位使然。财新网全面启动新闻付费也是为了更好地致力于提升利用大数据分析能力、智能匹配能力以及独有的研究能力，聚合打通多个数据库的资源，搭建更具规模的垂直网络平台，并使金融专业人士分享智能科技的成果。其对目标用户的定位也很明确，包括投行、私募、风投、企业家、政府和学者以及其他专业机构。但是从另一方面来看，这也很容易形成精英圈子的"茧房效应"，长此以往，经济新闻报道对普通受众声音的收集方面则会愈加薄弱，发声"势能差"将更加明显。

（二）生产平台层面：媒体数据库建设实践仍处于起步阶段

国外著名的媒体，尤其是财经媒体都纷纷建立了自己的数据库，并依托强大的数据库资源和自身专业优势创立诸如股票价格平均指数等各种金融资讯类主打产品，在世界范围内都引起了极大反响。如美国道琼斯公司旗下的"道琼斯指数"是世界上历史最悠久也是最具影响力的股票指数类产品；英国金融时报的"金融时报指数"和日本经济新闻社的"日经指数"也是同类产品，分别用以反映伦敦和东京的证券交易所股票价格变动。从该类产品的强大影响力我们就可以管窥，媒体建立自身数据库不仅能为自己的经济新闻生产提供强大的内容资源储备，还是媒体开拓其他商业用途以完善产业链的关键环节，例如为泛一级市场提供更多投资参考数据，对企业进行舆情预警，等等。这也是诸如卫报这种老牌媒体面对网络时代新媒体冲击，其营业额不降反升的重要原因之一，是其数字化转型的成功经验之一。

相比国外，我国媒体在建设自身数据库的实践方面则稍显滞后。其中新华社、人民日报社等中央级权威媒体和以财新传媒为代表的专业财经媒体在建设数据库方面已经开始相关实践，但是反观国内其他媒体，大多数还没有建立起自己的数据库，而目前我国的大量有用数据又都掌握在政府和大型互联网公司的手中，前者在信息公开方面的管理还并不是特别完善，后者往往是将自己掌握的数据资源用于商业用途。因此我国媒体通常通过搜索公开信息或与第三方机构合作的形式获取数据，进行相关新闻生产，即使国家级主流媒体也不例外，如央视2014年在进行"据说"系列的大数据报道时也是通过与百度、阿里合作的形式进行的。这种方式无形之中给媒体获取信息带来很大的难度，一些媒体很可能受资金、技术等方面的限制而不得不放弃对某一新闻的报道。

（三）生产机制层面：复合型人才匮乏，部门设置亟须调整

大数据背景下的经济新闻生产采取的是完全区别于传统新闻的生产流程，对各方面专业人才的配合度和协调度提出了更高要求。运用大数据思维和技术进行新闻报道无疑是新闻生产的新形式，这一新领域也正在迅速发展。国外的业界实践起步较早，学界也担负起专业人才培养和理论建构的相应责任，最直观的反映就是各大高校关于数据新闻的课程设置已颇成体系，例如哥伦比亚大学、纽约大学等高校都已开设数据新闻相关课程，以卫报为代表的纸媒和以欧洲新闻中心为代表的研究机构也都纷纷在各自

的网络平台推出与数据新闻相关的公开课。国内也开始进行数据新闻方面的复合型人才培养,但目前相关人才储备远远无法满足发展需求,主要体现在以下两个方面:第一,很多媒体人传统的新闻思维并未得到扭转,"数据思维"缺乏,数据素养不高,甚至未真正理解大数据和数据新闻到底是什么,直接后果就是国内现在很多顶着"数据新闻"头衔的新闻只不过是传统的数字新闻;第二,大数据背景下的经济新闻报道不仅需要运用到大数据技术、新闻采编技术,还需要有统计学和经济学方面的知识储备,但同时具备统计学、新闻学、经济学、计算机学等交叉学科背景的复合型专业人才严重匮乏。

因此,组建数据新闻团队是目前国际上数据新闻生产的主要形式,其通过聚合不同专业的人才进行通力合作,实现数据新闻的产出。比如财新网的数据可视化实验室就是如此,其采取"项目制",每开展一个数据新闻项目就会从采编部、技术部等不同部门调派人手组建团队进行新闻生产。但人员的磨合和流失都会降低经济新闻效率,尤其是现在很多媒体的部门设置仍处于编辑部独立于其他部门的传统状态,这就造成了部门间缺乏有效的横向管理,容易造成沟通不畅,例如技术人员很难介入报纸前期的内容策划,这将导致其无法完全了解新闻议题,也就无法充分发挥视觉化叙事的功效。未来的新闻业不仅呼吁复合型人才,还要改进机构设置才能配合新型新闻生产流程。

(四)生产内容层面:贴近性话题与互动形式匮乏,用户参与度不高

经济新闻天然的专业性属性以及财经类媒体长期以来面向精英阶层的定位,在一定程度上导致了经济新闻报道在贴近性方面的不足。经济新闻事关国计民生,事关老百姓的切身利益,专业性和深刻性固然是其努力的方向,但不能忘记贴近普通受众。习近平总书记在2018年全国宣传思想工作会议上指出,宣传思想干部要不断增强脚力、眼力、脑力、笔力,其中,脚力强调的就是记者深入实践、深入群众开展调查的能力。反映到经济新闻报道领域,记者更要把握时代的脉搏和群众的呼声,多多关注普通消费者和投资者关心的话题和领域。

此外，互动性设置方式的匮乏也是受众参与度不高的原因之一。从本书抽样的结果来看，当前经济新闻报道中，真正的交互型报道所占份额不高。目前我国媒体收集用户意见反馈的惯用手法就是在报道页面的侧边栏设置调查问卷，或者运用收集用户评论留言、观测后台数据等常规形式，而诸如众包新闻这种集思广益的实践并未普及。

因此，受众参与度不高，数据闭环无法真正形成，而正是由于反馈信息收集不足，无法真正把握用户的本质诉求，媒体在改进新闻生产过程中也无法做到有的放矢。这种困境值得媒体人深入思考。

三　受众层面：公民权利意识淡薄，对新闻生产的参与度不高

所谓权利意识，清华大学法学专家高鸿钧在《心寄治邦：法理学论集》一书中的界定是目前学界比较通行的概念：特定社会的成员对自我利益和自由的认知、主张与要求，以及对他人认知、主张与要求利益和自由的社会评价。它涉及两个方面，一是个体对自我权利的认知、主张和要求，二是个体对他人认知、主张和要求权利的社会评价。权利意识又包含三个要素：权利认知是权利主体对自己应该或实际享有的利益和自由的了解和确认；权利主张是对合理权利的主动确认和维护意识；权利要求则是社会成员根据社会的发展变化主动向社会或政府提出新型权利请求的意识。三个要素呈现由低层到高层的进阶关系。①

公民权利意识是在现代法治环境下形成的民众意识，包含平等、责任等内核，是公民精神的集中体现。在公民权利意识的驱动下，公众开始主动、积极参与到公共利益维护和社会事务治理中来，充分体现出对自我和他人的价值、尊严的认同感以及对国家和社会的责任感。伴随着经济发展、民主与法制的逐步健全，公民的权利意识也在不断觉醒，这种意识衍生了强烈的政治信息需求。公民权利意识是现代民主的精髓，更是各国构建法治社会的观念基础。在依法治国为国家意识形态主导的我国，呼唤公民权利意识的觉醒具有国家战略层面的意义，是当前我国促进社会主义市场经

---

① 高鸿钧：《心寄治邦：法理学论集》，法律出版社，2015。

济发展的强大动力，也是构建社会主义民主政治的观念基础。

具体到经济新闻生产领域，公民权利意识的觉醒和进步能加强公众对新闻报道的舆论监督，促使公众关注经济社会发展过程中的突出矛盾和问题进而以公众议程引导媒体乃至政府议程，鼓励公众积极地参与新闻生产，督促政府加快信息公开进程，呼吁社会及个人对版权保护落到实处等。公民权利意识是特定社会的产物，它的发展程度受到社会关系、历史传统、文化价值、社会制度和经济发展水平等一系列变量的决定或影响。但目前的情形是，我国公民的权利意识存在发展水平较低、发展不平衡等问题，这种情势在当前我国社会发展不平衡不充分的时代背景下表现尤为突出，许多公民对权利意识最基础的层次——权利认知都还不明确，更不用说主动确认和维护自身权利，以及向社会或政府主张适应新形势和社会发展的新型权利请求。没有需求的推动，我国政府信息公开进程势必缓慢，这也严重阻碍我国民主政治进程和依法治国国策的落实。反映到经济新闻生产过程中，表现为公众对政府信息公开的呼声不强烈，版权意识薄弱，对意见反馈、信息采集和提供等新闻生产环节的参与度不高，等等。这都会在不同程度上限制媒体产出原创、专业、有深度的经济新闻。

四 技术层面：软件开源面临现实困境

在大数据技术的运用方面，我国始终与国外存在"势能差"：目前国内许多相关的数据获取技术都来源于国外，这些高新技术在我国本土化移植成功后，国外更先进的技术和理念又出现了，因此我国在数据处理的技术方面始终处于"被领跑"的地位。造成这一局面的一个很重要原因就是开源在我国发展尚不充分，并面临种种现实困境。开源就是指开放软件源代码，美国的 Open Source Initiative 协会给出了目前较为通行的权威定义，认为开源是"软件项目上的公共协作"[1]。其他机构和个人可以在开源软件的基础上进行免费使用、复制甚至修改，再生成新内容上传至网络。各路精英不断运用开源技术对软件进行优化，大大降低了企业的问题解决成本，

---

[1] 赵天石：《浅谈新闻传播中的开源理念》，《新闻战线》2016 年第 2 期。

也提高了业务灵敏度，因此许多企业渐渐都开始采用这一形式。开源不仅仅是一种技术，它已经上升到意识形态层次，成为一种新的理念和思维。

早在20世纪80年代，以美国为代表的西方国家就掀起了轰轰烈烈的开源运动。开源运动的实践者和支持者将"开源"视作自由的化身，认为软件开放的内核就是自由精神。进入21世纪以来，开源软件的发展更加迅速，覆盖范围也越来越广，这不仅体现在相关产品越来越丰富，而且体现在以微软为代表的曾强烈反对开源的软件公司也开始转变态度并积极拥抱软件开源。不过应该看到，开源在我国的发展却面临重重阻力，具体体现在以下四个方面。

首先，开源的基础就是创新和实践，这与我们先入为主的思维定式形成了不小的冲突，Wiredcraft的创始人Ronan Berder认为中国的教育相对落后以及中国传统文化中对"个性"的压制成为阻碍开源在中国发展的两大决定因素。

其次，我国开源市场缺乏必要的政策规范和与政策相辅助的监督机制。从中国用户的角度来看，中国市场对开源的需求度还远远未被开发出来。Windows在我国内地的免费以及购买的便捷性等因素，使其在我国软件市场长期处于垄断地位。因此，从这一角度来看，开源带来的利益微乎其微，国内的市场没有支撑其生存的天然土壤。此外，截至目前，我国还没有出台反垄断法，Windows一家独大的局面无法从根本上得到改善，这使得包括Linux开源网络操作系统在内的开源软件根本无法与其抗衡。比如，移动端的平台垄断情形也不容乐观，手机运营商还要向媒体抽取准入平台费用，而且一些大型运营商的抽成比例甚至与媒体靠新闻生产获得的利润持平，平台垄断形成的技术壁垒以及媒体入不敷出的尴尬现实让很多生产内容的媒体望而却步。

再次，我国开源社区的发展现状不容乐观，主要体现在目前的开源社区规模普遍偏小且地理位置分散，不能形成集聚效应；开源社区的创立人很多是国外具有先进理念和实践经验的人群，他们意识到吸纳中国人的难度较大，因此社区主要面向外国人群体。其中最重要的原因之一就是我国开源社区的生存和发展缺乏政府、社会的支持，而国外开源社区几乎都享有国家扶持的科研经费，还受到大量企业家、基金会的支持，因此，无论在政策上还是在资金上都有更广阔的发展空间和平台支撑。

最后,在具体的操作层面,目前我国存在软件开源操作不规范的乱象,且对开源软件只重利用、不重回报,缺乏可持续发展的战略意识。以上这些因素的交织使我国开源市场的发展面临严峻考验。

第五章

大数据背景下英美国家经济新闻生产的探索及其启示
—— 以英国《卫报》为例

相比国内媒体，国外媒体运用大数据进行经济新闻生产的实践起步较早，也积累了相对成熟的经验。接下来，本章将把研究视角对准国外同类媒体，总结其在经济新闻生产过程中的先进经验，以期对我国经济新闻的生产有所启示。

第一节 大数据背景下英国经济新闻生产实践

作为运用大数据技术进行新闻生产的先驱，英国《卫报》无论在新闻生产理念、生产流程还是运作机制方面都积累了许多先进经验，其相关实践也始终处于国际领先地位。卫报是"数据新闻学"一词的提出者，也是较早推出数据新闻专门栏目并成立数据新闻团队的媒体，还是众包型新闻生产的开拓者，更是开放数据共享公共平台的领航者，是数字化转型十分成功的传统媒体。因此，本章将选择其进行研究。

创刊于1821年的英国《卫报》（*The Guardian*）是目前英国排名第二的全国性综合日报，也是一份定位于高端市场的主流大报。该报注重报道国际新闻，擅长发表评论和分析性专题文章，主要读者为政界人士、白领和知识分子。《卫报》的政治立场始终定位于"自由、民主"，这种自由、民主的思想也充分体现在其报刊理念及数字化转型实践过程中。2006年6月13日,《卫报》首次提出在当时震动传媒界的报道策略——"网络优先"[①],颠覆了传统的"网络辅助传统媒体"的思维模式。这种要求新闻报道优先在网上发布的报道策略大大扭转了传统报业相较于新媒体在时效性和便利性等方面的劣势,并将传统报业在新闻报道上的优势充分发挥出来。卫报集团更是敏锐地意识到数字平台的商业价值,又于2011年率先提出了"数字化第一"的战略转型计划,开始全方位向数字媒体转型。2014年4月,《卫报》凭借对"棱镜门"事件的报道获得了普利策新闻奖的公共服务奖项。由此,《卫报》确立了业界"世界报业变革的风向标"的战略地位,其转型被称为"最开放、最彻底的数字化转型"。

2009年,《卫报》在其官网上推出了"数据博客"(Data Blog)栏目,专门提供新闻报道背后的完整数据集。这一实践对国际上其他主流媒体都产生了极大影响,掀起了业界数据新闻实践的热潮,随后诸如BBC、彭博社等都纷纷开设了数据新闻栏目。卫报作为最早开始在数据新闻领域试水的传统媒体,取得了令人瞩目的成绩,其数据新闻报道中的里程碑事件一直被作为经典案例广泛探讨。"数据博客"在推出的第一年就使用众包形式报道了英国国会议员开支丑闻事件,引起了强烈的社会反响。2010年10月,该报根据维基解密和美国军方重大行动数据库(SIGACTS)的相关数据,并利用Google Fusion Tables等大数据技术推出了维基解密系列报道——《阿富汗战争日志》《伊拉克战争日志》《美国大使馆密电丑闻》。其中,《伊拉克战争日志》中首次运用动态交互地图的形式展示了伊拉克战争中的伤亡情况。2011年,卫报荣获Knight-Batten奖,成为首个获得该奖的英国媒体,2012年更是凭借伦敦骚乱事件的系列数据新闻报道成为全球首届"数据新闻奖"的获得者。

由此可见,在国际范围内都具有很强影响力的《卫报》一直走在新闻业实践的前沿,具有无比敏锐的洞察力和创新活力。因此,选取数据新闻实践的先驱和典范《卫报》作为研究参照物,能给我国运用大数据进行新

---

① 章戈浩:《作为开放新闻的数据新闻——英〈卫报〉的数据新闻实践》,《新闻记者》2013年第6期。

闻生产提供许多有益借鉴。

一 开源数据下的"众包"新闻生产

"众包"新闻是一种新型的新闻生产方式，它利用集体的智慧和钱来做新闻，以解决新闻制作中的资金和数据来源问题。《卫报》是利用众包方式生产新闻的先行者，它首次尝试使用众包形式报道新闻是在2009年，报道的事件则是英国国会议员开支丑闻，也就是2009年英国著名的"报销门"事件。在其开展众包工作之前，《每日电讯报》一直在文件搜集方面占据优势，率先买到了泄露出来的包含议员们报销收据细节的种种国会文件。面对这种形势，《卫报》网站开发者Simon Willison提出"请读者来帮忙"的解决方案，随后网站转发了下议院发布的所有646名国会议员的收据单，包括5500个PDF文件里的700000个独立文档页面，足足四年来每项申请报销开支情况。[①] 在此基础上，网站呼吁读者帮忙，不仅要把复印件上的数字转化成电子版，而且要从这些数据里找出埋藏其中的故事。随后，读者不仅能直接找到自己议员的花销记录，而且能找到其他任何一名议员的记录。在整理好的报销记录页面上，读者还可以对某一议员的每项开支进行评论，用颜色标出自己感兴趣的部分，还可以告诉网站哪张数据有什么不同之处。统计结果让公众十分震惊，该丑闻最终以内政大臣、十几名议员和下议院议长的辞职而收尾。此次事件深刻显示了众包新闻生产在政治经济新闻报道中的力量。

2012年，《卫报》网站在"Where does my money go?"栏目中联合读者众包，通过调查英国议员的消费情况了解纳税人缴纳税款的明确去向。此次调查共有两万多名读者参与核查政府公布的一百多万份关于议员的花费单据，随后该报数据可视化团队将之制作成可视化新闻，把调查结果公之于众。如图5-1所示，从个人税款分配来看，不同收入对应的缴税比例不同，用户在左上角输入自己的收入，就会得到需缴纳的相应税款金额。下

---

① 〔英〕西蒙·罗杰斯：《数据新闻大趋势：释放可视化报道的力量》，岳跃译，中国人民大学出版社，2015，第222~224页。

方的圆圈图标显示的则是纳税人每日所缴税款都分配到了何处,这使政府开支的信息一目了然。通过众包的方式,经济新闻实现了舆论监督的社会效果。

WHERE DOES MY MONEY GO?
Showing you where your taxes get spent

The Daily Bread　Country & Regional Analysis　Departmental Spending　About

The Daily Bread Costs for the British Taxpayer per Day

SALARY	SELECT YOUR SALARY	YOUR TAX
£22,000		£4,895

Running Government £1.82　Defence £0.94　Health £3.27　Helping Others £4.80　Culture £0.21　Education £0.86　Running the Country, Social Systems £0.79　Order & Safety £0.44　Our Streets £0.16　The Environment £0.13

The Military £0.86　Defence Admin £0.06　Research & Development £0.02　Civilian Defence £0.00　Foreign Military Aid £0.00

图 5-1　《卫报》对 2012 年个人税款分配的报道

此外,《卫报》还在众包式新闻生产基础上延伸出对数据库的二次售卖,为数据新闻的商业模式开发了新的范本:"数据博客"通过众包方式生产新闻,在此过程中运用后台处理程序和大数据技术完成对经典案例和数据的汇总,这些数据成为其进行二次获利的强大储备资源,例如生成专业数据库和电子书。专业数据库面向所有用户免费开放,受众在浏览数据库过程中的各类用户信息又再次被网站收集,成为数据库新的能源补充;电子书则放在"数据商店"出售,成为网站获利的新型手段之一。其中,"数据商店"包含数据新闻生产的培训课程、用户知识竞赛等项目,不仅能提高公众的参与度,还可以用集思广益的手段完成对资料的更深层次解读和更具创意的呈现。

在国际上掀起"新闻付费"热潮的时候,《卫报》却始终不主张建立"收费墙",其认为这一措施有悖其开明、自由、平等的价值观。相比财新网等试图更多关注和发展一批忠实、优质用户的经营策略和目标定位,《卫报》则想在世界范围内让更多的人看到它的新闻报道，因此它的移动应用程序对所有人都免费开放。在不设置付费墙的情况下，《卫报》于2016年启用了一套读者付费的模式，概括来说，即会员制＋"众筹"。其中，成为《卫报》会员后可以享受免费全球投递印刷版《卫报周刊》、无广告的升级版《卫报》App、数字套餐等活动，而且可以参与报纸举办的线下活动，享受新闻增值服务。"众筹"秉承用户自愿的原则，号召读者为其报道捐赠资金，有一次性捐赠、月度捐赠和年度固定捐赠三个选项，用户可自行选择。《卫报》的劝捐辞写道："我们没有富裕的所有者在幕后摆布我们。没有股东、广告商或亿万富翁所有者可以编辑我们的编辑。"这也是它对自己坚持的客观、公正等新闻专业主义精神的强调。2018年4月，《卫报》的年度财报显示，其定期付费支持者已达57万人次。此外，《卫报》还注意加强读者与报社的互动，通过播客、向读者致电等方式，就报道议题、报道形式等方面征集读者意见和建议。2019年5月，《卫报》正式宣布它在亏损将近20年后开始赢利，这一成果与它的众筹新闻生产方式密不可分。

二 全球领先的动态交互可视化信息呈现水平

《卫报》在数据可视化方面的实践一直处于领先地位，尤其是交互式动态信息图表的使用，它早于2010年10月在报道《伊拉克战争日志》中就首次运用动态交互地图的形式展示了伊拉克战争中的伤亡情况，这一报道使《卫报》的数据新闻一鸣惊人。笔者在对该报数据新闻的观察中发现，数据地图、坐标图、时间轴等是其交互式信息图表的主要呈现方式。

其一，数据地图。它是以地图形式呈现新闻要素的报道方式，对于展现数据基于地理或空间的分布具有先天优势。新闻报道人员在整合新闻各要素的基础上，按照相应地理坐标把该维度的相关数据信息用形象符号标示上去，读者通过用鼠标点击相应标示（通常是以圆点或者不同颜色色块的形式呈现）获取相关信息，从而更直观、清晰地感受到数据承载的不同地域、坐标的信息差异。数据地图这种交互式动态图表适用于较大空间范围内的报道，如全国、全球，因其能够使读者快速抓取数据空间分布的整体特征及不同区域间的差异性，并能对自己所感兴趣的位置进行准确定位，获得相关信息。《卫报》数据新闻团队制作地图的惯用大数据工具是Google Fusion Tables，其工作原理和流程是：第一步，整合地理维度信息及其相关数据，并制作成能与该软件对接的表格形式；第二步，将表格导入 Google Fusion Tables，按照需求设置各变量；第三步，运用导出功能将地图导出。

以 2013 年 7 月 30 日《卫报》推出的《2012 年英国儿童贫困地图》(Child poverty map of the UK, 2012) 报道为例，它就是多个维度叠加呈现的数据地图。这篇报道将儿童贫困数据和政党统治区域数据在地图上进行叠加，用户点击各区域即弹出用柱状图呈现的该地儿童贫困情况的具体信息。值得注意的是，这些具体信息不仅包括数据的来源，用户还能通过点击相关链接进行数据下载。

其二，坐标图。以往就有运用坐标图呈现数据的报道，不过当前的大数据技术赋予了它动态的呈现特征。X 轴、Y 轴分别代表时间变量和另外一种关联物变量，以坐标区间中的折线的走向表示该事物随时间增长发生的变化的趋势。不过《卫报》的数据新闻开发出了这一数据形式的新用途，它不再局限于展示事物在量上的变化，还拓展到反映两种事物之间的相关关系。以《卫报》对 1990～2011 年澳大利亚二氧化碳排放的报道为例（见图 5-2），它其实是坐标图和时间轴两种可视化形式的综合，且其展现形式蕴含了澳大利亚不同州及其生产总值、二氧化碳量等变量，用户拖动时间轴就可以看到这 22 年中的任何一年里各州的二氧化碳排放量和生产总值。通过观察可发现其中蕴含一个非常重要的现象：气泡颜色与气泡大小呈正相关关系，气泡越大则颜色越深，也就是说生产总值与二氧化碳排放量正相关。

本节只选取了《卫报》数据新闻中出现频率较高的两种动态可视化类型进行阐述，以期管窥其数据可视化进程中的先进之处。随着数据可视化技术的不断升级，新的可视化形式也会不断出现，并将会通过交叉、结合运用发挥最大效能。我们应当意识到，数据可视化的运用和革新都在强烈呼唤相关专业人才的出现，因此，未来学习掌握和熟练运用可视化技术也将会是新闻记者的常态要求之一。

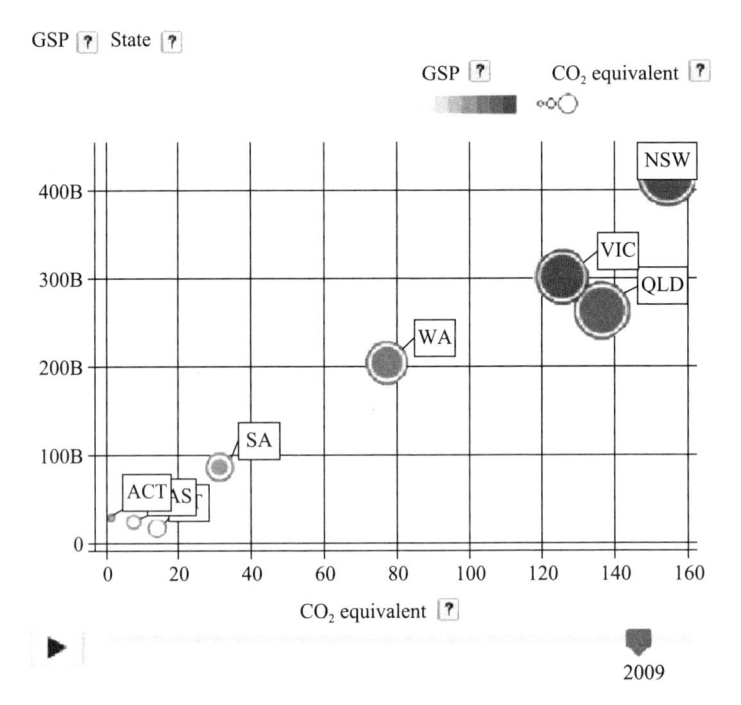

图 5-2 《卫报》关于 1990~2011 年澳大利亚二氧化碳排放情况的报道

三 开放 API，拓展网络开放平台实践

传统报业网站的两大主要利润来源是电子版的订阅收费和广告利润，前者指向浏览电子版新闻内容的用户并按照查看次数收费，后者则建立在传统纸媒对版权的严格控制基础上。不难看出，两者都是对版权专有垄断性的强调，即坚持传媒产业的本质就是对知识产权尤其是版权这一核心要素的营销。《卫报》却创造性地进行了版权开放实践——完全开放 API。版权开放作为一种新媒体版权运营形态，保留作品的作者署名等部分权利，而将其他权利以授予专门许可证的方式让渡给用户，使用户可以对该作品进行复制、修改和发布。早在 2009 年 3 月 11 日，《卫报》就发布了 API 方案，并于 2010 年 5 月正式推出。API 即应用程序编程接口，其工作原理简单来说就是预先定义一些函数以提供相应的应用程序，开发人员无须访问源码或者理解内部工作机制的细节就可以访问一组例程，大大简化了网络

开发者的工作机制。"API"和"开放型平台"并非全新的概念，但《卫报》是提供完全开放的 API 的第一家传统报业公司，这一措施意味着网站的所有内容将实现"可编程化"，第三方开发人员可以通过《卫报》的 API 在他们的应用程序上访问和使用该报的数据库，并将该报的所有内容进行修改、整合、再创作并推送到其他网站和应用中，开辟了该报在网络开放平台（Open Platform）实践方面的一个全新领域。

《卫报》通过完全开放 API，实现了自身作为平台提供商和第三方作为平台使用者的"双赢"。在开放平台上，与《卫报》合作的第三方通过 API 免费获取内容，不需要庞大的硬件与技术投资就可以创业，这就给用户尤其是中小网站的发展带来了更大的机遇。而第三方在免费使用开放平台时也需要让渡一些价值作为回报。首先，从《卫报》数据库下载的资料储存后不能保留超过 24 个小时，单一使用者每天不能下载超过 5000 次；其次，《卫报》允许第三方免费通过 API 获取内容，但前提条件是第三方若想发布这些相关信息，需放置《卫报》的广告链接；最后，《卫报》允许第三方在开放平台上设计自己的广告位并放置自己的广告，但同时也需与《卫报》进行分成。这不仅保证了 API 使用者的参与热情，《卫报》也能从中获利。而且由于《卫报》的 API 都与自己的广告进行了链接，这种策略作为第三方免费使用其内容的附加值，大大提升了《卫报》广告的传播效果。这种以《卫报》为中心的广告网络的形成，给该报带来的最显著的变化就是它克服了因网站的综合性性质无法大量吸引某一专门受众群的弊端，通过在专门受众群相对应的专业网站上进行捆绑广告的发布并从中分成，不仅能吸引更多读者并提高用户黏性，从而实现广告的精准销售，还能获取更高的广告利润。《卫报》在平台上汇集各方力量并发散出去，将其内容和服务的潜力最大化发挥，就能获得更多的流量和市场份额。

四 在媒体内部进行采编重组，强化技术型力量

在媒体内部的部门设置上，国外许多媒体已经进行战略性调整，推翻了传统媒体编辑部的墙，建立了一套围绕可视化数据新闻的生产线。其中，具有新闻素养、技术素养和艺术素养的新闻生产、设计人员就好比生产线

的各关节,他们互相合作才能共同促成一篇优秀的数据新闻产生。这强烈呼吁复合型专业人才的出现,但目前此类人才稀缺,因此往往需要一支汇集各类型专业人才的得力数据团队进行相关新闻生产。《卫报》作为世界报业改革的引领者及"数据新闻"理念的提出者和践行者,在数据新闻团队建设和新闻生产流程调整方面的实践十分值得借鉴。

2009年3月,英国卫报成立了全球第一个数据新闻部。该部门在创立之初由五名工作人员组成,Simon Rogers是核心负责人,并创立了"数据博客"和"数据商店"等项目,这两大项目如今也成为《卫报》数据新闻生产的核心栏目;John Burn-Murdoch是记者和数据研究者,主要负责新闻的采编。发展到后来,卫报的数据新闻部基本形成了这样一种组织架构:各成员分散在新闻部、专题部、体育部、图标设计部等各个部门,其基本生产理念就是跨部门地将负责不同环节的专业人才都为数据新闻生产所用。这些专业人才包括记者、编辑、设计师、美编、程序员等,他们分工明确、配合默契,共同完成数据收集、整理、分析、呈现的全过程。[①] 通过团队协作,各部门的工作互相交叉融合,根据报道需要灵活调整新闻生产流程。

2014年5月,《卫报》数字化执行主编Aron Pilhofer上任,开始大刀阔斧地对内部视觉新闻、数据报道和用户体验等团队进行重组。重组后,媒体的技术型力量得到进一步强化,如媒体内部设置视觉主编一职,负责图表部门、图片部门、互动运营团队和部分数码设计团队之间的协调运作;数据分析团队还要加强对用户互动及读者行为习惯等数据的收集和分析,以辅助编辑室做出更好的决策。

第二节　英美经济新闻生产实践对我国的启示

一　政府及全社会合力推进信息公开进程

政府信息公开不仅是当前社会环境下保障大数据实践落到实处的根本,

[①] 郑蔚雯、姜青青:《大数据时代外媒大报如何构建可视化数据新闻团队?——〈卫报〉〈泰晤士报〉〈纽约时报〉实践操作分析》,《中国记者》2013年第11期。

更是国家战略层面的理论和实践机制，它在促进政府信息资源发挥最大效能、推进政治民主化进程等方面的意义十分深远。从 20 世纪中期开始，全球范围内就陆续掀起政府信息公开的运动，这种态势在进入 21 世纪以后更是愈演愈烈。

美国的政府信息公开可谓国会、政府、公益组织三方联手的成果，其中公民和公益组织通过召开民间会议和集会游说的形式，在这场运动中扮演着先行者的角色。"OMB 监督"就是最执着、最强力的公益组织之一，该组织于 2006 年推出了美国首个公共支出的数据开放网站"fedspending.org"，通过逐条跟踪、记录、分析、加总 OMB 发布的每一笔财政支出，以更好地查询、研究和监督政府的预算、税收和工作绩效等。[①] 受到这一网站的直接启发和帮助，2006 年 4 月，奥巴马政府颁布《联邦资金责任透明法案》，第一次明确规定了政府信息公开的合法性和边界，其中所有公共财政支出的原始数据都在政府信息公开的范畴之内。2007 年，根据该法案规定，美国联邦政府发布公共支出数据的开放网站 USAspen-ding.gov 正式上线，运用统一的格式提供可以下载的信息，以供读者查询使用。2009 年，美国推出了 data.gov，成为世界上建立国家级数据开放平台的首创者。截至 2015 年底，该网站已向公众开放涵盖农业、金融业、能源、教育等 14 个主题共 18 万个数据集的信息，并配备来自公众、公益组织、商业机构等全社会范围的数据应用工具，为政府和公众进行相关大数据分析提供便利。

随着美国打响政府信息公开的第一枪后，世界各国也纷纷加入。2010 年英国政府数据开放平台 data.gov.uk 上线；2011 年，巴西、印度尼西亚、墨西哥、挪威、菲律宾、南非、英国、美国等八国联合签署《开放数据声明》，成为开放政府合作伙伴（OGP）；2013 年，八国又联合签署《开放数据宪章》，进一步促进了世界各国政府的信息公开工作。综上所示，英美两国在政府信息公开方面的领先进程为本国媒体提供了数据收集方面的制度保证。

---

① 徐子沛：《大数据》，广西师范大学出版社，2013，第 194~197 页。

二 推倒"编辑部的墙",更新经济新闻生产线

运用大数据进行经济新闻生产决定了这一新型报道方式具有天然的跨学科性质,它要求编辑团队不仅具备专业新闻采编技能和经济学的知识背景,同时还要具备运用大数据进行数据挖掘、分析的技能和将数据进行可视化呈现的技能等。这势必影响传统媒体内部的资源分配,意味着新闻生产的各环节不再是按照固定套路进行,而是需要互相协同并在生产过程中不断调整;采编部门与技术部门不再是互相独立的存在,而是需要一个包含编辑、作家、技术专家等人员的专业团队。因此,对新闻编辑室进行重组并建立新的采编结构,细化并协调各部门人员的分工并建立一套成熟的内部运作流程就显得十分必要。

在大数据理念不断显化的媒介环境下,《卫报》等均实施了新闻编辑部重组,对日常新闻运作、新闻生产的领域都进行了重新部署和划分,更新了经济新闻的生产线。其中,《卫报》成立的数据新闻部负责"数据博客"和"数据商店"两个独立栏目,其数据新闻团队由分布在新闻部、体育部、专题部、图表设计部等不同部门的记者、美编、设计师等专业人员共同组建而成。通过团队协作,各部门互相配合,根据报道需要灵活调整新闻生产流程。

由此可见,大数据技术支撑下的媒体内部的运作机制和组织架构已经发生根本性变革。如《卫报》推倒了"编辑部的墙",打破了传统新闻生产固定的流程,并按照报道的需要进行机制的灵活调整,通过横跨各部门的专业团队的建设和人才的有机聚合,将新闻生产的各环节紧密联系起来。

三 开放评论平台和内容平台,公众积极参与互动

传统的新闻报道往往是记者和编辑预先确定新闻选题,再以此为点进行发散,开始报道的内容采集过程。但大数据的出现使人们往往能在海量数据的收集、观察过程中发现问题、提出问题,进而挖掘出数据背后的深层价值,这也是大数据给新闻生产流程带来的最明显的变化之一。其中,

UGC（用户生成内容）新闻生产模式愈加凸显，它通过收集用户信息或鼓励公众积极参与新闻生产，不仅保证了海量的数据来源，更能从用户反馈信息中进行数据价值的深度挖掘进而形成完整的数据闭环，并最终通过为用户提供一系列服务产生的黏性获利。UGC 的出现充分体现了当前媒介环境下公众参与度在新闻生产中的重要性，《卫报》等也敏锐地意识到了这一点，通过开放评论平台和内容平台等措施，将公众纳入经济新闻生产环节中来，形成媒体与公众共创价值并实现价值共享的新局面。具体而言，其在提高公众参与度方面的实践主要分为三种模式。

第一，开放数据库链接。例如《卫报》"数据博客"栏目中的每一篇新闻中的相关数据都清楚地标注了数据来源和免费下载链接，这一举措的实现建立在大规模的开源数据的基础上。《卫报》拥有高质量数据库，内容包含该报自 1999 年以来几乎所有的报道内容及其他公共数据库信息。这些庞大的内容通过谷歌在线办公套件的数据储存进行托管，数据存储和配套的日志能更直接命中用户群。用户可以自行查证、探索，甚至可以发现一些隐藏的有价值的信息，从而迸发新的新闻选题灵感。其中，《卫报》的"众包"新闻就是通过集思广益激发有价值选题和更优解决途径的典型。正如"数据博客"的创办者西蒙·罗杰斯所说，在任何一个给定话题上，总有人比记者、编辑更加博学。因此，对数据和话题的公开能吸引更专业和优秀的观点，激发出更深入的报道。《卫报》在 2016 年推出的"众筹"新闻模式，则是通过让读者以资金支持的方式对新闻话题和内容进行筛选，这也是一种很好的公众议程设置方式。

第二，开放评论平台，实现评论功能与新闻页面的交互对接。《卫报》创造性地将新闻报道与用户反馈结合在一起，这不仅能够让用户直接参与新闻生产，让受众最大限度、最快速度地接近事实真相，还能优化新闻报道，以全方位、立体视角打造新闻呈现效果。

第三，整合社交网络。在社交媒体领域，各媒体充分利用 Twitter、Facebook 等社交媒体来拉动流量。例如华尔街日报社交媒体管理团队共有八个社交媒体编辑，并运用强大的图像与其他用户互动，通过发布简短的、"易消化"的帖子，用最醒目的事实或统计放在最前面等形式建立可共享的内容和"密切关注"围绕社交平台算法的任何变化。截至 2014 年 2 月，

《华尔街日报》Twitter账户已有400万名追随者，Facebook页面也有200万名粉丝。

由此可见，开放是目前媒体的发展趋势，越来越多的产品走向开放，而"开放"不仅仅是将自身资源公开，还包括接纳其他社会化媒体的功用，通过整合多方力量和渠道提升自身价值。

四 联手"第三方"，开放技术平台

当前由互联网衍生出来的各种应用越发普及，这不仅为各大企业和机构带来无限可能，也给当前的生产营销方式带来冲击，更有效地优化运营模式并抢占商机成为当务之急。在不断探索的过程中，媒体开始意识到单纯依靠将报纸内容复制到电子版或自办门户网站等传统运营模式在形式、内容和技术上的局限性，这种高同质性和低技术含量的僵化定位已无法满足纸媒在新媒体时代的竞争需求。当前"开放"的媒介环境呼吁比内容开放和评论开放更高阶的生产运营形态，因此技术开放应运而生。它通过简化网络开发者和参与者的工作机制，破除传统新闻生产中对版权专有垄断性的强调，实现媒体自身作为平台提供商和第三方作为平台使用者的"双赢"。

在这方面做得最好的国际主流媒体当属卫报，其完全开放API的举措在推倒传统报业的"收费墙"的同时，开辟了全新的赢利渠道和商业模式，实现了卫报与其合作者的双赢。使用API的第三方基于内容获取的低门槛，可以将精力转移到开发新的应用方面，这就激励了更多技术创新，不断优化平台窗口。同时，第三方在免费获取内容的同时，也能促进以《卫报》为中心的广告网络形成，在平台上汇集各方力量并发散出去，将其内容和服务的潜力最大化发挥，获得更多的流量和市场份额。这种分享、开放、共赢的互动模式不仅吸引了越来越多第三方的加入，还将其技术和内容的创新领域延伸至体育、环境等各个行业，更可以通过一键分享形式在各大网络社交平台对新闻生产内容进行广泛传播，其传播外圆正在不断扩展，形成了良性循环。当处于传统运营形态中的媒体因受制于收费墙而无法在社交网络中广泛传播其内容时，卫报凭借开放API的举措早已闯出一片新天地。

此外，最值得注意的是开放的技术平台带来了新闻生产在数据挖掘和整合方面的革新。曾经受制于技术而无法将分散的、碎片式的用户数据直接加以利用的局面已被彻底改变，媒体现在不仅能够以过去无法想象的速度和低廉的成本完成对相关数据的收集，还能通过分析数据做出更为精准的预测和决策。开放的技术平台为数据的挖掘和使用提供了无限可能。

五 以优质内容为原动力，为媒体发展持续续航

当前在国际范围内，以卫报为代表的"免费新闻"支持者则认为，新闻的天然属性是开放和自由的，无论有没有对此付费，公众都应享有阅读的机会。其通过探索新的运营模式，以保证自身在新媒体时代更好地适应市场的节奏，完成数字化转型，获得持续发展。但应该看到，其能够推行且获得成功的关键在于优质新闻的持续产出，否则就无法保证用户持续"买单"。

具体分析《卫报》在内容尤其是经济新闻报道上的优势可以发现，其集中体现在两方面。其一，通过"众包""众筹"等方式，让公众真正参与到新闻生产的全过程，让公众议程真正影响到媒体议程乃至政府议程，真正激发公民的权利意识，这种把关方式可以在很大程度上回应公众关切。而且当普通公众和专业媒体人联手时，这种群策群力的形式也能以新颖、多元的角度更好地呈现新闻事实，发挥媒体的舆论监督职责。其二，注重以新颖的可视化形式呈现内容，但又不会让形式喧宾夺主，形式能很好地为内容本身服务，经济新闻报道可以更好地在专业性和可读性之间寻求平衡。技术的加持也可以让媒体拓展深度报道方面的思路和视野，进一步承担起深度解读经济事件、深层揭露经济问题、准确预测经济形势的责任。

第六章

大数据背景下中国经济新闻生产的改进策略

在总结了我国媒体运用大数据技术进行经济新闻生产的局限并对比国外经济新闻生产成功经验的基础上，本章仍遵循新闻生产社会学的基本逻辑，从影响经济新闻生产的政治、受众、技术等外部控制因素及媒体内部控制因素的角度出发，对未来中国经济新闻生产的改进路径进行探索。

第一节 制度层面：完善制度体系，加强平台建设

我国新闻媒体天然的国有性质以及作为党和人民"喉舌"的政治属性，从根本上形成了我国媒体新闻场域的特殊性，即始终将政治因素的考量放在第一位。因此，从宏观的社会政治背景出发，在制度层面探寻改进我国经济新闻生产的策略是基础。具体来说，我们可以从政府信息公开、新闻版权保护和政府对新闻的监管三个角度寻找改进途径。

一 政府信息公开的制度体系构建和监督体系完善

我国的现实环境是政府掌握着大部分有价值的数据，因此，数据开放的基础环节就是政府信息公开。政府数据的公开意味着企业、媒体、第三方机构、个人等都能在对这些源数据进行分析和加工的基础上挖掘其中的经济价值，从而推动产品优化和产业革新。对于我国社会主义民主与法治体系下的服务型政府建设来说，政府信息公开不仅是优化资源配置、促进

经济社会发展的巨大推动力,而且是服务公众需求的重要手段。[1] 反映到经济新闻生产过程中,政府信息公开将进一步促进经济新闻报道实现权威性和前瞻性等"硬新闻"特质。目前,我国政府信息公开仍处于起步阶段,相比其他国家的政府信息公开进程还有一定差距,且存在公开力度较小、公开形式不统一、公众参与度较低等问题,其根源就是政府在政策、法律制度层面的规范不够。因此,稳步推进政府信息公开强烈呼吁完善的制度体系进行保障。

(一)国家:政府信息公开的制度体系构建

1. 系统构建政府信息公开法律体系

2008年5月1日起,《中华人民共和国政府信息公开条例》正式开始施行。随后,国家不断细化各部门的规章制度以增强具体工作的可执行性:2013年7月,国务院办公厅印发《当前政府信息公开重点工作安排》,针对"三公"经费、环境保护等九项重点领域的政府信息公开工作进行部署;2015年5月国务院印发的《2015年政府信息公开工作要点》针对公众关心的信息领域进行全面部署,积极稳妥地推进政府数据公开[2]。2018年4月,国务院办公厅印发《关于做好政府公报工作的通知》,提出不仅要建立以中央、省、市三级为主的政府公报体系,形成行政法规、规章和规范性文件的权威发布平台,还要建立政府公报数据库并向公众开放。[3] 一系列措施显示,我国政府的信息公开工作正在有条不紊地展开。不过需要看到,以上部署和安排大多属于行政法规性质,国家仍需要立法地位更为高阶的相关法律制度的出现,正如学者甘峰总结的,"开放的行政需要法律的强制驱动"[4]。

---

[1] 祝惠春:《政府信息公开,折射管理之变》,新华网,http://www.xinhuanet.com/politics/2015-04/21/c_127715216.htm,最后访问日期:2019年11月5日。
[2] 陈锐辉:《国务院发文要求2015年政府数据全面公开》,中国IDC圈,http://cloud.idc-quan.com/yzx/70811.shtml,最后访问日期:2019年11月6日。
[3] 新华社:《建立政府公报数据库并向公众开放》,新华网,http://www.xinhuanet.com/mrdx/2018-04/19/c_137121167.htm,最后访问日期:2019年11月6日。
[4] 甘峰:《日本信息公开法实施与民间主导的行政目标》,《浙江大学学报》(人文社会科学版)2002年第3期。

由前文中的论述我们已经大致了解国外的政府信息公开的状况，总的来说，以英美为代表的国家已经形成比较完整的政府信息公开法律制度体系。通过仔细分析其相关立法实践可以看出，完善的政府信息公开法律制度体系需要相互配套的法律法规共同构建。因此，目前，我国政府信息公开立法首先要尽快出台政府信息公开法，从法律的层面对政府信息公开的地位进行确立，以此为核心尽快修订《隐私权法》《保密法》《档案法》《行政程序法》等，使这些相关法律法规相互衔接并协调一致。[①]

2. 界定政府信息公开边界

信息公开与保密制度的博弈关系、政府信息公开的界限问题是各国在长久的实践过程中始终要衡量的关键。目前，各国在政府信息公开方面基本都达成了"以公开为原则，不公开为例外"的共识，但是由于国家的实际社会环境、法律建设整体情况等方面并不相同，各国在对上述原则的具体执行过程中也存在差异，且都经历了公开与保密的冲突问题。总体来看，各国政府信息公开呈现公开范围日益扩大、公开程度越发加强的趋势，且对于免予公开的信息已有较为具体、明确的规定，例如美国《信息自由法》明确指出可以免予公开的九类事项，除此之外的其他信息都需列入公开范围，不再受其他保密措施或审查机制的制约。

但是目前我国的《政府信息公开条例》在公开范围的界限问题上比较模糊和笼统，这就导致行政机关享有比较大的自由裁量权，而其直接后果就是政府信息公开的不作为。此外，《政府信息公开条例》规定在政府信息公布之前必须经历《保密法》和其他法律、法规的审查程序，这些情况都容易导致政府部门在具体执行过程中对信息公开范围进行不恰当的限制，严重背离政府信息公开的基本价值目标。因此，明确政府信息公开的边界问题，就是要在"以公开为主导的保密"这一基本原则的指引下平衡好两者关系，明确规定哪些信息国家及各级政府可以免予公开，完善政府信息公开的审查标准，明确行政主体对不予公开的事项承担举证责任，建立更加开放、明晰的制度规范。

---

① 朱友刚：《服务型政府视角下的政府信息公开研究》，山东大学博士学位论文，2012。

（二）各级政府：完善平台建设和监督体系

1. 拓宽政府信息公开平台

互联网、物联网、大数据、云计算等传播技术的飞速发展，为政府的信息公开途径和方式提供了更多可能，政府不仅能够通过纸媒、广播电视等传统媒体进行信息公开和发布，而且能依靠建立门户网站、电子政务平台、电子阅览室等方式传播信息。其中电子政务平台是政府为顺应互联网时代全民"网上阅读"的信息获取方式，改进政府服务效能和质量的一大创新性举措。但目前我国电子政务平台存在各地、各部门之间相互割裂以及资源共享困难等问题，呈现一个个信息孤岛局面，如何打破这种僵局需要我们进行深层考量。目前，政府已开始通过建立政府信息网站群、平台系统增设政府行政审批事项办理等措施来促进电子政务平台的高效、互通、透明化运营。未来，对电子政务平台的整合将是提升我国政府信息公开整体水平的一个重要着力点。

由此可见，当前新型传播技术给政府信息公开带来的最突出影响之一就是政府信息公开不再局限于以往单向传播的方式，政府和公众的双向互动机制越发明显。公众不仅能够享受到全天候、"一站式"的公共服务，而且能参与到政府事务中来，实现与政府的"零距离"互动。此外，平台改造等措施大大简化了政府的行政运作程序，提高了行政效率，为更好地满足公众需要、为人民服务创造了良好条件。

2. 完善政府信息公开监督体系

只有建设多层次、制度化的监督体系，才能保证政府信息公开的实施落到实处。这不仅包括行政体系内部的监督体制，而且包括以新闻媒体、社会舆论等为代表的独立于行政体系之外的第三方监督，以规避政府机关自我评价的盲区，形成内外监督互相独立又互相协调的监督体系。

行政体系内部的监督体制，主要是指政府各部门、各机构自上而下的层级监督以及监察机关的专门监督。目前，我国以《中华人民共和国行政监察法》《关于施行〈中华人民共和国政府信息公开条例〉若干问题的意见》为代表的法律和政策已经将政府信息公开纳入行政监察范围。从层级监督层面看，主要是完善机构内部一系列包括考核、举报、追责、处分制度在内的审查监督机制;从监察机关监督层面来看,主要是相关机构对行政监察机制的完善,做到在实际操作过程中有理有据、有规章可依。

独立于行政体系之外的第三方监督,主要包括来自人大、政协、媒体和社会四方的监督。2016年3月18日中国社会科学院发布的《中国政府透明度指数报告(2015)》指出,2015年我国政府信息公开成效显著。其中,第三方评估克服了政府机关自我评价的弊端,成为推进政府信息公开的又一新抓手。由此可见,强化外部监督是推进政府信息公开的重要保证。目前我国各级人大、政协还未建立起政府信息公开的监督机制,这种情况亟须改变。此外,从媒体和社会方面的监督来看,媒体监督作为独立于传统"三权"监督外的第四权,其作用和地位不容小觑,因此我国媒体要充分发挥引导社会舆论、监督公权力的职责。

二 政府针对新闻版权保护的政策保障及资金扶持

当前我国经济新闻生产在内容、形式、用户反馈等方面都存在不足,且专业、权威、有深度的报道不多,这都在一定程度上暴露了媒体优质新闻原创力不足的困境。保护原创新闻生命力一直是传媒行业的使命,但是伴随着大数据技术的勃兴,新闻版权保护的现实环境变得更加严峻。不过从政府层面看,我国对知识产权的重视程度正在不断加深。在2018年11月5日举行的首届中国国际进口博览会开幕式上,习近平总书记提出"提高知识产权审查质量和审查效率,引入惩罚性赔偿制度,显著提高违法成本",向世界传递了中国依法严格保护知识产权的坚定立场和鲜明态度,中国已经开始将知识产权保护提升到国家战略高度。[①] 不过,在全社会范围内形成版权保护的意识仍然任重而道远。在新闻传播领域,新闻付费不失为当前传播生态下保护原创、激励优质内容生产的一种良好选择,也是传统媒体在融媒转型道路上的有益探索。因此,在借鉴国外媒体经验的基础上,国内以财新网为代表的严肃媒体也开始进行新闻付费的探索,从某种程度上

---

① 董璐:《新华网评:中国保护知识产权再添"利剑"》,新华网,http://www.xinhuanet.com/comments/2018-11/08/c_1123679107.htm,最后访问日期:2019年11月6日。

来说，这一举措对于当前国内新闻侵权的乱象有釜底抽薪的作用。当然，无论是新闻付费还是版权保护，从根本上来说仍然需要国家政策的扶持和法律体系的建构。

（一）政府针对新闻版权保护的政策保障

在当前传播生态下，保护原创、激励优质内容生产不仅是促进传媒业顺利转型、良性发展的重要举措，更能进一步促进整个社会文明的现代化进程。因此，保护新闻版权刻不容缓，以清晰的立法进行界定则是根本。目前恰逢我国《著作权法》第三次修订的契机，因此，国家可以在此期间完善有关新闻版权的相关规定，促进司法机关对新闻作品诉讼进行合并审理，开展打击新闻版权侵权专项整治，成立新闻著作权集体管理委员会等。[①] 我国自2010年起，每年都会开展打击网络侵权的"剑网"专项行动。2019年4月26日，我国召开2019中国网络版权保护与发展大会，会上国家版权局、国家互联网信息办公室、工业和信息化部、公安部四部门联合启动了打击网络侵权盗版的"剑网2019"专项行动，行动的第一项内容就是深化媒体融合发展版权专题保护。具体内容为，严打未经授权转载主流媒体新闻作品的侵权行为，严肃查处自媒体通过"标题党""洗稿"等方式剽窃、窜改、删减主流媒体新闻作品的行为，依法取缔、关闭一批非法新闻网站及微博账号、微信公众号、头条号、百家号等互联网用户公众账号。[②] 此次专项整治行动无疑给新闻版权保护带来了实质性进展。

此外，为顺应当前的传播形势和时代发展的要求，国家需要着手建立专门的数字版权保护法体系，保障信息从采集、管理到分析、传播的全流程都有法可依，而且不同环节所采取的版权保护重点也应有所差异和侧重。例如，在信息采集阶段，应引进默示许可制度以应对网络海量授权；在数据管理阶段，数据库应被整体纳入版权的保护范围；在数据运用分析阶段，应遵循个人信息条款的"告知与许可"规则；在数据传播阶段，应加强深

[①] 朱鸿军、张化冰、赵康：《我国推行原创新闻付费的障碍与路径创新研究》，《新闻大学》2019年第7期。

[②] 《社论：四部委亮剑，新闻版权保护已刻不容缓》，第一财经网，https://www.yicai.com/news/100176132.html，最后访问日期：2019年11月6日。

度链接行为的法律规制。[①] 2017年5月国家互联网信息办公室公布的《互联网新闻信息服务管理规定》，就从许可、运行、监督检查、法律责任等四个角度出发，对网络环境下的新闻生产、传播等各个流程进行了相应的规定，对当前我国新闻作品版权保护有不可估量的意义。此外，在发生侵权行为后，取证难、侵权成本低等也是当前困扰维权主体的关键问题，因此相关法律体系还需要进一步规范电子取证，提高判赔的标准等。在这方面，英美法系或许可以给我们一些启示，它们更讲究补偿加惩罚，这就提高了侵权成本，在法律层面对侵权行为形成了威慑力。[②]

（二）政府针对"新闻付费"的政策倾斜和资金扶持

具体到"新闻付费"这一保护新闻版权的重要措施上，国家可以采取"两条腿"走路战略。"一条腿"是制度完善和政策倾斜，为新闻生产提供一个健康、宽松又有保障的环境。针对媒体在新闻生产时总是容易被各种制度、监管和审核束缚手脚的问题，为了在这一环节尽量节省媒体的精力和成本，政府应该以法律法规的形式建立完善制度层面的条条框框，这样才能保证媒体有据可依、照章办事。"另一条腿"则是资金扶持，把对新闻版权的保护和鼓励落到实处，如设立专项"新闻付费扶持基金"来鼓励有条件者申请；再比如胡舒立建议"把给党报的财政补贴转变成读者的在线阅读券"[③]，如此一来，付费赢利和了解用户喜好、增加用户黏性即可以兼得[④]。

三 政府针对新闻监管的政策调整和完善

我国新闻媒体是党和人民的"喉舌"，这种政治属性决定了我国的新闻管理工作与国家政权的稳定息息相关，更与民众的切身利益息息相关。当

[①] 《彭辉：大数据时代数字出版的版权保护研究》，搜狐网，http://www.sohu.com/a/199236925_731643，最后访问日期：2019年11月6日。
[②] 任晓宁：《中国版权之困：证明侵权难度堪比证明"你妈是你妈"》，《经济观察报》2018年7月29日。
[③] 黄楚新、王丹丹：《国外主流传统媒体付费阅读状况及借鉴意义》，《中国报业》2019年第5期。
[④] 朱鸿军、张化冰、赵康：《我国推行原创新闻付费的障碍与路径创新研究》，《新闻大学》2019年第7期。

前，党中央确立了坚持正面宣传为主与依法管理相结合的舆论引导机制[①]，在这种宏观政策的指引下，国务院及各级政府肩负起监督新闻机构和新闻生产的职责，国家新闻出版署及各级新闻主管单位则负责新闻事业的总体规划和调控，形成了层层监管的战略布局。本节所讨论的"新闻监管"，是将监管主体限定为政府，从行政管理角度探讨政府对新闻传播的内容和形式进行监管的制度和策略。[②]

在新媒体时代，影响新闻传媒市场发展的变量迅速增多，政府对媒体的管理难度也在不断增大。经济事关国计民生，经济新闻报道更是在整个经济社会发展过程中有"牵一发动全身"的力量，尤其是当涉及重大、敏感的题材时，例如反腐报道、调查报道、揭黑报道等，更要态度严谨，谨防踩"红线"。因此，我国对最能代表媒体公信力的传统、主流媒体的监管更加严格。概括来说，当前政府对传统媒体的新闻监管仍沿用新中国成立以来一直实行的事后审阅制度，与此同时辅以新闻选题计划的申报备案制度，在涉及国家机密和国家安全等方面内容的重大选题上，则实行选题和原稿同时备案制度。

但目前我国新闻监管法规存在明显缺陷，以下三点尤为突出。一是监管评价标准不明。相关法规条例只是指明了方向，却没有划定范围，导致界限模糊，执行起来无据可依。二是行政问责机制缺失。这就导致了无法对新闻监管过程中的权力寻租等不法行为进行惩罚和有效规避。三是监管方式不健全。反映到具体的新闻内容生产中，最突出的一点就是对主流媒体和新媒体实行两套报道尺度，这导致主流媒体往往过分强调正面宣传和舆论引导，而对一些实际存在的问题和矛盾避而不谈，即使相关报道最终面世也是经历了层层审核的。因此，政府要使新闻监管的制度标准和问责机制相配合，真正落实新闻监督职责。

（一）明确新闻管理制度标准

我国媒体在进行经济新闻报道的时候要时刻把握经济新闻的政策性，

[①] 柳斌杰、郑雷：《新媒体环境下中国新闻管理与舆论引导问题、趋势分析》，《国际新闻界》2019年第2期。

[②] 艾松：《中国新闻监管的现实困境与政策应对》，华南理工大学硕士学位论文，2014。

将保证国家稳定和人民根本利益放在第一位。这就意味着对公共利益的维护是经济新闻报道的关键职责之一。哪些可以报，哪些不能报，要有严格明确的标准和界限，而且要对传统媒体和新媒体在这方面的标准进行统一。我们要跳出"报喜不报忧"的思维禁锢，而且为了最大限度地保护公民的知情权，尤其是在面对涉及公共利益、影响巨大的社会问题和公共事件时，在不涉及违法或保密的情况下必须保证新闻媒体能够自主报道，任何机构或个人不能滥用职权进行干预或阻挠。只有敢于提出问题、揭露丑恶，才能引导社会以理性的方式看待和处理它，真正唤醒公民的权利意识，维护社会稳定，促进社会进步。[①]

（二）完善行政问责机制

政策的执行需要辅以相应的保障措施才能真正落到实处。在当前瞬息万变的传媒环境中，为了明确新闻监管的各项具体标准，明晰新闻监管主体各自的职能，对行政问责机制的完善势在必行。应使事前约束和事后监管配合起来，双管齐下，真正对不合法、不合规行为起到震慑作用，保证政府的新闻监管效果。具体来说，事前监管主要针对新媒体的事前审核，要通过严格的程序和制度规范相关新闻监管行为，使其责任人承担相应职责，但又保证不会权力越界或违背监管的合法、合理性。事后监管也要注意规避公权力的滥用，真正建立起新闻监管的权力制约机制。

第二节　媒体层面：内容、渠道、人才资源的优化配置

一　生产理念：提升记者数据素养

（一）数据素养——经济新闻记者专业技能的重要指标之一

所谓数据素养（data literacy），国际上也称为"统计素养""量化素养"

[①] 艾松：《中国新闻监管的现实困境与政策应对》，华南理工大学硕士学位论文，2014。

"数字素养",虽然不同的学科和领域赋予了其不同的内涵和外延,但它总体上既指人们能够对信息和数据进行有效抓取、评估和使用的意识和能力,也指对信息和数据进行生产、管理、分析、发布等一系列信息处理过程中的道德与行为规范。具体来说,数据素养不仅包含数据意识,而且包括数据从获取、分析到决策一系列过程中的反应能力,以及数据批判精神。[①] 大数据的运用和普及更是为这些维度注入了全新的内涵。

由于经济新闻的报道范围不仅包括国家经济政策的传达和解读、企业的经营运作、个人的经济生活,而且包括复杂的经济关系和经济原理的揭示等,其报道领域涉及人类社会生活的方方面面,并在为政府、企业和个人的经济行为提供参考方面具有广泛而深刻的影响。而经济新闻与数据具有天然的高强度联系,因此,数据素养已越来越成为衡量经济新闻记者专业技能的一项重要指标,经济新闻记者的数据素养提升将有助于提升经济新闻解读经济走向、指导经济决策等方面的准确性,并对财经媒体的国际影响力提升乃至我国在国际上的话语权提升都有现实意义。

1. 数据意识

数据意识包括数据发现的敏感度和关注相关数据的兴趣。数据意识是记者发现选题并展开策划的前提,对数据的敏感度直接关系到记者能否在纷繁复杂的数据海洋中抓取到有价值的信息和角度,这依赖于记者长期的知识和实践积累,在脑海中有相应常态经济信息的指标和参考才能及时发现数据中出现的异动。经济新闻记者的数据意识体现在无论对宏观方面的国家整体经济运行情况、中观层面的行业概览还是微观层面的个人经济活动等,都能快速做出反应,从中找出具有价值的新闻点。大数据技术的出现,帮助经济新闻记者部分承担了发现数据相关性、寻找海量数据中蕴含的深度价值的职能,可以通过挖掘出新闻点并进行标记,为记者提供报道的契机。

2. 数据获取能力

数据获取能力即围绕研究点对相关数据进行搜集的能力。有了新闻点,还需要丰富、准确的数据来丰富其内容,对核心数据的获取和分析是经济

---

① 金兼斌:《财经记者与数据素养》,《新闻与写作》2013年第10期。

新闻的关键点。在大数据背景下，记者不仅需要具备传统新闻信息采集过程中的信息收集技能，在政府、各行业、学界等建立起自己的信息收集网络，而且要善于运用网络公开资源和大数据技术获取信息，例如各级政府部门官网、第三方信息服务商、各大研究机构等均可作为记者收集数据的来源。

3. 数据分析能力

数据分析能力即对数据进行整合、处理并进行解读的能力。大数据技术能针对海量数据进行关联分析，告诉我们"是什么"，却无法揭示其蕴含的因果关系，因此解释"为什么"的责任就落到了记者身上。这就需要记者具备较强的数据分析能力，从中做出推断或进行假设检验。此外，进行数据解读还需要注意形式，努力以群众喜闻乐见的方式呈现专业并且相对枯燥的经济原理和经济数据。在大数据背景下，动态可视化尤其是交互可视化的形式成为经济新闻记者的职业努力方向之一。

4. 数据决策能力

数据决策能力即具备运用数据等实证研究来指导决策的意识和能力。如何运用、要达到什么样的社会传播效果等，这一系列问题都是经济新闻记者需要思考的问题，也是具有良好数据素养的记者将数据价值最大限度发挥出来的关键一环。没有强大的数据决策能力，之前的一系列努力很可能得不到相应收益。因此，记者要培养数据思维，实现数据资源的整合效用。

5. 数据批判精神

经济新闻记者需要数据但又不能过分依赖数据，需要清晰意识到数据本身存在的局限性、数据处理过程中的道德和伦理问题等，避免"数据唯大"的误区。首先，在大数据背景下，数据本身的局限性体现在数据并非准确无误的，而数据清洗过程也无法保证完全有效和无误，再加上这一系列过程本身就是主观意识指导下的数据处理过程，因此大数据技术也无法达到信息的完全客观真实。其次，人们过分依赖大数据技术的逻辑方式，将所有决策简化成计算机算法和可量化的规则，摒弃了人的主观认知和逻辑思维能力，这也是数据独裁主义的集中体现。最后，数据处理过程中的道德伦理问题不仅体现在要抵制来自企业、资本方面的压力和诱惑，不沦为隐瞒或故意忽视真相的利益集团的合谋者，更体现在对数据获取和应用过程中隐私界限的把握。总之，当前我国正处于社会经济转型时期，经济新闻记者在运用大数据进行经济新闻报道的过程中，应充分意识到大数据的局限性和边界问题，不要对大数据技术盲目崇拜或过度依赖，对手中数据的解读要慎之又慎。尤其是在新形势下，我国新闻战线强调记者要增强自己的脚力、眼力、脑力、笔力，这就对记者回归新闻第一现场、贴近基层提出了硬性要求，即使技术的普及可以让我们足不出户就能获取新闻素材，完成新闻报道，记者也应始终牢记自己的职责和使命，不要成为技术的奴隶，新闻的"活鱼"始终是要从基层、从现场捕捉的。

（二）数据开放的边界界定："数据使用者承担责任"以保护个人隐私

在大数据背景下，越来越低的信息获取成本和越来越快的数据获取速度为媒体获取数据提供了前所未有的便利。在大数据技术和理念普及之前，许多数据因被认为是无用的而遭到丢弃，大数据则为其赋予了全新价值。人们的网上搜索浏览记录、购买记录、评论及转发内容等一系列网络使用痕迹都会被记录下来并可能被拿来使用。在享受大数据带来的如此多便利的同时，我们也应意识到一些严峻问题：个人隐私是否会受到侵犯？如何对数据隐私权限进行界定？

长期以来，全球范围内隐私规范的核心准则是将对个人信息的控制权和使用权交予信息主体人手中，人们自主决定处理和使用其个人信息的方式和对象等。因此，隐私保护的三大通行策略是"告知与许可""模糊化""匿名化"。但在大数据背景下，这种个人隐私的保护系统被完全解构了，因为大数据能够通过对数据的二次甚至反复挖掘，发现数据背后的许多价值并移作他用。而这些可能的用途是数据收集机构在采集数据时无法预料的，因此也无法提前告知数据生产者这些尚未想到的用途。因此，在这种媒介现实中，除了政策制度层面的法律规范外，从媒体角度出发，如何承担数据使用过程中的隐私责任，规避数据使用的法律误区，都需要重新考虑。

维克托·迈尔-舍恩伯格等学者在《大数据时代》一书中创造性地提出了"数据使用者承担责任"这一隐私保护模式，让我们对隐私权限的思考从"赋予个人以信息控制权"的窠臼中跳出来。也就是说，媒体思考的重点不是在数据收集阶段是否要征得个人同意,而是在数据使用阶段是否应该承担相应责任。这样一来,媒体在数据使用过程中就会更加审慎,一个关键问题将被列入衡量范围:使用这些数据将给个人带来什么后果和影响?由此,媒体不得不制定规范的测评标准对个人数据再利用的行为进行正规测评,并制定配套的保护及监管措施保证其履行到位。总之,媒体在进行数据的收集和使用过程中,应注重把握这一界限,在对数据进行正规测评的基础上抉择是否使用该数据。

此外,对数据的使用经常会涉及版权问题。从传媒角度来说,建立合理的行业秩序,以规范的形式确定数据或新闻作品的使用界限,形成行业自律和行业约束很有必要。当前,我国媒体已经开始这方面的积极实践,总体来看,我国各大媒体版权保护的意识在不断提升,版权保护的手段和措施也在不断完善,版权保护的力度也在不断加强,初步形成了行业内部的共识。在2017年4月26日举办的2017中国网络版权保护大会上,10家主要中央新闻单位和新媒体网站联合成立了"中国新闻媒体版权保护联盟"。同日,全国115家报纸、期刊、电台、电视台均发布了《关于加强新闻作品版权保护的声明》。[①]

二 生产模式:鼓励众包型经济新闻生产

在大数据技术的支持下,数据采集方式发生了根本性变化,这就进一步导致了新闻生产模式的创新,最具代表性的就是目前越来越多新闻媒体开始采用网络观察、调查或众包的形式收集数据。其中,众包新闻作为一种全新的新闻生产方式,也是前测型新闻生产的典型,它通过集思广益的手段做新闻,不仅提升了受众的参与度,生产出的新闻也更符合受众需求。

(一)众包新闻的定义及特点

"众包"模式最早出现在商业领域,是指企业利用互联网将工作分配出

---

① 《拒绝"拿来主义"新闻媒体进入版权时代》,人民网,http://media.people.com.cn/GB/143237/412337/,最后访问日期:2019年11月6日。

去发现创意或解决技术问题的一种全新商业模式,后被引入新闻实践。[①] 2006年6月,美国《连线》杂志记者杰弗·霍威在《众包的崛起》一文中首次提出了"众包"这一概念。《连线》杂志还与"New Assignment"新闻试验网站合作发起了一项名为"众包"的实验,并于2007年初成立了"Assignment Zero"网站,旨在为大众参与新闻来源提供、新闻报道的全过程提供平台。所谓众包,霍威认为是指一个公司或机构不再将工作任务分配给员工,而是在双方自由选择的基础上外包给非特定的大众网络。[②] 按照整合对象的不同,众包新闻又可分为两种:其一,对信息、劳动力的整合,如集体创造、集体投票;其二,对大众资金的整合,即众筹,它使大众代替银行和其他机构成为新闻生产的资金来源。

2013年,范·哈克等人再次对"众包"进行界定,认为它是公众通过群策群力主导或者参与新闻生产的信息搜索、核实及报道故事等一系列过程。[③] 因此,曾有媒体人形象地称其为"民意测验"。由此可以看出,众包新闻具有以下特点。第一,以网络为依托。众包新闻一般由网络社区发布开放信息及分配工作,而非传统雇用渠道,参与者也通过网络获取任务,双方交流属于线上互动交流。众包新闻的产生,最直接的动力就是互联网的应用与普及。互联网、物联网、云计算等一系列新型传播手段的运用,不仅消弭了传统意义上的时空界限,使得分布于全球的资源均可被整合利用,而且模糊了生产者和需求者之间的身份界限,两者可以通过虚拟网络世界进行即时沟通、咨询、选择、参与。这种互动方式不仅大大降低了资源获取的成本和难度,而且比传统线下交流更为高效。第二,开源生产模式。众包以消费者为主导,以开放生产为思路,通过集思广益的群体智慧和力量完成相应新闻报道任务,将集体智慧作为决策和运作的参考。众包新闻之所以能够闯出一片天地,还与互联网时代公众对新闻生产的参与度提高有直接关系。当前的网络用户消费需求呈现多元化与个性化特点,他

[①] 吴乐珺:《"众包"模式推进美国公民新闻再发展》,《国际新闻界》2007年第8期。
[②] "众包"和"外包":"外包"是社会专业化分工的必然结果,是专业化作用下规模经济的产物;"众包"则受益于社会差异化、多样化带来的创新潜力,是更加个体的行为。
[③] 范·哈克、米歇尔·帕克斯、曼纽尔·卡斯特、张建中、李雪晴:《新闻业的未来:网络新闻》,《国际新闻界》2013年第1期。

们不仅消费媒介产品,还有兴趣参与媒介产品生产。[①]因此,让受众进行自主选择能够帮助媒体实现多样化服务。同时,这种生产模式也为个人的价值实现开拓了空间,网络交流的方式打破了人们所受的工作场所、业余时间的限制,人们因志趣爱好而聚集在一起,以互动学习的方式共同成长。第三,民主化甄选机制。众包新闻深刻体现出当前新闻生产的"传受一体化"和"全民化"趋势,它基于民主的个人选择,属于公众的参与式文化。新闻生产的参与者不再局限于专业的媒体人,公民记者成为记者团队的重要补充力量。众包新闻的参与个体会因视角、立场的不同提出不同意见,不断促进方案的优化以符合更多参与者的口味。最终会依据贡献的大小对问题的解决者进行奖励,民主化甄选机制中蕴含着相应的激励机制。

众包新闻虽然也是采用广大受众的力量进行的新闻生产,但是它与公民新闻仍有所不同,主要具有以下两个特点。第一,众包新闻的"命题"性质明显。公民新闻强调人人都是新闻的生产者,对主题的设置并无要求,因此议题呈现出杂乱性、随意性的特点,它可以是关注公共领域的新闻——此类新闻更有可能上升成为公共议题,也可以是表达个人感受的新闻——这种新闻则较少能在大范围内引起群体共鸣。反观众包新闻,它从开始发布就透露出议程设置的味道,带有"命题"性质,在此基础上,发动受众群策群力解决问题。第二,众包新闻的把关人机制明显。公民新闻由于缺乏审查机制而呈现参差不齐的混乱局面,其新闻真实性无法得到保障,因此公信力往往受到质疑和挑战。如果不加强自律,公民新闻的发展前景堪忧。而众包新闻的运作原理决定了它天然具有"群众审查"和"发布人拥有主权"的双重把关人机制,能在一定程度上确保众包新闻中各种数据和信息的真实性。

(二)众包新闻的国内外实践

以英国卫报和美国赫芬顿邮报、纽约时报为代表的具有国际影响力的媒体在众包新闻生产模式推广方面都做得风生水起。如赫芬顿邮报是一个创立于2005年的新闻博客网站,是众包模式的先行者,首创了"聚合式"

[①] 祝兴平:《网络众包:现代新闻出版新模式》,《出版发行研究》2015年第10期。

的媒体内容生产模式。再如卫报早在2009年就开始尝试利用众包方式生产新闻,通过号召全国民众提供新闻线索、收集新闻素材和资料等方式完成了对英国国会议员开支丑闻的揭露报道。2016年,它又开辟了新闻众筹,并且认为众筹可以使媒体最大限度地保持客观中立并获得利润,避免被广告商或股东等利益集团所左右。

我国近年来也一直在新闻众包的道路上不断摸索。国内最早的新闻众筹实践当属台湾地区于2012年底正式上线的关注调查类新闻的WeReport众筹网站。大陆地区最初的众包新闻实践屡屡受挫,如2013年11月众筹网推出了"新闻众筹"平台,但是开辟了不到一年时间就匆匆关闭。不过后来不断有媒体尝试以众包方式进行新闻生产,并积累了一些经验。2015年10月《南方都市报》宣布改版,并推出"新闻众筹"版面,成为传统媒体中第一个"吃螃蟹"的。读者通过扫描二维码并向媒体转账,即可参与新闻众筹项目。2016年1月《华西都市报》经历改版后推出"我的新闻"这一众包新闻产品,市民可通过爆料、投诉、咨询等方式提供新闻线索,并在报道中提供相关互动方式和内容。由第一财经和阿里巴巴合力打造的数据财经新媒体DT财经也于2016年6月推出"数据侠"栏目,聚合数据爱好者或数据团队,致力于财经领域的数据新闻众包生产。2016年11月,专注于提供深度编辑的聚合内容和原创报道的梨视频上线,拍客通过"爆料"形式上传原创视频,经梨视频编辑团队审核加工后在平台进行传播并获取相应报酬。此外,国家级媒体也进行了众包新闻的尝试,例如新华社新媒体基地推出了"我在现场"手机App,它以LBS定位系统为基础,支持视频即拍即上传、语音发稿等功能,用户可以充当报道的发起者并邀请好友参与报道,或者参与到其他人的报道中去。2013年两会期间,"我在现场"栏目全程参与实时报道,是两会新媒体报道唯一指定的移动客户端平台。

不过总体来看,国内众包新闻的规模尚小,发展也不容乐观,比较成熟的众包新闻运作模式尚未形成,形式单一、合法性边界不明确等都对我国新闻众包形成掣肘。

(三) 我国众包经济新闻生产未来的发展方向

经济新闻事关国计民生,它的报道题材往往具有重大性、贴近性等特点，让公众参与新闻生产，对报道题材和内容进行把关，通过公众的选择进行议程设置，让新闻报道反映公众之所需，才能更好地对公众的经济决策和经济行为产生指导作用。因此，经济新闻与众包的生产模式有天然的契合之处。

虽然众包新闻在一定程度上将新闻生产的权利赋予了个人，但是若缺乏合理规范和管理很容易事与愿违，例如，相比专业新闻从业者，众包新闻的参与者在专业技能、信源资源等方面都会有所局限，或者报道视角和观点带有明显偏向性，难以实现新闻报道的客观公正，报道质量容易参差不齐。因此，若想让它持续、良性发展下去，规范必不可少。

第一，报道题材应遵守国家相关法律和政策，并如实反映公共利益。运用众包方式生产新闻具有以下两点明显优势。其一，更符合受众需求。从选题阶段，众包新闻就要直面市场，让受众根据自己主观需求决定支持生产哪一种报道。这种经历了市场和受众考验的选题无疑更为用户所欢迎，其传播力和影响力就有了先决保证。其二，拓宽了信息渠道和资金渠道。这种群策群力的新闻生产能够汇集公众的力量，是将内容、人才、技术等资源按照市场化的运作模式进行的优化配置，可以最大限度地发挥新闻的传播效能。从以上总结我们就可以看出众包新闻生产中受众的地位，因此关乎受众切身利益的题材更能引发关注、引起共鸣。但是对于选题的挖掘和设置必须在国家政策和法律允许的范围内，不能一味迎合受众兴趣。

要保证报道题材如实反映社会公共利益，就要避免新闻寻租现象的发生，公正、客观、透明地进行经济新闻生产。例如，为避免新闻生产在资金链环节被操控，众筹平台可以通过限定众筹新闻项目中出资者的投资比例，在公众、记者和编辑之间建立一种相互制衡的关系，以保证各方资助者的参与权，加强对题材审核的监督。为了避免线下私下交易，众筹平台应考虑取消项目佣金，将网站经营模式由收取佣金转化为提高众筹平台的知名度以吸引投资等赢利途径，避免众筹新闻异化成精英阶层的宣传工具。此外，为避免项目遭遇商业公关的阻力，众筹新闻项目应该在新闻报道发布之前对项目出资者的身份和联系方式保密。

第二，项目发起者应加强策划宣传并完善鼓励机制。一个新闻众包项目要最终落地，最初也是最重要的一步就是要让新闻选题打动潜在的出资者。因此，选题的提出者要注重前期的选题策划。众包新闻项目发起者应利用一切传统媒体与新媒体资源和平台发布任务，形成联动效应，与此同时，要建立健全鼓励用户参与的激励机制，提高用户参与新闻策划和生产的积极性。

第三，发起者应由精英媒体人向普通媒体人过渡。与国外日益成熟的众包新闻生产不同的是，我国目前的众包新闻实践多是由具有一定社会影响力和号召力的公众人物或精英人士发起的，这种呈现"粉丝经济"倾向的新闻生产利用自身知名度和专业性赢得受众，但其是否真正反映了广大受众的兴趣点和利益值得商榷。相较于这种精英群体，普通公众发起的众筹上线新闻项目的成功实践则少得多，即使新闻选题本身事关公众利益且意义重大，也很难实现。因此，在未来的众包新闻发展中，网站应多开辟新闻题材择拣途径，例如放宽准入政策，摒弃平台编辑筛选众筹项目的做法，转而让公众衡量题材有无价值，建立社区投资者投票等形式的多层筛选制度。

三 生产平台：打造媒体智库，建设媒体数据库

在新闻生产平台建设方面，建设媒体智库和数据库不仅是提升经济新闻生产效能和质量的重要途径，也是助力媒体从容应对网络时代的冲击，实现转型和升级的有力举措。媒体智库通过为各行业的高级人才提供交流平台，进而促使媒体整合智慧资源，组建智囊团，为自身扩充复合型人才储备，不仅能帮助媒体优化经营运行，而且能为国家层面的公共决策建言献策，进而推动和谐社会的健康发展。媒体数据库不仅是新媒体时代传媒集团提高生产效率、降低运营成本的重要途径，也是其提升自身产品、服务，进而提升集团传播力、影响力的战略举措。

（一）打造媒体智库

智库（Think Tank）也称"思想库"，目前上海社会科学院智库研究中心在《2013年中国智库报告》中对其概念的总结较为全面："智库"是一种研究公共政策的专业研究机构，它遵循公共利益和社会责任的研究导向，

并以影响政府决策为最终目标。从组织形式来看，智库是指由专业人才组成的、具有多学科背景的专业研究组织；从机构属性来看，智库可分为官方智库和民间智库，其中前者属于政府机关直接管辖的公共研究机构，后者则以私营研究机构为代表；从机构性质看，它既可以是营利性质的，也可以是非营利性质的。

1. 大数据背景下我国媒体智库建设的必要性

早在2012年，我国的智库数量就已经排名世界第二，这一权威统计结果由美国宾夕法尼亚大学"智库与公民社会研究组"于2013年公布。[①] 然而国际综合影响力排名前十的智库却没有中国智库的身影，这从一个侧面反映了我国智库质量不高、层次偏低、国际影响力弱的现状，为我国未来智库的发展敲响了警钟。建设高品质智库能提高党和国家的决策水平，帮助我们找准新时期工作的切入点和着力点。因此，积极探索符合我国国情的智库组织形式和管理方式，加强中国特色新型智库建设，是推进我国治理体系和治理能力现代化的必要途径。

2012年中央经济工作会议上习近平总书记做出了建设高质量智库的决定，并提出要秉承服务决策、适度超前原则。这一决议为我国的智库建设指明了阶段性方向，标志着中国共产党建设中国特色智库的目标已经上升到一个全新高度。习近平总书记在党的十九大报告中明确提出要"深化马克思主义理论研究和建设，加快构建中国特色哲学社会科学，加强中国特色新型智库建设"。现阶段建设中国特色新型智库，意味着我们要聚焦新时期党和国家的主要任务，以马克思主义理论为指引，以科教兴国、人才强国、创新驱动发展、乡村振兴、区域协调发展、可持续发展等一系列战略为手段，让中国特色新型智库为促进我国全面建成小康社会的宏伟目标发挥最大效用。[②]

2. 媒体智库对经济新闻生产的推动作用

媒体智库因具备专业领先、渠道畅通、覆盖广泛的传播体系而成为推

---

① 柏晶伟、吕红星：《中国需要加快建设高质量智库》，《中国经济时报》2013年5月31日。
② 李后强：《加强中国特色新型智库建设 提升智库影响力》，中国社会科学网，http://www.cssn.cn/index/index_focus/201803/t20180310_3871819.shtml，最后访问日期：2019年11月6日。

动智库建设的重要力量，在保证智库产品的时效性、高质量与客观性方面发挥着独特的作用。加强媒体智库的建设，不仅是国家智库建设的重要环节，也会对媒体自身产生巨大影响，它集中体现在能显著提升报道的专业性。具体到经济新闻生产领域，媒体智库的作用主要体现在以下三个方面。

首先，智库的核心目标是生产意识形态领域的高质量产品，以提供影响公共决策的分析和建议，其根本意义在于推动我国整个社会经济健康发展与和谐社会构建。经济新闻的政策性特点决定了其对政策敏感度的深刻依赖，媒体智库的建设能为媒体的经济新闻生产提供强大的内容资源储备。

其次，媒体智库集合了比较庞大的专家、学者队伍，提供了媒体内部记者与学者、专家沟通、交流的平台。且媒体智库的人才具有跨学科和公共性的特点，这些专业人才广泛地分布在不同行业、不同机构。尤其是在大数据背景下，经济新闻的生产对经济学、新闻学、统计学、计算机学等跨学科复合型人才具有强烈需求，媒体智库储备的各方面专家将成为媒体的后援团，智库的建设能为经济新闻生产提供充足的人才储备。

最后，媒体智库还通过举办论坛、报告会、碰头会等方式搭建交流平台，并以影响政府政策和引导社会舆论为研究目的，这为媒体的经济新闻报道提供了权威又领先的思想素材。同时，智库还能通过对项目和产品进行可行性分析为传媒集团提供产品开发、孵化的服务。

3. 我国媒体智库建设现状

我国媒体始终遵循"与国家需要同频共振"的发展目标，媒体智库尤其是财经媒体智库的发展状况，直接关系到媒体能否以最佳状态辅助我国社会主义市场经济建设，甚至是提升我国在整个国际上的传播影响力。因此，密切关注媒体智库的发展现状和发展方向就显得十分必要。

在 2006 年举办的"中国首届智库论坛"上，参加论坛的以中国社会科学院、国务院发展研究中心为代表的中国十大著名智库均为官方和半官方智库。这在一定程度上反映出我国目前思想库的主体是体制内的智库。虽然智库的官方属性能保证其与决策机构实现无缝对接，理论上其研究成果也能够迅速转化为决策方案并应用到实践层面，但在现实环境中我国的官方智库在主动性、时效性和实际可操作性上均存在缺陷。第一，主动性差。大部分智库产品的开发跟随国家政策方针走，而没有主动深入实践自发寻找，无论是选题还是决策都呈现与现实脱离的局面。第二，时效性差。智库对热点的灵敏度不高，反应速度也不够快。第三，实际可操作性差。智库研究的产品往往切入点过大，重点不明确，从而落入泛泛而谈的误区，这在很大程度上也是由智库主动性差导致的。与此同时，目前国内媒体自身的智库建设也普遍存在发布产品少、产品内容分散、深度与专业度偏弱等问题，因此媒体智库很少能对政策以及公共服务产生影响，从这个层面上看，国内鲜有真正具有很强影响力的媒体智库。

十八大以来，习近平总书记多次提出要科学布局、整体规划，在充分统筹现有智库优质资源的基础上进行制度创新和合理定位，重点建设一批高端智库以提升我国智库的质量及在国际、国内的影响力。建设中国特色新型智库已上升至国家战略层面。2015 年 1 月，《关于加强中国特色新型智库建设的意见》出台，意见提出重点建设 50~100 个专业化新型高端智库的目标，并规定中央重点新闻媒体作为建设试点。[①] 2015 年 11 月 9 日，《国家高端智库建设试点工作方案》颁布，进一步对高端智库的建设工作进行部署。在一系列政策和方针的指引下，我国媒体智库的建设也逐渐迈入正轨，以新华社"瞭望智库"和财新传媒"财智研究"为代表的一批智库正在不断创新、蓬勃发展。

2015 年 7 月，财新传媒推出财新智库平台。该平台不仅包括以研究公共政策为主的非营利性研究部——财新智库研究部（以下简称"财智研究"），还包括从事商业运营的咨询公司、数据库等资源，总体上看，财新智库属于商业性质智库。其中，财智研究将自身定位为严肃、前沿的公共政策研究机构，以面向公众和市场的研究为主，在汇聚、综合各方观点，提供背景资料的基础上，提出具有价值和精确性的分析判断。

2015 年 8 月 12 日，新浪智库平台正式上线。该平台把成为全国最大的智库网络资讯和咨询平台作为战略目标，依托在国内影响力极大的门户网站，其上线初期就有 40 余家国内外的优秀智库入驻。

2015 年底，新华社获批为党中央、国务院、中央军委直属的首批 10 家

---

① 《中办国办印发意见：到 2020 年重点建设一批高端智库》，人民网，http://politics.people.com.cn/n/2015/0120/c1001-26419207.html，最后访问日期：2019 年 11 月 6 日。

国家高端智库试点之一。目前，其旗下的"瞭望智库"已逐步发展成为包含平面与新媒体传播、决策调研与咨询报告、习近平总书记言论数据库和大数据智库云平台技术开发等三大业务的"媒体型智库"和"智库型媒体"。"瞭望智库"以一批党性强的专业型人才队伍为推动力，以横向课题研究和公益研究"两手抓"为策略，以朝行业纵深领域拓展为方向，以打造高质量智库产品为核心，以微信公众号等平台搭建新媒体矩阵，构建起了具有时代特色和参考价值的融合发展架构。①

4. 未来媒体智库建设的着力点

（1）"大调查"改变决策方式，"大数据"提供现代治理新路径

我国媒体智库要跳出政府部门"传话筒"的僵化模式，真正反映国家发展和群众需要的诉求，这就需要其充分利用大数据技术进行分析和预测，科学审慎地提出决策和建议。

大数据无疑为我国的经济智库建设带来了巨大机遇，主要体现在大数据的全样本收集和探求相关关系的特点使得智库在数据采集和分析方面有充足的依据，这就改变了以往靠经验和直觉进行主观判断的思维局限。具体来说，首先，运用大数据技术不仅能收集大量一手资料、智能甄别虚假信息，还可以对特定问题进行全网域、全时段、全天候的动态信息流跟踪与观测，这都为智库平台提供了丰富的数据源。其次，大数据技术更可以对文本数据进行结构转换，对媒体报道进行历时性整合，对多类事件进行动态评估，进一步提升智库产品的质量，保证决策的精确性。最后，数据分析技术也可以帮助我们更为科学地预测经济领域的重大发展趋势，优化智库产品结构、产品形态和服务流程，通过最大限度地实现数据"增值"，进一步提升经济智库产品的竞争力和影响力。财新智库首席经济学家何帆提出，媒体智库的未来发展核心能力是判断力，不仅要识别出什么问题对中国来说是重要的，还要对解决问题的切入点做出准确判断。②

媒体智库已经意识到大数据带来的革新作用，并纷纷在数据库的扩建方面下功夫，例如，财新智库平台收购其他企业和机构的数据库，新浪智

---

① 夏宇、王玥：《新华社如何打造媒体智库？干货经验都在这儿了》，搜狐网，http://www.sohu.com/a/334247698_181884，最后访问日期：2019年11月6日。
② 甘恬：《何帆：财新智库没有媒体化的需求》，《传媒评论》2015年第11期。

库平台与第三方共享数据库。随着未来媒体技术系统的发展,配备数据库将越发成为常态。此外,目前一些经济研究机构已经在积极开发新的工具来满足数据需求。智库建设也应积极顺应当前社会领域发展的大趋势,正视挑战,抓住机遇,积极谋划,抢先发展,充分利用大数据资源和大数据分析技术的发展和应用,从"快、专、新"三个方面升级优化智库产品的生产流程,以创造出更具社会公信力和影响力的产品,为政府决策提供战略性参考。

(2) 建立"防火墙",保证智库公信力和新闻产品客观性

智库"防火墙"的作用就是保证智库的公信力和新闻产品的客观性,它的设置需要分别从智库内部运营和智库与媒体交互关系这两个层面进行分析。

其一,在智库公信力保障层面,有必要将智库产品的生产环节与平台的其他环节分隔开来,建立"防火墙"机制。财智研究就是这么做的,它用两道"防火墙"将自身的公益性研究与财新智库的商业化平台分离。一是在财新智库与财新传媒之间建立防火墙。例如财新智库关于新产品、新政策研究的相关会议往往以内部讨论会的形式低调进行,甚至不邀请财新集团的记者,因为他们认为要将智库的功能和传媒的功能清晰区分开来,智库产品研发过程不需要作为传播者的记者发挥作用。二是在公益性研究和商业化咨询之间建立防火墙。财智研究提供的是整个行业的研究和咨询,避免为单独的企业服务,这就使得研究视角更为宏观和全面,立场更为中立和客观,并从运营层面规避了潜在的利益冲突,保证财智研究作为公益性研究机构的创立初衷和内核。

其二,在新闻产品客观性保障层面,将媒体自身智库运营与传媒业务有机分隔。仍以财新为例,财新智库与财新传媒新闻生产相互独立又整体互补。也就是说,财新传媒的"原创财经新媒体"定位始终不变,它始终将权威、客观、真实作为立言之本,并充分利用当前大数据带来的思维、技术、平台便利,生产出高质量的经济新闻产品,坚守我国时代进步和社会发展的见证者和记录者的地位。与此同时,财新智库作为商业机构的本质不变,它通过市场化运作充分吸收社会资本,寻求多方合作,打造更优质的产品和更完整的产业链,加强上下游产品开发和环节建设。

(3) 拓展产品品类，深耕专业领域，完善产业链

媒体智库在发展过程中要避免同质化竞争或"面面俱到"的思维模式，应调整战略思路，在明确服务对象和目标定位的前提下，以大数据等新媒体技术为手段，朝自身专业领域深耕，拓展产品品类，完善产业链。在这方面，新华社"瞭望智库"的实践具有参考意义和价值。它从创建伊始就将自己的特色方向定为调研咨询，通过公益性研究和横向课题研究寻求公共性和市场性的平衡，并在实际操作过程中摸索出一套与自身特色、定位相匹配的调研与采编流程标准，近年来其发布的咨询报告在数量和质量上都显著提升，其中仅2018年"瞭望智库"向上级机关报送的调研成果中就有多条获得中央领导批示，显示出其在为上层决策提供参考方面的影响力和实力。不仅如此，"瞭望智库"还以调研咨询报告成果为原点，以国家部委、地方政府和大型机构为服务对象，业务范围辐射内部研讨会、公开论坛、专特刊、舆情监测和应对规划、品牌诊断与建设规划等，初步建起了一条咨询服务产品线[1]，在产品的专业性、差异化、系列化方面开辟了一条让人耳目一新的道路。

(二) 建设媒体数据库

在数据化时代，数据库已成为媒体的重要资产，正如学者解兴群所说的，数据是媒体资源系统中的血液，而数据库恰如媒体资源机体的心脏。[2] 这个比喻生动地向我们阐释了数据库在新媒体时代对整个传媒机构的价值，它不光是聚合、传递数据信息的载体，更是促进新闻资源跨区域、跨行业、多平台流动的保障和动力。

1. 建立媒体数据库的价值和意义

媒体数据库的建立，对集团内的整体运营来说，能实现国际范围内的生产资源共享，助力新闻集团更好地整合部门、节约资源、改革内容、提供服务、完善效益。对于新闻报道本身来说，能够为新闻工作者提供数据

---

[1] 夏宇、王玥：《新华社如何打造媒体智库？干货经验都在这儿了》，搜狐网，http://www.sohu.com/a/334247698_181884，最后访问日期：2019年11月6日。
[2] 解兴群：《问渠哪得清如许，为有源头活水来——数据库管理是媒体资产管理系统运转的保障》，《网络安全技术与应用》2014年第3期。

分析的依据，助其更具针对性地挖掘新闻事实，增加新闻报道的深度。对于传播客体来说，它能够为受众提供实时更新的、根据个性化要求私人定制的信息服务，让信息搜索结果更深刻和直观。[①]

对于经济新闻生产来说，媒体数据库建设的意义更加突出。信息消费时代，媒体数据库提供的数据和指标，能够成为个人、整个行业甚至一个国家分析经济形势、做出经济决策的重要依据。用户通过消费数据产品可获取信用评估、科技咨询、电子商务、供应链管理等衍生服务。而数据库所依托的大量数据、资料又蕴含巨大的开发潜力，是很多机构和企业迫切需要的资源。因此，建设数据库平台能够实现经济信息资源的优化整合，还能带动数据买卖等相关产业的发展，对专业财经类媒体来说无疑是未来转型的一大努力方向。

2. 国内主流媒体建设数据库的实践

当前，国内媒体已经意识到数据库对融合新闻生产、全媒体新闻集团运营以及扩大媒体影响力等方方面面的战略价值，于是纷纷不遗余力地建设自身数据库，以新华社、人民日报社为代表的国家级媒体，以财新传媒为代表的专业财经媒体等都在媒体数据库建设方面积累了大量的经验，成效颇丰。

"新华社多媒体数据库"由我国国家级通讯社新华社于1999年创立，发展至今已成为新华社的核心存储。它收录了20世纪90年代以来新华社所有文字、图片、视频、音频、图表等形式的原创新闻信息，收集了国内外的教育信息、名校浏览、学术论文、人才市场等信息资源，创建了法规库、人物库、人物简历库、组织机构库、背景资料库、国际译名库、资本市场法律法规库等七大特供数据库，尤其显著的一点是它还整合了中外行业经济、宏观统计数据、行业统计数据等环球财经信息以及产业信息、高管信息、新华财经分析等数据资源，并对以上所有的数据库资源进行统一存储和管理。新华社依托自身的多媒体数据库建设，不仅能向全球用户提供新闻信息服务，还能更好地服务全媒体平台的新闻工作者，帮助其提高新闻

[①] 宋宣谕：《浅析数据库在全媒体新闻集团的应用与效益》，《2015中国传播论坛"现代传播体系建设：融合与秩序"论文汇编》，2015。

生产效率和质量，帮助传媒集团获取更大效益。

"人民数据"是人民日报社旗下的数据库，它整合了人民网全网资源和全国人大、政协以及中央各部委信息资料，包含共 600 余万篇文章、70 余万张图片、500 段视频（每年），是党政信息数字化建设以来最全面、内容最翔实、信息最丰富的"党、政、经、法、管"数字化资源汇总平台，形成了大型党政时政经济管理法律数据平台。该数据库为公众了解国内权威党政信息、国内外时政信息打开了窗口，为全民的思想政治理论教育提供了丰富的参考资料，也为我国公众全面提升综合素养奠定了基础。

"财新数据"正式上线于 2017 年 7 月，它是由财新智库旗下的财新数据公司打造的一款移动端产品，是一个整合了金融数据、权威资讯、品质服务等内容的权威金融数据资讯平台，一上线就获得了国内外的大量关注与支持。在"财新数据"正式上线前，财新就在全球范围内收购数据库，"财新数据"上线后又经历了数次升级，成为"财新数据＋"。2015 年，财新传媒通过竞标获得 PMI 冠名权，并于当年 6 月 30 日推出财新中国 PMI，体现了财新对宏观经济及其先行指标的格外关注。这是财新将国外先进经验本土化移植从而实现媒体转型的一次成功尝试，也是当前大数据背景下依托新型传播技术进行的业务增量方面的创新实践，为我国财经媒体提升国际传播力和影响力提供了更广阔的平台和更丰富的可能，也为吸引国际投资者关注我国资本市场开辟了新篇章，促进了我国金融市场的健康发展，这也是财经类媒体建设数据库的有益经验。2018 年 4 月，财新从"欧洲货币集团"收购了全球最大的宏观经济数据库（CEIC）和全球新兴市场商业资讯数据库（EMIS），极大地扩充了其数据库资源，业务辐射范围几乎覆盖全球投资者和消费者。目前，"财新数据＋"栏目包含数据、资讯、服务三部分内容，是财新全平台精华内容的汇聚。其中，"数据"部分囊括 CEIC、企业库、人物库、股票、债券、伺机者、指数等七大数据库，拥有超过 5000 万种基础数据资源，能够进一步满足读者移动端财经新闻纵深阅读的需求，有效地帮助读者进行信息查询、背景调查、数据分析和决策制定。

3. 未来媒体数据库建设的发展方向

未来，媒体数据库建设可能会按照数据处理流程划分为不同数据库，如数据集成库、数据成稿库、数据反馈库[①]，这样更便于数据的存放、整理及按需配置。首先，数据集成库存放的是记者采集到的全部新闻资料及数据，这样对于集团内部来说，可以进行信息、资源共享，避免重复工作，并且能在最短时间内寻找到自己需要的素材和资料，提高媒体内部生产效率。对于外部来说，实时的资源及数据更新可以吸引更多受众，实现初步赢利。其次，数据成稿库收集的则是集团内部所有已经发表的原创新闻作品，并进一步按照题材、体裁等分类标准进行归类，这样既可以给用户最全面、直观的呈现，又便于让新闻从业者发现规律，总结经验，进而优化新闻生产。最后，数据反馈库则是加强与用户之间的互动，在参考用户意见和建议的基础上调整生产和经营策略，并拓展衍生信息与服务，加强产业链运作，开发线上线下的产品和服务。三个数据库之间形成一个数据闭环，数据资源的价值得到最大限度的挖掘。

此外，媒体也应该注重建设用户数据库。用户数据库的建立可以帮助媒体更好地实现精准化传播，为用户实施定制化推送，优化用户体验，增强用户黏性。不过当前在定制化信息推送方面，媒体还无法做到十分智能，因为它往往是根据用户呈现出来的显在需求而进行数据分析和信息推送的，例如用户的浏览点击痕迹、购买记录、收藏记录等，而人的所有需求中，没有表现出来的需求比例远远大于显在需求。所以这在一定程度上导致了当前的定制化信息推送有时并不能精准直击用户诉求。未来，对于经济新闻生产来说，媒体可以进一步增强新闻的互动性，号召、鼓励用户参与进来，更多地表现出诉求和偏好，并注重对用户数据进行收集、整理，建立用户数据库，进而完善自身的新闻推送服务，更好地提升用户的忠诚度。

四 生产机制：优化媒体内部组织架构

（一）整合数据新闻团队，优化机构设置，设置编辑部防火墙

大数据背景下的经济新闻生产更需要的是融合新闻学、经济学和计算

[①] 宋宣谕：《浅析数据库在全媒体新闻集团的应用与效益》，《2015 中国传播论坛"现代传播体系建设：融合与秩序"论文汇编》，2015。

机学等交叉学科背景的员工。但当前社会这种复合型人才严重匮乏，因此各国可行性较高的方案是聚合不同专业背景的人才组成团队进行合作。例如澳大利亚的数据新闻团队由七种不同职能的员工构成，包括制作顾问、网页开发及设计人员等。其中，编辑记者的职能是从海量数据分析中发现新闻点，并进行深入挖掘；数据采集分析人员和数据挖掘人员则通过搜索数据并建立准确的分析模型，探询数据背后的意义；技术专家则运用可视化技术进行新闻叙述和呈现。各职能员工始终处于不断交流和协商过程中以不断优化方案，技术专家和数据专家充分融入新闻生产流程，参与选题设置等。此外，BBC、卫报等各国运用大数据较为成熟的媒体都已经建立类似的数据团队并调整自己的内部机构设置；芝加哥论坛报也正在进行相关组织架构改革和数据团队建设。我国的财新网也是如此，通过建立虚拟性质的数据可视化实验室，集合所有部门的相关专业人才为可视化数据新闻项目所用。

此外，在媒介融合的背景下，媒体内部的机构运行和部门设置相比传统媒体时代有了翻天覆地的变化，从生产、运营到销售的整个流程中，各环节相关部门之间的界限不再壁垒分明，而是互有交叉和联合。但是，无论媒体内部如何融合，融合程度多深，编辑部都应始终保持自身独立性，在此基础上与其他部门进行合作，并始终坚持客观、公正的报道立场，践行真实、平衡的新闻原则。这是媒体保证自身公信力的底线，也是严肃、主流新闻媒体的使命使然，在当前新闻付费时代显得尤为重要。只有保证对优质新闻内容的持续产出，才能保证新闻付费模式的长期运行，而无论在哪个时代，优质新闻的内涵都始终如一：专业、权威、深刻。财新网长期以来就是这么做的，这无疑给其他媒体设立了一个新闻行业的公信力标杆。

（二）协调新型新闻编辑室角色分工

在传统的媒体机构设置中，部门间缺乏有效的横向管理，容易造成沟通不畅。这就需要设置新型的部门格局以充分发挥编辑部、设计部、技术部等各部门人才的交叉、协调配合效能，也就需要新的职责和角色出现。例如，美国国家公共广播电台和华盛顿邮报在数据新闻复合型人才缺乏的情况下，设立了"全能中间人"的职责，通过组建并不断优化包括编辑、记者、后台工程师、前端工程师、流量分析师等的技术团队，促进不同专业背景、不同部门人员进行沟通协作，以优化决策过程，完成技术难度高的项目。随着大数据在新闻生产领域的不断实践，四种新角色和新职责的定位渐渐明晰，即"新闻流程经理""新闻建筑师""新闻资源人""复合技能记者"。[①] 其中，新闻流程经理主要负责新闻故事和发布渠道，新闻建筑师负责把控新闻实践，新闻资源人负责补充新闻内容，复合技能记者负责生成报道。

第一，新闻流程经理。其处在跨媒介平台管理新闻流程的中心，能够监管所有媒介上的新闻，保证每条新闻得到需要的资源，并选择出版或发布新闻的最佳媒介。该角色更关注新闻的多样性，并不局限于关注某个特定媒介平台的新闻报道，而是在综合考虑所有采集到的信息的基础上决定在何种平台上进行发布。最重要的一点是，新闻流程经理在新闻生产过程中要与首席新闻建筑师和主要的新闻资源人实时沟通，进行方案调整以保证效用最大化。

第二，新闻建筑师。其负责监控单独的每一条新闻，与报道不同新闻的工作人员协调合作，考虑在合适的全媒体平台上开发和部署打包的新闻内容，对新闻内容进行指导、编辑和归档。Doug Fisher 总结该职能必须具备责任编辑的能力，能够从一个新闻报道中看出不同的新闻方向，并且要具备制片人组织和推进一个新闻报道的能力。他们是强化质量的人，同时能决定什么时候加入什么样的新闻素材以增强新闻效果和互动。

第三，新闻资源人。该职位就像一个负责给所有新闻编辑室的记者和编辑从档案中提供信息、数据、网络支持的专员，目的是给新闻内容提供足够充分、足够深入的参考信息。该工作结合了写作、编辑、选择新闻素材等功能，并兼备技术资源和培训师职责，帮助其他同事寻找和使用各种类型的档案以深度报道新闻。一个优秀的新闻资源人可以以最快的速度从新闻机构的存档和数据库、网络还有公共或者政府记录中搜索并发现相关

---

① 〔澳〕斯蒂芬·奎恩：《融合新闻报道》，张龙、侯娟、曾嵘译，北京大学出版社，2015，第 108~115 页。

的信息资源。

第四，复合技能记者。他们收集信息并且在融合的新闻编辑室里为不同媒体平台写稿，这就要求他们不仅要了解每种媒介的优缺点，还要具备获取足够多、内容格式尽量多元化的信息的能力。但是这种人才往往很少，在数据新闻编辑室里，复合技能记者往往更需要具备大数据和全媒体的思维，与其他职能人员协同合作。

(三) 培养复合型人才，促进经济新闻记者全方位转型

运用大数据技术进行经济新闻报道使得经济新闻的跨学科特点更为明显，这对经济新闻记者的复合型技能提出了更高要求。2010年，谷歌首席经济学家 Hal Varian 就预测"数据科学家"将成为未来十年内出现的新型专业人才。维克托·迈尔－舍恩伯格等学者也认为，行业专家和技术专家受到追捧的"小数据"时代已经过去，他们的主导地位将因统计学家和数据科学家的出现而受到冲击。在大数据愈加重要的今天，数据科学家因为独立于其他行业之外，且不受直觉、经验、旧观念等主观因素的影响，技术驱动的性质决定了其分析结果将更为客观和接近现实。[①] 例如，对大数据技术的运用，使得新闻生产开始注重从数据中提取深度价值，挖掘出更符合大众口味的新闻题材。由此我们可以看出，跨行业、跨领域的交流在当前的传媒现实中更为重要，这也是知识得以更为广泛而深刻的传播的基础。因此，经济新闻记者向复合型人才全方位转型，或将数据分析人才、人工智能专家引入新闻生产领域，就显得十分必要。大数据背景下的经济新闻生产不仅需要新闻采编方向的专业记者，更需要广泛涉猎经济学、计算机学和统计学等跨学科的复合型人才。

此外，随着机器人写作新闻的方式不断普及，机器将大量分担传媒行业中的劳动密集型工作，专业记者的劳动力将被大大解放。在这种趋势下，新闻记者需要明晰自己工作的核心价值在于提供关键决策和深度挖掘，因为机器人写手的人工智能化毕竟无法取代人脑的主观思维能力，人为的干

---

① 〔英〕维克托·迈尔－舍恩伯格、肯尼思·库克耶：《大数据时代》，盛杨燕、周涛译，浙江人民出版社，2013，第180页。

预和引导本质上仍会起到主导作用。所以，未来的新闻从业者更需要考虑如何创作更具特色的内容、更有创意的编排与设计、更为优化的内容传播和推送策略等。

目前，国内关于复合型数据人才的培养还处于起步阶段，在深入性和系统性方面有待加强。国外针对复合型数据人才的培训已经蔚然成风，这不仅体现在包括高校、媒体等机构都纷纷推出相关课程，为复合型数据人才的养成提供了良好的平台，而且体现在整个社会范围内对相关实践的支持。例如，针对数据新闻培训课程的设置，学界和业界呈现互相配合的局面。第一，一系列国际顶尖高校都已意识到将数据素养培养纳入课程体系的必要性，并纷纷开设数据新闻相关课程，如哥伦比亚大学的计算机新闻课程面向计算机学和新闻学双学位的硕士开放，而纽约大学、加州大学、斯坦福大学等也都做出了类似尝试。第二，以卫报为代表的纸媒和以欧洲新闻中心为代表的研究机构也都纷纷在各自的网络平台推出与数据新闻相关的公开课，共同为有意向了解和学习运用大数据进行新闻报道的公众提供学习途径。除此之外，整个社会范围内也需要形成人才培养的氛围，这样才能更好地配合人才发展。以美国为例，其高校将数据新闻素养纳入课程体系的理念与实践得到来自以全美高等教育协会为代表的权威机构和社会组织的倡导和支持，并提议如数据工程师、图书馆信息专家等专业人才运用亲身经验参与到大学教育环节中。以上这些经验都为我国未来相关人才培养教育提供了思路。

五　报道内容：加强预测性和建设性经济新闻报道

随着人们对信息需求的不断拓展，新闻报道早已走过单纯传递新闻事实的阶段。经济新闻不仅要对经济现象、经济活动等进行客观报道，对经济事实的前因后果、内外部因素等进行解释性分析，对存在的社会经济问题和矛盾进行揭露，而且要善于解决问题和矛盾，并研判经济发展走势，这也是经济新闻指导经济行为、提供决策参考功能的必然要求。此外，在新闻付费蓬勃发展的今天，对专业、权威、有深度的高质量新闻的迫切需求也强烈呼吁媒体加强对建设性经济新闻和预测性经济新闻的报道。

（一）加强对预测性经济新闻的报道

深度报道满足了人们对"事实背后的事实，真相背后的真相"的需求，也是信息爆炸时代媒体从同质化竞争中脱颖而出的关键，更是专业媒体人面临"机器人写作"时代挑战的制胜法宝。尤其是在"新闻付费"轰轰烈烈开展的今日，深度报道相比资讯类信息更有让用户付费的潜力，而后者则更适合免费发布，满足公众基本的知晓权。深度报道通过解释性报道、调查性报道、预测性报道等多种形式，涵盖了更全面的信息内容，揭示了更深刻的经济主题。但当前我国经济新闻报道中，预测性报道所占分量较小，经济新闻仍停留在客观呈现和解释分析的层面，而没有上升到推测事物、事态前景的高度。未来经济新闻的发展应好好思索如何充分利用大数据技术的核心"预测"功能，提升预测性经济新闻报道比重。正如美国新闻学家迈克尔·苏德森所说，在大数据实践不断深入的当前社会，新闻价值深刻地体现在基于数据分析得出的指南和预警上。

传统的预测性经济新闻报道主要通过因果关系的分析、经验判断得出预测结论。其中，因果关系的分析是长期以来科学研究的主要逻辑思维方式，它通过对时间历程、空间架构等因素的串联，从变动的事实中寻求事件发生的背景及原因，并按照因果关系的逻辑推演出事情未来的走向。其间通常会融入个人的主观判断，记者在新闻采写和报道过程中往往会引入专家、学者等精英群体的话语，他们的判断依据通常建立在其相关知识积累及长期以来的工作经验上，因此主观性较强。这种预测虽然有一定的专业依据，但容易陷入惯性思维的误区，且缺乏科学方法的指引。传统的预测性经济新闻对未来的指向性也不甚明确，这不仅体现在时间节点界定的不明确，而且体现在内容指向的不明确。这就无法保证经济新闻的前瞻性价值，其实质仍属于分析型、思辨性的报道。随着大数据技术的运用，数据的"全数据样本"采集、相关关系分析方法和人工智能的计算机算法不仅避免了随机抽样的方法缺陷，而且跳出以往经验判断的误区，使得预测结果相比以往的小数据时代更为精准。在大数据背景下，预测性经济新闻报道将在预测方式上做出全新改进，并促使经济新闻报道在时间节点界定和内容指向上更为准确，从而真正提高报道的实际效果。

未来在大数据技术的辅助下，预测性经济新闻报道将在动态性、系统性方面有所突破。预测性经济新闻报道对经济走势的判断是建立在大量广泛的相关信息收集的基础上的，而反馈信息作为相关信息的重要组成部分，在大数据技术的整合和处理下能焕发第二次生命，创造出深层价值。因此，增加预测效果反馈环节，针对所报道问题进行多次整合、重新评估和预测就显得十分必要，它能变一次性报道为连续性报道，激发更为动态和系统的报道，提升经济新闻报道的深度。此外，不断更新预测模型和技术，为预测性经济新闻报道提供必要的技术支撑，也是提高其预测准确率的关键环节。

（二）加强对建设性经济新闻的报道

"建设性新闻"概念最早出现在2014年前后的欧洲新闻界，不过在此之前，美国新闻行业已经出现对"方案新闻"的相关实践，后者被认为是建设性新闻的前身。所谓建设性新闻，目前学界和业界对其概念众说纷纭。本书在综合国内外学者的研究成果基础上，将其定义为：以公共生活为立足点，以社会问题和矛盾为报道对象，以寻求解决方案为报道任务，以专业媒体号召公众积极参与相关活动和讨论为实现途径，以唤醒社会的积极情绪和美好希望为特色的新闻报道。学者蔡雯等认为，建设性新闻与20世纪八九十年代出现在美国的"公共新闻"十分相似，不过相比公共新闻，建设性新闻的号召主体由传统媒体扩大至所有专业媒体，而对公众的组织也变成了线上线下的联合[①]，更具时代特色。

建设性新闻也不同于"众包新闻""公民新闻"，其发起主体始终是专业媒体，由专业媒体牵头号召公众参与观察和讨论。建设性新闻报道和传统意义上的深度报道，尤其是揭露类的深度报道也有所不同，其弱化了传统报道中为追求冲突而呈现的负面情绪，在注重新闻公共性和舆论监督的基础上更注重社会效益，使"批判"具有了人文关怀，能够更好地向社会传递温暖和正能量。这种着力建设良性舆论生态的报道方式与新时代我们

---

① 蔡雯、郭浩田：《以反传统的实践追求新闻业的传统价值——试析西方新闻界从"公共新闻"到"建设性新闻"的改革运动》，《湖南师范大学社会科学学报》2019年第5期。

国家践行的"把握正确舆论导向,提高新闻舆论传播力、引导力、影响力、公信力,巩固壮大主流思想舆论"宣传方针不谋而合,因此也日渐成为中国特色社会主义新闻学的重要组成部分。目前国内外对建设性新闻的实践越来越多,例如《纽约时报》新开辟的"FIXES"就是旨在生产建设性报道的专栏;国内《杭州日报》的品牌栏目"政在参与"也与建设性新闻理念接轨,围绕时政热点、社会焦点、重大决策和重要事项,面向社会各界借智借力、问计问策。

当前,我们国家正处于社会转型的关键时期,突出表现就是社会矛盾和问题突发且集中,这在经济领域表现得尤为突出。这就要求媒体在经济新闻报道中有问题意识,但不能不讲策略地一味批判,也不能罔顾公众知情权而采取"捂盖子"的方式,而是应该适时、适度反映问题[1],不对冲突和矛盾过度渲染,而要着重分析问题和解决问题。与此同时,要引导公众参与讨论,使人民真正参与到公共政策的制定与实施过程中来[2],重塑媒体的公信力,更好地促进经济社会发展。

第三节 受众层面:提升用户体验,提高公众参与度

本节所探讨的主体是经济新闻生产中的受众。从受众角度看,其参与程度的提升,是大数据背景下提升经济新闻生产质量的关键一步,因为这会直接关系到媒体对用户反馈数据的收集,进而影响到整个数据闭环的形成。但是应该看到,公众对新闻生产的参与度会受到整个社会的宏观环境、媒体营造的传播生态、公民自身的权利意识和媒介素养等各方面的影响。其中,从公民自身角度出发,其权利意识和媒介素养又呈现出与政治、经济、社会、文化等因素复杂交织的状态。因此,本节的探讨并不局限于用户自身的主观能动性层面,而是从各方面的综合影响因素探讨提升公众参

---

[1] 朱鸿军、张化冰、赵康:《我国推行原创新闻付费的障碍与路径创新研究》,《新闻大学》2019年第7期。
[2] 段丹洁:《探路建设性新闻理论与实践》,《中国社会科学报》2019年3月13日。

与度的途径。

一 以定制化信息推荐提升用户体验

2013年8月19日，习近平总书记在全国宣传思想工作会议上的讲话中首次明确提出，我国的新闻宣传工作要讲究"时度效"，其中的"效"，就是发挥新闻报道对用户的实效，体现新闻工作的价值。在当前媒介环境中，这一目标的实现尤其需要把握好受众反馈这一环节，在坚持用户至上原则的基础上提高用户参与度，及时了解受众需求，并根据意见反馈不断改进报道内容和形式，真正发挥媒体的服务功能和舆论监督效能。[1]在探讨媒介融合路径、推动媒介融合发展的问题上，2014年8月18日中央发布了相关指导意见，强调要以"强化互联网思维"为指导思想，以"形成现代传播体系"为最终目标。陈力丹在《解析中国新闻传播学》一书中对"互联网思维"进行了界定。一是了解互联网时代的传播特征。在新型传播技术的催化和推动下，信息的传播具有即时、海量、平等、互动等特点，大数据和云计算技术的出现更是对这些特点的深化和延伸。二是明确媒体进行传播的最终目的。随着公众权利意识的不断觉醒，公众对公共事务的参与度不断提升，对信息获取的需求也变得更加多样化和个性化，有针对性地即时甚至提前满足公众的信息需求是媒体的职责所在。三是认识到媒体与用户的关系重构。在当前的传播环境下，UGC（用户生成内容）模式的提法愈加热门。它通过收集用户信息了解用户需求，从而提供个性化、精准化的信息推送，是媒体争夺用户、抢占市场份额的有力措施，改变了传统靠广告获利的媒体运营模式。UGC的出现充分强调了当前媒介环境下"用户体验"在新闻生产中的重要性。[2]

因此，所有内容生产者都要注意吸引和发展自己的受众群体。媒体不仅要注重内容生产，还要注重内容传播，通过积极发展受众群体，有针对性地满足他们。分发渠道的重要性已越来越受到媒体关注，"酒香不怕巷子

---

[1] 陈寅：《时度效的内涵、应用及着力点》，《新闻战线》2014年第7期。
[2] 陈力丹：《解析中国新闻传播学》，人民日报出版社，2015，第182~183页。

深"之类的话早已不符合市场经济时代的现状。在现实生活中，发展受众群体是最困难的部分。Dylan Tweney 认为，在很多时候，"媒体"比"内容"更重要，因为前者更看重内容的分发渠道，而不是只沉溺于自己的好点子。一个媒体的价值很大部分在于它建立了怎样的媒介、吸引了怎样的受众。[①] 因此，国内媒体必须转变生产经营理念，不仅要保证内容的质量，更要注重产品的推送。

二 以用户反馈数据分析提升信息推送精准度

如何实现数据传播的定制化？这也是大数据技术的核心所在——建立在相关关系分析法基础上的预测。这种机制在各行业的应用已经普及，例如益百利（Experian）公司可以根据个人的信用卡交易记录和美国国税局的匿名税收数据预测个人的收入情况；中英人寿保险有限公司利用顾客生活方式的数据和信用报告来找出更有可能患高血压、糖尿病和抑郁症的人，从而发现申请人的健康隐患……以上种种均是大数据通过对数据的再利用从而使反馈数据实现增值的途径。数据再利用的方式很巧妙、很隐蔽。网络公司可以捕捉到用户在其网站上做的所有事情，如网页浏览记录、搜索记录，甚至是鼠标光标停留的位置等信息都能被捕捉到。这些有用信息将成为网站提升个性化服务的证据支撑。

定制化数据发布则是在此技术基础上的更为个性化的信息聚合，其通过人工智能分析和过滤机制选择相关的信息和应用，并进行深度分析。具体到新闻传播领域，当前实现定制化信息发送和个性化内容推荐的新闻传播手段主要有两种。其一，借助特征分析、语义网等技术，在深入分析用户之间的联系、收集用户使用互联网行为的基础上，通过信息聚合，自动生成可能符合用户喜好的相关信息。其二，增强与受众的互动，这不仅体现在对转载、评论中的内容和数量等相关数据的收集和整合，或是设置问卷调查等反馈环节进行用户的意见收集，还体现在使用户群策群力，通过

[①] 《这位美国科技媒体主编说 介于巨头和「小而美」之间的中型媒体将面临危机》，金融界，http://biz.jrj.com.cn/2016/02/14095720551323.shtml，最后访问日期：2019 年 11 月 6 日。

出资和分工进行信息收集和调查直接参与新闻生产。

在此基础上，喻国明教授等创造性地提出"数据闭环"概念（见图6-1），这一概念是将数据从生成、采集到分析的一系列过程组成一个数据自然增长和循环利用的密闭型数据运营系统，通过对数据库和数据挖掘模型的不断更新和完善，创造出新的数据从而进一步完善原有数据库，将数据的再利用上升到对数据的循环利用层次。① 这将是未来大数据发展的一个大方向。

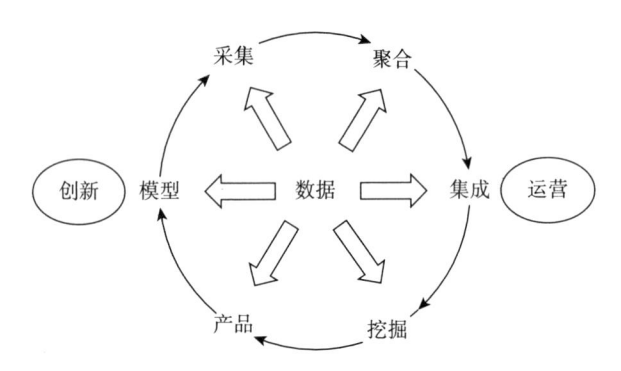

图6-1 "大数据新闻数据闭环"流程

三 培养公民权利意识，鼓励公众参与信息监督

伴随着经济发展、民主与法制的逐步健全，公民的权利意识也在不断觉醒，这种意识衍生了强烈的政治信息需求。公民权利意识是现代民主的精髓，更是各国构建法治社会的观念基础。在依法治国为国家意识形态主导的我国，呼唤公民权利意识的觉醒具有国家战略层面的意义，是当前我国促进社会主义市场经济发展的强大动力，也是构建社会主义民主政治的观念基础。具体到新闻生产领域，公民的权利意识能够促进政府信息公开以及整个社会的数据开放进程。随着对政府公开信息掌握的越来越多，公民的信息鉴别能力也会进一步提升，这将进一步促使公众加强对新闻报道的舆论监督。

---

① 喻国明、李慧娟：《大数据时代传媒业的转型进路——试析定制内容、众包生产与跨界融合的实践模式》，《现代传播（中国传媒大学学报）》2014年第12期。

培养公民的权利意识势在必行，这也是当前我国政府信息公开浪潮下强烈的公众呼唤。培养公民的权利意识就是要让民众意识到获取政府公开信息是公民的基本权利，监督国家和政府行为也是公民责无旁贷的义务，政府信息公开进程的推进需要政府和社会的上下联动。因此，从政府角度出发，应从制度层面对公民参与政治事务等合法权益予以保障。对各大机构和社会组织来说，应通过开展演讲、组织活动等方式进行政府信息公开等相关知识的宣传和普及，形成滋养公民民主意识的良好社会氛围。从个体出发，公民应主动参与相关活动，学习、了解这些知识，要意识到参与信息监督是公民的权利也是公民的义务。政府、社会、个人上下联动，共同促进公民权利意识觉醒。

四 培养用户知识产权意识，激励优质新闻内容生产

当前，保护知识产权已经上升至国家战略层面，各行各业都持续进行着有关知识产权的规范实践探索。具体到新闻生产领域，保护原创新闻内容的呼声也越来越强烈，而新闻付费无疑是当前维护新闻版权的有效途径之一。因此，在培养用户知识产权意识的过程中，培养用户的付费意识是关键的一环。

在2018年9月15日召开的第6届亚太数字期刊大会上，全球媒体行业组织的权威代表——国际期刊联盟（FIPP）[①] 发布了《2019全球数字订阅报告》，报告中提出了国际新闻业的一大趋势：重拾订阅用户和读者收入。换言之，即全球各大主流媒体将更多的新闻内容置于付费墙之内，免费阅读的内容越来越少。在报告发布的全球付费媒体排行榜中，诸如纽约时报、华盛顿邮报、经济学人、金融时报等在付费订户方面的成果依旧不负众望，除此之外，财新作为唯一入围的中国媒体，也以20万订阅用户在众多老牌国际媒体中杀出重围，位列全球第11位。艾瑞咨询发布的《2018年中国在

[①] 国际期刊联盟（FIPP）拥有全世界的会员，其中既有生产高质量内容的平面媒体报纸期刊品牌，同时也吸纳了互联网搜索、数字媒体公司以及一些知名的广告主。而国际期刊联盟的会员也遍及美国、英国、日本、印度等地区，因此，可以掌握全世界期刊出版业的状况和趋势。

线知识付费市场研究报告》显示,目前中国国民为优质互联网内容付费的习惯正逐渐养成,内容付费市场潜力巨大;阶层焦虑促进付费意愿提升。

不过仍应该看到的是,新闻资讯不同于其他知识内容,用户对其付费意愿普遍较低,主要是因为对新闻自由的追逐使得新闻内容的公益性质已深入人心,新闻媒体的赢利模式也主要是依靠广告收入而不是新闻内容生产……种种因素导致了"新闻应当免费"的刻板印象。因此,对用户付费意识的培养过程应遵循从窄众到大众的金字塔型规律,推广新闻付费需要循序渐进,大刀阔斧反而会引起用户的逆反情绪。这不仅需要媒体对相关知识的普及,外部的激励和补贴措施也不可或缺。正如前文所述,政府可以对线上付费进行补贴,例如设立专项"新闻付费扶持基金"来鼓励有条件者申请;再如胡舒立建议"把给党报的财政补贴转变成读者的在线阅读券"①。除此之外,从受众角度来说,公众对自身媒介素养的有意培养和提升也很重要。我们应该意识到新闻付费对优质新闻内容生产的意义,并从技术操作层面熟悉相关的规则和流程,包括注册、绑定、登录、支付等。当前移动支付已经普及,这在客观上也会促进新闻付费的普及。

第四节 技术层面:软件开源助力数据处理全过程

一 软件开源的发展历程

在计算机发展的早期阶段,软件几乎都是开放的,任何人使用软件的同时都可以查看软件的源代码,或者根据自己的需要去修改它。随着软件产业的兴盛,软件被理所当然地视为一种专利,是私有的。以微软为主的一些商业公司带头,随后几乎所有的软件公司都开始拒绝公布源代码,商业软件开始大行其道。这种拒绝公开源代码的软件被称为"专有软件"(Property Software)。这些商业公司从自由的计算机社团里雇用了大量的技术高手,开发带有知识产权保护的专有软件。从此,专有软件的时代到来

---

① 黄楚新、王丹丹:《国外主流传统媒体付费阅读状况及借鉴意义》,《中国报业》2019年第5期。

了。直到现在，专有软件不公开源代码仍是默认的行业潜规则。但以比尔·盖茨为首赞成软件专有并提出"没有人能够免费地从事专业性的开发工作"等论断后来被事实证明是错误的，20世纪80年代兴起的开源运动就是对这一论断的严正反击。

开源运动的实践者和支持者提出数字时代本就是自由的，软件专有化和商业化会阻碍技术的交流和发展，是对人类创造性的束缚。他们将"开源"视作自由的化身，认为软件开放的内核就是自由精神。1983年，以麻省理工的理查·斯托曼为首的一批研究员发起了著名的"GNU"项目，旨在开发一套完全不同于Windows这种定价销售型专有软件的开源操作系统。为了保证该项目在法律、经济和技术方面得到支撑，他们随后又创立了"自由软件基金会"（FSF），并以颁发许可证的方式明确界定了开源项目的含义和最高行动纲领，即保证用户对软件的使用、修改、重新发布和再利用的权利。这就是大名鼎鼎的"GPL通用公共许可"，直到现在它都是开源软件实践过程中的核心方针。

从20世纪90年代开始，随着传播技术的突飞猛进，个体之间的联系更为紧密，这就为开源赋予了更多的内涵，软件开发者在网络上的互动与协作变得常态化。美国著名黑客埃里克·斯蒂芬·雷蒙在其所著的《大教堂与市集》一书中提出了著名的"集市模式"，他把在互联网上公布自己代码的行为比喻成将商品放在集市上，其共同点都是可以让别人自由地观看、评价。他认为集市模式所表达的关键是，当前互联网技术越发进步，为程序员提供了一个自由的、通过网络可以进行交流、分工和协作的互联网环境。这一论断甚至为互联网企业未来的商业运作模式都提供了全新思路，例如维基百科就是基于大众协作的集市模式建立起来的。

随着开源运动如火如荼地进行，开源的理念愈加深入和普及，越来越多的公司和个人加入实践，而"开源"这一名称也在1998年最终确立。随后，美国的非营利性组织OSI协会成立，它将开源注册为认证标记，并制定了在全球软件行业都通行的十个开源软件标准。1999年，以程序员林纳斯·托瓦兹为核心开发人员的软件开发团队设计了"Linux"这一开源操作系统，直到现在其都在全球软件行业中占据举足轻重的地位。进入21世纪以来，开源软件的发展更加迅速，覆盖范围也越来越广，这不仅体现在相关产品越来越丰富，而且体现在以微软为代表的曾强烈反对开源的软件公司也开始转变态度并积极拥抱软件开源。

二 软件开源为新闻生产带来的革新

IDC 的报告显示，目前全球已有超过 70% 的网站使用的是开源操作系统 Linux。截至 2014 年第一季度，Linux 服务器在全球的市场份额已达到 41 亿美元，且这一数据在持续增长。而 Linux 在我国的普及范围也十分惊人，排在全球高性能计算机榜首的中国"天河二号"超级计算机就是 Linux 的使用者和支持者。此外，该操作系统还遍布我国金融、教育、国防等关键领域。[①] 由此可见，开源软件的战略性地位已在全球范围内确立。具体到传媒领域，开源技术的贡献主要体现在它促进新媒体技术的应用更加普及，促进传播主体的全民化和传播内容的修正和优化。

第一，促进新媒体技术的应用更加普及。目前开源软件的主战场是移动互联网领域。而我国作为全球最大的手机市场占有者，国产手机品牌的兴起和在全球智能手机厂商中的排行优势都为开源在我国的发展带来了前所未有的机遇。据统计，2014 年第一季度我国有 6 个国产手机品牌跻身全球手机厂商出货量的前十名，足见开源在我国巨大的应用市场规模。[②] 开源技术的普及也进一步促进了数字化技术的深化，它促进了媒介融合进程，使得多媒体组合的新闻报道方式成为常态，这就为丰富报道形态、吸引受众关注、扩大传播效果提供了更多便利。此外，它还大大拓展了新闻的信息容量，让受众的视野无限延伸。

第二，促进传播主体的全民化。开源是对传受双方界限的一种模糊化处理，个人既可以是接受者，也可以是传播者，两种身份始终处于不停转换的过程中。它体现的是个人在信息传播过程中的主动性和参与性。因此，传播主体的全民化趋势使得人人都可以参与新闻的内容生产，"公民新闻"将越来越成为一种常态，这都将为新闻报道带来无限的可能。

---

① 赵天石：《浅谈新闻传播中的开源理念》，《新闻战线》2016 年第 2 期。
② 李闻达：《开源在中国的发展》，《软件和集成电路》2015 年第 8 期。

第三，促进传播内容的修正和优化。基于开放、互动的原则，开源技术通过公开源代码的方式使得更多专业人才参与到对软件技术的探讨和修订中来，这将大大优化传播内容，进一步提升技术水平，同时也激发更有创意的内容产生。因此，开源是对人们创造性的释放和延伸。正如英国学者约翰·弥尔顿在其著作《论出版自由》中所说，在"观念的自由市场，真理会自我修正"，在不断的思维碰撞和有益探讨中，理论才能不断升华，真理才能不断接受检验，这也是开源社区著名的"莱纳斯定律"。[①] 当前诸如维基百科等机构都是运用这一信息生成机制进行内容生产，通过吸纳面向整个社会的意见和思维成果，不断优化内容使最终结果更接近真实的。

三 开源技术在经济新闻生产中的具体应用

大数据催生出来的数据具有传统数据不具备的特性，这也对数据处理技术提出了新要求，各种开源软件的应用体现在数据处理流程的各环节。以数据可视化为例，在开源技术支撑下，新闻的数据可视化呈现将更加注重互动性和参与性，NodeXL、TimeFlow、Gnosis、Piktoehart、ManyEyes、Google Fusion Tables 等先进的可视化技术的运用，可以把视频、音频等多种表现形式嵌入图表制作中去，以更加生动有趣的形式来展现事件真相，提高新闻的传播力。

不过正如前文所分析的那样，开源在我国的发展仍然困难重重并呈现许多显性问题。企业作为实践开源的主力，若想拉起开源的长期发展线，就必须多方考察并合理制定从企业内部机构设置到平台建设等方面的长期战略规划。其中，阿里、华为、腾讯和小米是在这方面做得比较好的企业，这些企业的开源战略主要体现在以下三个方面。第一，在企业内部设立开源部门，专门规划开源的种种事宜并进行统筹安排。目前，国内许多企业都采取了这一战略步骤。第二，建设开源平台。阿里是平台建设方面的佼佼者，它的全球第一大电商平台就由开源软件支撑建立，并推出 Tao Code 开源项目托管平台。此外，小米公司的业务平台的许多核心组件也都是采

---

① 赵天石：《浅谈新闻传播中的开源理念》，《新闻战线》2016年第2期。

用的开源软件。第三,参与并发展开源社区。针对企业内部开源社区的建立,阿里和腾讯都将自身开源项目和开源软件的设计规范向内部开源社区发布,不断扩大社区规模。据统计,截至 2015 年上半年,腾讯开源社区的项目已累计超过 500 个,开放代码项目超过 200 个。[①] 针对企业外部开源社区的参与,华为表现十分积极,它已成为 Apache 基金会、Linux 基金会等著名开源社区的主要成员。小米也表现突出,在 2015 年对 Hbase 存储系统开源软件的开发做出了很大贡献。阿里作为 Linux 内核 ext4 文件系统核心开发团队之一,为 Hadoop、MySQL、OpenJDK 等多个开源项目贡献了代码。

[①] 李闻达:《开源在中国的发展》,《软件和集成电路》2015 年第 8 期。

结 语

"大数据"已经全面渗透社会生活，并正在诸多行业引发革命。大数据给整个社会带来了挑战和机遇并存的局面，如何借力大数据实现自我突破和发展值得每个行业深思。其中，找到本行业与大数据的契合之处，无异于找到驾驭大数据，实现大数据探索与行业提升共赢的突破口。大数据不仅是一种新技术、新形态，还代表着一种新理念、新思维，给传媒业带来的巨变也体现在内容生产、运营方式、业态环境等方方面面。其中，经济新闻作为高度依赖数据的新闻品类，对数据的收集、发掘和运用是其报道的基础，大数据对其意义尤为重大。

当前我国新闻传播理论研究逐步与国际接轨，并开始突破学科界限，大量借鉴社会学、政治学、经济学、管理学等学科理论来解决实践中存在的问题，将大数据背景下的经济新闻生产研究置于更加宽广的社会政治、经济、人文等大环境中加以考量。其中，从新闻生产社会学的角度对大数据背景下我国经济新闻生产进行研究具有很强的现实观照意义。本研究深刻意识到新闻生产机构并非一个封闭的系统，新闻生产的本质也是社会生产，所以研究我国的经济新闻生产必然要将其放置于宏观的社会政治经济结构中进行考察。我国媒体实行的是完全不同于西方"市场主导运营"的经营模式，由于自身新闻传播语境的特殊性，在传媒机构中行政力量仍起主导作用，因此不能将其视为完全意义上的商业组织。我国经济新闻的基本和首要特点就是政策性，财新网在政经新闻方面的突出地位就深刻反映了这一特点。因此，经济新闻记者也需要具备强烈的政治敏锐性，但是以往的业务实践及理论研究较少涉及这一视角。因此，本书立足现实，在综合西方关于大数据的先进理论、实践经验的基础上，注重与我国的国情相结合，深化对当前社会转型下的本国社会语境和执政党民主执政的解读，力图将先进经验本土化。

在未来的相关研究中，用大数据分析方法代替当前内容分析法进行全数据样本采集和分析将是一个努力方向。目前学界已经开始尝试，例如喻国明以2009~2012年百度热搜词数据库为研究对象，运用大数据挖掘、分析技术探讨将碎片化的舆情信息整合处理并进行舆情模型构建的方法。再如邵梓捷等学者也基于大数据技术对《新闻联播》栏目2003~2013年的新闻进行动态分析，探讨了我国在不同时期政治意图和政策关注方向的变化。运用数据分析学新方法探究数据背后蕴含的规律，整合了定量与定性方法，成为传统新闻传播研究的有益补充。这种基于大数据技术的全景式研究方法对于研究者把握某一事物发展的总体特点和态势具有重要价值。此外，新闻生产是一个复杂的社会过程，质化研究更能揭示其中蕴含的复杂、多元的社会意义。因此，深入媒体机构，参与到新闻生产的全过程，以实地调查掌握第一手素材，从而厘清大数据背景下新闻生产的内在结构与发展规律的质化研究，将是未来相关研究的一个努力方向。

附录1

样本列表

序号	标题	发布时间
1	超级财富难守 20 年前富豪如今只剩小一半	2015 年 12 月 31 日
2	中国的"自贸朋友圈"为 2016 带来哪些福利？	2015 年 12 月 28 日
3	阿里成饿了么第一大股东 看 BAT 的超级收购	2015 年 12 月 25 日
4	历年中央经济工作会议，重点有何不同？	2015 年 12 月 22 日
5	都说生态圈，BAT 到底是什么样的圈？	2015 年 12 月 16 日
6	中国游客逛日本 一半愿当回头客	2015 年 12 月 10 日
7	多省"十三五"规划出炉	2015 年 12 月 07 日
8	BDI 指数"滑铁卢"意味着什么？	2015 年 12 月 04 日
9	个税缴多少，各国大不同	2015 年 11 月 27 日
10	慈善调查："大叔"掏钱最大方	2015 年 11 月 25 日
11	亚太面临金融危机以来最慢增长	2015 年 11 月 23 日
12	手机，让男性剁手的"双十一"单品	2015 年 11 月 13 日
13	"双十一"上半场成绩公布 移动端称霸	2015 年 11 月 11 日
14	31 省份全线伏虎图	2015 年 11 月 11 日
15	国内旅游调查：华东住得好西北吃得好	2015 年 11 月 11 日
16	"十年翻番"城乡收入仍差近两倍	2015 年 11 月 09 日
17	余永定：防火墙不能轻易拆	2015 年 11 月 05 日
18	上个季度，硅谷巨头都不错	2015 年 11 月 05 日
19	深圳房价突破 4 万，而且是均价	2015 年 11 月 03 日
20	世行再降油价预期 大宗商品全跌	2015 年 10 月 29 日
21	"双降"后机构观点：还有降准	2015 年 10 月 27 日
22	全球房价指数：香港暴涨内地微跌	2015 年 10 月 23 日

续表

序号	标题	发布时间
23	全球第二富？还是说说贫富差距吧	2015年10月21日
24	A股拖累中国国家品牌价值缩水	2015年10月19日
25	大中城市房子又好卖了？	2015年10月10日
26	OECD下调中国今明两年经济预期	2015年09月23日
27	中国内陆城市外资注入提升快	2015年09月17日
28	全球投资：中国首成"吸金王"	2015年09月15日
29	8月中国经济数据速览	2015年09月11日
30	六大行业财报比拼	2015年09月09日
31	每年秋季，苹果带给世界的	2015年09月09日
32	房价：16个月后首度双涨确立反弹格局	2015年09月01日
33	航运业连遭破产风潮	2015年09月01日
34	中国企业奔赴海外抢地标	2015年08月31日
35	券商上半年业绩激增	2015年08月31日
36	股灾来了，证金持股照样亏	2015年08月25日
37	A股涨跌又一轮回	2015年08月25日
38	纸媒易主，唏嘘或是新生？	2015年08月13日
39	携程去哪儿 相合？相杀？	2015年08月11日
40	7月百城房价：下行通道中的连续上涨	2015年08月05日
41	硅谷财报：谷歌苹果打响节流战	2015年08月03日
42	央妈：网络支付没刹手 只是分了级	2015年08月01日
43	二季度地方工业增速无起色	2015年07月29日
44	上半年地方经济 二季度GDP普遍提速	2015年07月24日
45	亚行下调今明两年亚洲经济预期	2015年07月22日
46	老百姓怎么看股市？楼市呢？	2015年07月15日
47	市值这东西，到底有多虚？	2015年07月14日
48	A股反弹 投行开派股市鸡汤	2015年07月10日
49	全球股市回望 A股上蹿下跳	2015年07月08日
50	A股谱神曲：天堂、地狱和炼狱	2015年07月08日
51	A股救市连放大招 降税费有用吗？	2015年07月06日
52	A股经历了怎样的两周？	2015年06月29日
53	房价收入比：几年算合理？	2015年06月23日

续表

序号	标题	发布时间
54	中国基层教师的精神物质双重困境	2015年06月19日
55	中澳自贸协定落锤 十年谈判终成正果	2015年06月17日
56	2015后半程预测：降息、降准、降增速	2015年06月15日
57	行业薪酬：私营与非私营差距更大了	2015年06月05日
58	35城买房难度大比拼 北京深圳大不易	2015年06月03日
59	近期中国领导人出访经贸成果	2015年05月29日
60	"网红"Netflix来不来中国？	2015年05月29日
61	各国领导人职务薪酬比拼	2015年05月27日
62	官媒挺A股雄文屡屡出	2015年05月25日
63	观光竞争力：中国输在环境和服务	2015年05月21日
64	量价齐升 一线楼市任性回暖	2015年05月21日
65	毕业季：就业意愿降 创业心思浓	2015年05月19日
66	"神创板"的数字神话	2015年05月19日
67	福布斯2000强 中国四大行包揽四强	2015年05月15日
68	阿里巴巴群侠录	2015年05月14日
69	图解万亿资本	2015年05月12日
70	Shopping Mall大跃进 中国又赢了	2015年05月11日
71	降息+降准 从"中性"向"中性适度"	2015年05月11日
72	阿里巴巴：上市八个月股价几浮沉	2015年05月07日
73	中央首轮巡视毕央企落马20大员	2015年05月07日
74	首季地方经济：工业增加值现负增长	2015年04月30日
75	调查称中国投资者全球最乐观	2015年04月30日
76	三桶油里的反腐漩涡	2015年04月28日
77	A股大象起舞 市值刷纪录	2015年04月28日
78	巨头们的一季报	2015年04月24日
79	A股：天量之后会怎样？	2015年04月22日
80	后"330"楼市：新房二手房双回暖	2015年04月22日
81	龙头房企2014年利润率普跌	2015年04月16日
82	今年一季度物价怎么样？	2015年04月10日
83	职业年金办法公布 年缴千亿钱从哪来	2015年04月08日
84	年报季：六大行业谁最会赚钱？	2015年04月08日
85	今年九省份上调最低工资	2015年04月02日

续表

序号	标题	发布时间
86	自贸区扩容战硝烟起	2015年03月25日
87	七年新高的3700点 该哭还是该笑	2015年03月25日
88	中央巡视下的国企腐败 靠啥吃啥成通病	2015年03月16日
89	互联网巨头们正在扑向汽车	2015年03月13日
90	本周23只新股群发 上市后有望涨两倍	2015年03月10日
91	苹果发布Apple Watch 股价这次没跌	2015年03月10日
92	国人春节赴日扫货60亿 都买了些啥	2015年03月04日
93	2014国民幸福报告 看看什么样的人最幸福	2015年02月15日
94	1月楼市量跌价涨 多部委发声稳楼市	2015年02月04日
95	2014年保险业利润翻倍 另类投资超两成	2015年01月28日
96	中国品牌百强：市场驱动型品牌增速超国企	2015年01月28日
97	2014年度经济数据速览	2015年01月20日
98	2014年中国房地产关键词：下跌 分化	2015年01月20日
99	中国已成资本净输出国 服务业是亮点	2015年01月20日
100	图解养老并轨的过去和未来	2015年01月16日
101	调查称三成企业年终奖过万元 你拖后腿没	2015年01月14日
102	2014年，物价怎么样？	2015年01月09日
103	央企高管薪酬改革启动	2015年01月05日
104	百城房价一年下跌2.69% 保定厦门涨逾12%	2015年01月05日
105	新一轮公车改革：削减三公始于轮下	2015年01月05日
106	全球股市这一年	2014年12月31日
107	中国式跳槽：八成属于"被挖走"	2014年12月25日
108	收费公路连亏三年 沦为银行打工仔	2014年12月25日
109	A股：请别再叫我僵尸市	2014年12月22日
110	财新峰会嘉宾精彩言论之国企改革	2014年12月19日
111	财新峰会嘉宾精彩言论之世界经济寻路	2014年12月19日
112	今年最后一批新股来袭 冻结资金有望创新高	2014年12月16日
113	准上市公司曾遭遇过的"临门一黑"	2014年12月10日
114	大中城市楼市现两年来最火爆交易月	2014年12月10日
115	近五年上证指数涨幅超过3%的日子	2014年12月04日
116	中央经济工作会议下周召开	2014年12月04日

续表

序号	标题	发布时间
117	中美 IT 富豪大比拼	2014 年 11 月 25 日
118	下周 11 只新股密集申购冻资或超万亿元	2014 年 11 月 19 日
119	调查：经济不景气致员工跳槽率再降	2014 年 11 月 19 日
120	中澳自贸协定 十年谈判终成正果	2014 年 11 月 17 日
121	国家能源局"被带走"高官图谱	2014 年 11 月 17 日
122	小官巨贪 1.2 亿什么概念？	2014 年 11 月 14 日
123	汽车电商参战"双 11"动传统销售商奶酪	2014 年 11 月 14 日
124	调研机构数据打架 中国智能手机谁第一？	2014 年 11 月 13 日
125	房企销售情况改善 目标完成率不如去年	2014 年 11 月 11 日
126	楼市再松扣 调公积金政策刺激刚需	2014 年 11 月 07 日
127	广交会五年来最冷 外贸形势严峻	2014 年 11 月 06 日
128	北京土地出让金创新高 占一线城市半壁江山	2014 年 11 月 04 日
129	下行趋势明显 百城房价近两年首现同比下跌	2014 年 11 月 03 日
130	前三季五大行和两桶油净利润占 A 股近半数	2014 年 11 月 03 日
131	创业板五年市值增 15 倍 高管套现 443 亿元	2014 年 10 月 29 日
132	地方经济：三季度再降速 年度目标渐行渐远	2014 年 10 月 27 日
133	苹果业绩依赖 iPhone iPad 销量连续下滑	2014 年 10 月 22 日
134	3 天发行 12 只新股 募资额缩水超三成	2014 年 10 月 20 日
135	中国或现 50 个"鬼城"三亚威海排前十	2014 年 10 月 14 日
136	房地产富豪不再独大 平均财富缩水 5%	2014 年 10 月 10 日
137	三季度股基领跑 亏损基金数量减八成	2014 年 10 月 10 日
138	盘点中国企业买下的海外地标建筑	2014 年 10 月 08 日
139	9 月楼市：说好的"金九"呢？	2014 年 09 月 28 日
140	大数据看胡润百富 房地产屹立不倒	2014 年 09 月 26 日
141	刘铁男被控受贿 3558 万 其子别墅吃空饷	2014 年 09 月 24 日
142	阿里募资增至 250 亿美元 全球十大 IPO 盘点	2014 年 09 月 24 日
143	去年全国慈善捐助止跌回升 红会占不足 4%	2014 年 09 月 22 日
144	今年中国并购额创 32 年新高 金融并购增 3 倍	2014 年 09 月 18 日
145	微软再挥刀 美国 IT 业裁员忙	2014 年 09 月 18 日
146	国庆节前 14 只新股来袭 或冻结近 7000 亿元	2014 年 09 月 18 日
147	中石化一元转让房企股权"涉房"企业出逃	2014 年 09 月 12 日
148	苹果股价难逃"逢发必跌"魔咒	2014 年 09 月 10 日

续表

序号	标题	发布时间
149	水泥企业首遭重罚过亿反垄断罚单已有6张	2014年09月10日
150	iPhone入华五年：由"肾机"到"街机"	2014年09月10日
151	上市银行高管薪酬有多高 年薪百万不稀奇	2014年09月04日
152	上半年上市银行赚钱能力退步 不良贷款双升	2014年09月02日
153	三大运营商半年报：中移动4G业务遥遥领先	2014年08月29日
154	手机网民规模首超PC 移动支付爆发式增长	2014年08月27日
155	大能源背后的大腐败（更新）	2014年08月27日
156	看看央企高管薪酬有多高？	2014年08月27日
157	楼市：低迷之中现反弹迹象	2014年08月27日
158	比亚迪的烦恼：新能源车崛起 利润仍下滑	2014年08月25日
159	国产手机厂商崛起 冲击三星苹果霸权	2014年08月25日
160	透视2014年A股中报：谁拿走了政府补助？	2014年08月21日
161	中国式买保险轻父母重孩子	2014年08月15日
162	万达重金布局海外房企海外投资持续升温	2014年08月13日
163	信托业拐点将至 洗牌开始了	2014年08月11日
164	反垄断风暴施压外企	2014年08月07日
165	大众健身最爱健步走 年人均体育消费645元	2014年08月07日
166	31省上半年GDP超全国一成 增速均未达标	2014年08月05日
167	7月全国土地出让金腰斩 仅京津沪超百亿元	2014年08月05日
168	松限版图越画越大 过半限购城市已松绑	2014年08月01日
169	贫富差距悬殊 1%家庭占全国三成以上财产	2014年07月31日
170	2014上半年：地方经济增速不及预期	2014年07月28日
171	"微刺激"发力 国际投行上调经济预期	2014年07月28日
172	厅局级以上贪官：一把手占六成 半数包二奶	2014年07月25日
173	上半年汤臣一品全国最贵 九年去化率仅四成	2014年07月16日
174	半年经济速览：GDP增7.4% 外贸内需回升	2014年07月16日
175	国人成美国房产最大海外买家 多为现金付款	2014年07月10日
176	北京落榜全球20大旅游城市 中国三城入围	2014年07月10日
177	楼市松绑潮起 各地政策细则一览	2014年07月07日
178	上半年300城土地出让金微增 一线城市领涨	2014年07月04日
179	百城房价连跌两月 上半年保定房价涨幅居首	2014年07月01日

续表

序号	标题	发布时间
180	增值税税率简并 体系复杂还需再简	2014年07月01日
181	上半年全球股市 东亚集体垫底	2014年06月30日
182	居民购房情绪：看跌，且不买	2014年06月27日
183	地方楼市救市潮汹涌	2014年06月27日
184	供地计划盘点 多数城市保障房用地占比下降	2014年06月25日
185	钱荒未再现 年中理财哪些产品可关注	2014年06月24日
186	大中城市房价指数：两年来首度下跌	2014年06月18日
187	图解中国城镇住房空置率有多高	2014年06月12日
188	中国富豪移民去哪儿	2014年06月09日
189	钢丝上的巨人之国	2014年06月09日
190	百城房价两年来首跌 保定连续两月涨幅居首	2014年06月03日
191	看看年薪超10万元的岗位有哪些	2014年05月29日
192	金道铭的红颜白手套	2014年05月26日
193	中外互联网公司市值比较 京东是新浪的十倍	2014年05月23日
194	京东登陆纳斯达克 市值286亿美元	2014年05月23日
195	互联网巨头一季报：几家欢喜几家愁	2014年05月15日
196	余额宝跌进4时代 收益5%以上产品不足两成	2014年05月13日
197	一季度地方经济增速普降	2014年05月13日
198	前四月一线城市新房成交降37% 中西部稳健	2014年05月13日
199	一季度中国黄金消费放缓 金条消费降四成	2014年05月07日
200	腾讯入股四维图新 BAT三巨头布局O2O	2014年05月07日
201	A股年报收官 年度亏损王换岗	2014年04月30日
202	传统零售商"网恋"：份额虽低 提速惊人	2014年04月24日
203	2014企业调查：业绩有信心 加薪不给力	2014年04月18日
204	中国富人1197万 42%参与互联网金融投资	2014年04月18日
205	一季度经济运行速览 多项数据降速	2014年04月16日
206	AH股投资价值凸显 24只股票股价倒挂	2014年04月10日
207	2014年中国移动支付额将逼近3万亿元	2014年04月10日
208	图解：中移动腐败窝案中人和事	2014年04月08日
209	调查：买房不易贷款更难	2014年04月04日
210	中国消费者金融能力不及格 理财常受挫	2014年04月02日

续表

序号	标题	发布时间
211	马乐获刑"老鼠仓"频发成基金心头病	2014年03月28日
212	上市公司高管薪酬榜：金融地产公司最土豪	2014年03月26日
213	央行调查：居民投资和买房意愿增强	2014年03月24日
214	近七成大学生有恋爱经历 费用多由父母买单	2014年03月24日
215	腾讯控股一拆五 十年股价飙百倍	2014年03月20日
216	高端白酒风光不再酒企营收净利双降	2014年03月20日
217	全球金融中心排名：纽约居榜首 深圳超上海	2014年03月18日
218	共有产权房来了 与政府"凑份子"买房	2014年03月14日
219	银行迎战余额宝 宝宝类产品大比拼	2014年03月14日
220	沪指失守2000点 以往2000点攻守战回顾	2014年03月10日
221	福布斯亿万富豪榜：23人年年榜上有名	2014年03月10日
222	去年央企红利上缴率未见明显增长	2014年03月06日
223	生活成本调查：香港亚洲第三 上海超纽约	2014年03月06日
224	解密中国富裕家庭：也靠工资也贷款	2014年02月27日
225	两会前行情：小盘优于大盘 热点领域领跑	2014年02月19日
226	打虎反腐没降温 又有两副省级干部落马	2014年02月19日
227	全球恶名市场：秀水街中枪百度淘宝曾上榜	2014年02月19日
228	1月货币数据创纪录 9400亿存款去哪了？	2014年02月17日
229	调低GDP目标增速成主流 全国仅广东上调	2014年02月17日
230	马年春节黄金周 吃喝玩乐数据一箩筐	2014年02月13日
231	新股频现涨停潮 上市以来平均涨幅超80%	2014年02月13日
232	去年中国黄金消费首破千吨 大妈损失惨重	2014年02月11日
233	春节期间全球股市普跌金银价上涨	2014年02月07日
234	各省首晒地方债 债务规模一览	2014年01月29日
235	近十年春节后第一周股市上涨概率80%	2014年01月29日
236	薪酬调查：离职率首降 金融业者"不跳槽"	2014年01月27日
237	2013年中国各省经济数据总览	2014年01月21日
238	有钱人送礼都送啥？拉菲已经OUT了	2014年01月17日
239	从"将军府"到"兵工厂"—濮阳的谷家产业	2014年01月17日
240	图解谷俊山如何从农家子弟到总后副部长	2014年01月15日
241	中国经济自由度排名下滑 仍然"不自由"	2014年01月15日

续表

序号	标题	发布时间
242	调查：去年半数国人收入增加 吃是最大开销	2014年01月09日
243	2013年CPI：服务价格涨幅反超实物价格	2014年01月09日
244	去年企业家犯罪人数翻倍 国企贪腐罪最多	2014年01月07日
245	A股的2013：猜得到开头 猜不到结尾	2013年12月26日
246	年末仅两成城市首套房贷利率有优惠	2013年12月24日
247	央行调查：居民投资意愿降至四年新低	2013年12月20日
248	城镇化会议后中央部门官员表态梳理	2013年12月20日
249	财新峰会嘉宾精彩观点之城乡发展与土地改革	2013年12月19日
250	财新峰会嘉宾精彩观点之政府做什么	2013年12月19日
251	历年财新峰会精彩回顾	2013年12月18日
252	全球房价指数创新高中国涨幅仅次于迪拜	2013年12月16日
253	免费项目变收费 银行收费知多少	2013年12月10日
254	24省区市2012年收200亿社会抚养费 南方高于北方	2013年12月05日
255	亿元藏品再现 中国艺术品拍卖市场回暖	2013年12月04日
256	盘点创业板史上十次暴跌	2013年12月03日
257	单价地王纪录再刷新 上海地王版图一览	2013年12月02日
258	关于养老空账：打哪来？如何补？	2013年11月29日
259	郭有明被查 十八大后被伏第12"虎"	2013年11月27日
260	图解小产权房的历史与现状	2013年11月26日
261	"京七条"后再现地王 北京地王诞生记	2013年11月25日
262	亏损央企年末猛服"黑玉断续膏"	2013年11月21日
263	京沪广深新一轮调控政策出齐	2013年11月19日
264	铜锣湾铺租全球最贵 王府井居亚太第十	2013年11月19日
265	三中全会公报高频词：改革 制度 发展 深化	2013年11月13日
266	日系车在华销售复苏 10月销量翻倍	2013年11月13日
267	【互动图】2012年中部省份居民收入增长稳健	2013年11月12日
268	【互动图】历届三中全会重要成果回顾	2013年11月11日
269	京沪深楼市政策密集收紧 今年地方调控回顾	2013年11月11日
270	天猫双十一13小时成交191亿破去年纪录	2013年11月11日
271	28省城镇居民收入增幅普降跑输财政收入	2013年11月08日
272	全球繁荣指数发布 中国经济指标排名第七	2013年11月07日
273	对三中全会，我期待……	2013年11月06日

续表

序号	标题	发布时间
274	图解"三中全会"政府、金融改革最受期待	2013 年 11 月 05 日
275	A 股三季报板块大 PK 金融高大上白酒滑铁卢	2013 年 10 月 29 日
276	浑水做空网秦 盘点曾遭浑水猎杀的中概股	2013 年 10 月 25 日
277	薄熙来二审维持原判 五起重大贪腐案回顾	2013 年 10 月 25 日
278	9 月房价数据公布 调控目标渐行渐远	2013 年 10 月 22 日
279	中国养老金体系差在哪？	2013 年 10 月 17 日
280	十一黄金周三线城市楼市成交量普涨	2013 年 10 月 09 日
281	黄金周全球市场不黄金 下跌仍是主旋律	2013 年 10 月 08 日
282	前三季万科绿地销售额破千亿 恒大销售面积居首	2013 年 10 月 08 日
283	十一期间各地景区降价 优惠幅度多在 20% 以上	2013 年 09 月 27 日
284	双汇收购案尘埃落定 中国企业海外并购提速	2013 年 09 月 25 日
285	灰色收入 6.2 万亿 图解收入的真相	2013 年 09 月 23 日
286	腾讯入股搜狗 互联网领域掀起并购潮	2013 年 09 月 17 日
287	创业板解禁潮将至 大股东八天减持 17 亿	2013 年 09 月 13 日
288	苹果新机终面世 股价再度滑铁卢	2013 年 09 月 11 日
289	王健林财富超宗庆后 福布斯富豪榜首富盘点	2013 年 09 月 11 日
290	胡润百富榜 15 年产生 10 位首富 财富增长 16 倍	2013 年 09 月 11 日
291	二线城市：房价涨幅谁最多 厦门南京和郑州	2013 年 09 月 09 日
292	多家投行上调中国经济增长预期	2013 年 09 月 05 日
293	8 月北上广商品房市场量价齐升	2013 年 09 月 03 日
294	老牌手机巨头贱卖 微软谷歌两宗收购案比对	2013 年 09 月 03 日
295	教育系统贪腐案例一览 最多敛财或过亿	2013 年 09 月 03 日
296	蒋洁敏接受调查 石油系统落马高管盘点	2013 年 09 月 01 日
297	核心城市豪宅销量出现阶段性放缓	2013 年 08 月 29 日
298	国内车企逐渐走出低谷 中期业绩普增	2013 年 08 月 27 日
299	盘点国外治理交通拥堵的收费方式	2013 年 08 月 23 日
300	中移动反腐风暴继续 14 名落马高管盘点	2013 年 08 月 19 日
301	互联网五公司二季报：四成营收归网游	2013 年 08 月 19 日
302	全球股市乌龙事件盘点	2013 年 08 月 19 日
303	二季度全球智能手机销量首超功能手机	2013 年 08 月 15 日
304	频曝贪腐安全事件 中储粮陷舆论危机	2013 年 08 月 13 日
305	盘点曾被长期闲置的地王	2013 年 08 月 13 日

附录 2

访问提纲

一 团队组建和人员配置

1. 你在哪个部门？具体负责什么工作？

2. 当大数据技术引入新闻生产过程中时，你的工作内容有变化吗？此前你的工作经验对目前的工作有帮助吗？

3. 你们的团队是什么时候、由谁组建起来的？

4. 你们是如何组建一支团队进行新闻报道的？团队中都有哪些角色分工？

5. 你认为，当大数据技术引入新闻生产后，对经济新闻工作者的职业素养要求有变化吗？

二 新闻生产流程

1. 团队通常如何找选题？如何对选题进行筛选？可否举例说明？

2. 如何确保数据的真实性？

3. 你们在新闻生产的过程中，主要运用哪些软件对数据进行处理（包括从采集、清洗、分析到可视化呈现的全过程）？

4. 你认为经济新闻相比其他题材的新闻，在生产过程中有没有特别需要注意之处？

5. 媒体对经济新闻报道的把关和审核会遵循哪些原则？

6. 你认为相比传统的新闻生产流程，运用大数据进行新闻生产有什么变与不变之处？

三　部门组织架构

1. 你们单位是从什么时候开始真正运用大数据技术进行新闻生产的？代表性经济新闻作品是什么？
2. 在运用大数据进行新闻生产过程中，各部门之间是否出现过合作不畅的情况？如果有，为什么会出现这种情况？
3. 哪些因素会影响到部门之间的合作？
4. 团队发展到现在，跟最初相比，在组织架构和合作模式上有什么变化吗？
5. 团队在整个媒体的生产和运营中起到了什么作用？

四　总结

1. 你认为当大数据技术运用到新闻生产过程中后，现阶段有哪些不足？
2. 为了更好地使大数据技术助力新闻生产，你们团队或者整个媒体内部未来想要进行哪些调整？

参考文献

中文文献

[1]〔美〕阿尔文·托夫勒:《第三次浪潮》,黄明坚译,中信出版社,2006。

[2]〔英〕维克托·迈尔-舍恩伯格、肯尼思·库克耶:《大数据时代》,盛杨燕、周涛译,浙江人民出版社,2013。

[3] 薛文华主编《现代西方哲学评价》,高等教育出版社,1994。

[4] 焦繁、张俊海:《经济日报数据中心 X86 服务器虚拟化综述》,《中国报业》2012 年第 14 期。

[5] 李道荣:《论经济新闻报道的策划与组织》,《当代传播》2010 年第 1 期。

[6] 邰小丽:《把脉报纸经济新闻评论》,《新闻大学》2002 年第 2 期。

[7] 吴玉兰:《"统计数据"类经济新闻的报道策略》,《统计与决策》2008 年第 24 期。

[8] 李道荣:《提升经济新闻报道的影响力和可读性的几个问题》,《中南民族大学学报》(人文社会科学版)2010 年第 3 期。

[9] 侯迎忠、邓悄然:《经济新闻的软化》,《当代传播》2005 年第 2 期。

[10] 沈毅:《民主革命时期中共领导人的经济新闻报道思想》,《编辑之友》2010 年第 6 期。

[11] 沈毅:《抗战时期〈解放日报〉经济新闻报道研究》,《当代传播》2012 年第 6 期。

[12] 沈毅:《改革开放 30 年来我国经济新闻报道的演进——以报纸和电视

为例》，《中国社会科学院研究生院学报》2008年第6期。

[13] 周晓红：《金融危机背景下的预警性经济新闻初探》，《新闻记者》2010年第4期。

[14] 喻国明、李彪、杨雅、李慧娟：《新闻传播的大数据时代》，中国人民大学出版社，2014。

[15] 喻国明：《大数据方法与新闻传播创新：从理论定义到操作路线》，《江淮论坛》2014年第4期。

[16] 陈曦：《大数据时代传统报业如何占位？》，《中国记者》2014年第8期。

[17] 史安斌、刘滢：《颠覆与重构：大数据对电视业的影响》，《新闻记者》2014年第3期。

[18] 刘义昆：《大数据时代的数据新闻生产：现状、影响与反思》，《现代传播（中国传媒大学学报）》2014年第11期。

[19] 祝兴平：《大数据与经济新闻生产方式的颠覆与重构》，《中国出版》2014年第4期。

[20] 杭敏、John Liu：《财经新闻报道中数据的功用——以彭博新闻社财经报道为例》，《新闻记者》2015年第2期。

[21] 杨绪忠、朱宇：《以数据利器提升财经新闻的影响力》，《新闻战线》2014年第3期。

[22] 韩炼：《经济新闻深度报道的思辨美》，《中国广播电视学刊》2001年第6期。

[23] 牛丽红：《论经济新闻的社会化诉求》，《编辑之友》2007年第3期。

[24] 宋祖华：《论中美经济新闻流变与发展》，《西南民族大学学报》（人文社会科学版）2011年第7期。

[25] 窦卫霖、董继荣：《思维方式对经济新闻写作方式的影响——〈中国日报〉和〈金融时报〉之比较》，《外语教学与研究》2006年第4期。

[26] 王学成：《大众化还是专业化？——国外财经媒体的启示》，《新闻记者》2005年第5期。

[27] 孙旭培：《研究方法与新闻学研究的深化》，《当代传播》1998年第6期。

[28] 姚志明、许雄辉:《东南商报打造报业新名片》,《新闻战线》2002年第4期。

[29] 喻国明:《大数据分析下的中国社会舆情:总体态势与结构性特征——基于百度热搜词(2009—2012)的舆情模型构建》,《中国人民大学学报》2013年第5期。

[30] 喻国明:《呼唤"社会最大公约数":2012年社会舆情运行态势研究——基于百度热搜词的大数据分析》,《编辑之友》2013年第5期。

[31] 邵梓捷、张小劲、孟天广:《政治传播视角下〈新闻联播〉的宣传模式分析》,《清华大学学报》(哲学社会科学版)2015年第3期。

[32] 苏林森、易伟芳:《大数据技术对传播研究方法的影响与挑战》,《现代传播(中国传媒大学学报)》2014年第11期。

[33] 〔美〕盖伊·塔奇曼:《做新闻》,麻争旗、刘笑盈、徐扬译,华夏出版社,2008。

[34] 〔美〕赫伯特·甘斯:《什么在决定新闻》,石琳、李红涛译,北京大学出版社,2009。

[35] 黄旦:《传者图像:新闻专业主义的建构与消解》,复旦大学出版社,2005。

[36] 〔美〕伯纳德·罗胥克:《制作新闻》,姜雪影译,(台北)远流出版事业股份有限公司,1994。

[37] 申淼、黄梦阮、詹正茂:《路透社新闻生产的流程管理》,《新闻战线》2008年第2期。

[38] 吴飞、黄超:《英国骚乱中本土公民网站的新闻生产特点——以Blottr.com为例》,《当代传播》2012年第3期。

[39] 袁舒婕:《新闻客户端改变传统"新闻生产线"》,《中国报业》2013年第17期。

[40] 肖桂来:《微博情境下新闻的生产流程》,《新闻战线》2013年第4期。

[41] 栾轶玫:《后媒体时代的新闻生产——2012新媒体年度盘点》,《新闻与写作》2012年第12期。

[42] 操慧:《脱域:互联网时代的新闻生产》,《四川大学学报》(哲学社会科学版)2012年第3期。

[43] 鲁曙明、洪浚浩主编《传播学》,中国人民大学出版社,2007。

[44] 李金铨、黄煜：《中国传媒研究、学术风格及其它》，《媒介研究》2004年第3期。

[45] 张志安：《编辑部场域中的新闻生产——〈南方都市报〉个案研究（1995—2005）》，复旦大学博士学位论文，2006。

[46] 杨保达：《全媒体时代电视财经新闻生产研究——以第一财经频道为例》，复旦大学博士学位论文，2013。

[47] 陈虹、郝希群：《恐惧诉求视角下看媒体的控烟报道——以〈人民日报〉控烟报道为例》，《华东师范大学学报》（哲学社会科学版）2013年第1期。

[48] 〔美〕罗杰·D.维曼、约瑟夫·R.多米尼克：《大众媒介研究导论》（第七版），金兼斌、陈可、郭栋梁、周静译，清华大学出版社，2005。

[49] 〔美〕罗伯特·K.殷：《案例研究：设计与方法》（中文第2版），周海涛、李永贤、李虔译，重庆大学出版社，2010。

[50] 仇筠茜、陈昌凤：《大数据思维下的新闻业创新——英美新闻业的数据化探索》，《中国广播电视学刊》2013年第7期。

[51] 徐子沛：《大数据》，广西师范大学出版社，2003。

[52] 梁锋：《大数据》，《新闻前哨》2013年第11期。

[53] 冯登国、张敏、李昊：《大数据安全与隐私保护》，《计算机学报》2014年第1期。

[54] 官建文、刘扬、刘振兴：《大数据时代对于传媒业意味着什么》，《新闻战线》2013年第2期。

[55] 钟瑛、张恒山：《大数据的缘起、冲击及其应对》，《现代传播（中国传媒大学学报）》2013年第7期。

[56] 喻国明、王斌、李彪、杨雅：《传播学研究：大数据时代的新范式》，《新闻记者》2013年第6期。

[57] 〔美〕爱德华·S.赫尔曼、诺姆·乔姆斯基：《制造共识：大众传媒的政治经济学》，邵红松译，北京大学出版社，2011。

[58] 黄志敏：《程序员获新闻奖，你怎么看？——解读财新网可视化数据新闻》，《中国记者》2015年第1期。

[59] 陶雪娇、胡晓峰、刘洋：《大数据研究综述》，《系统仿真学报》2013

年第 S1 期。

[60] 李道荣等：《经济新闻报道研究》，中国社会科学出版社，2013。

[61] 张颂甲：《经济新闻写作浅说》，经济日报出版社，1991。

[62] 彭朝丞：《怎样写好经济新闻》，人民日报出版社，1993。

[63] 徐人仲：《经济新闻学初探》，新华出版社，1993。

[64] 余镇邦、黄其庄：《经济新闻写作》，新华出版社，1997。

[65] 仇学英：《热点经济新闻采访技巧》，新华出版社，1998。

[66] 樊凡、时统宇编著《经济新闻范文评析》，新华出版社，2001。

[67] 王华庆编著《经济新闻采访与写作》，中国广播电视出版社，2001。

[68] 涂子沛：《数据之巅：大数据革命，历史、现实与未来》，中信出版社，2014。

[69] 晏青、〔美〕凯伦·麦金泰尔：《建设性新闻：一种正在崛起的新闻形式——对凯伦·麦金泰尔的学术访谈》，《编辑之友》2017 年第 8 期。

[70] 张柱：《新媒体时代的电视新闻生产——平台思维与流程再造》，中国人民大学出版社，2016。

[71] 刘义昆、赵振宇：《新媒体时代的新闻生产：理念变革、产品创新与流程再造》，《南京社会科学》2015 年第 2 期。

[72] 喻国明：《互联网逻辑下传媒产业转型升级的关键与发展进路》，《新闻与写作》2014 年第 7 期。

[73] 王俊荣、崔爽爽：《大数据时代传统媒体的转型与突围》，《当代传播》2014 年第 4 期。

[74] 袁文丽、贡嘉阳：《传媒业大数据应用误区与应用策略分析》，《山西大学学报》（哲学社会科学版）2015 年第 4 期。

[75] 田苗苗：《论精确新闻报道的优势及劣势》，《乌鲁木齐职业大学学报》2011 年第 2 期。

[76] 方洁、颜东：《全球视野下的"数据新闻"：理念与实践》，《国际新闻界》2013 年第 6 期。

[77] 章戈浩：《作为开放新闻的数据新闻——英国〈卫报〉的数据新闻实践》，《新闻记者》2013 年第 6 期。

[78] 〔法〕皮埃尔·布尔迪厄：《文化资本与社会炼金术——布尔迪厄访谈

录》，包亚明译，上海人民出版社，1997。

[79] 高宣扬：《布迪厄的社会理论》，同济大学出版社，2006。

[80] 黄楚新、王丹丹：《国外主流传统媒体付费阅读状况及借鉴意义》，《中国报业》2019年第5期。

[81] 张志安：《新闻场域的历史建构及其生产惯习——以〈南方都市报〉为个案的研究》，《新闻大学》2010年第4期。

[82] 〔法〕皮埃尔·布迪厄：《艺术的法则：文学场的生成与结构》，刘晖译，中央编译出版社，2001。

[83] 〔美〕戴维·斯沃茨：《文化与权力：布尔迪厄的社会学》，陶东风译，上海译文出版社，2006。

[84] 喻国明：《媒介革命：互联网逻辑下传媒业发展的关键与进路》，人民日报出版社，2015。

[85] 张继伟：《付费阅读：财新网的思考与实践》，《新闻战线》2018年第5期。

[86] 陈力丹：《新闻理论十讲》，复旦大学出版社，2012。

[87] 艾松：《中国新闻监管的现实困境与政策应对》，华南理工大学硕士学位论文，2014。

[88] 黄浦林：《试析"公民记者"与职业记者的区别》，《东岳论丛》2010年第4期。

[89] 张震：《公民记者的概念厘定与辨析》，《东南传播》2010年第2期。

[90] 郭恩强等：《数据新闻何以重要？——数据新闻的发展、挑战及其前景》，《新闻记者》2015年第2期。

[91] 朱鸿军、张化冰、赵康：《我国推行原创新闻付费的障碍与路径创新研究》，《新闻大学》2019年第7期。

[92] 刘智慧、张泉灵：《大数据技术研究综述》，《浙江大学学报》（工学版）2014年第6期。

[93] 黄志敏、张玮：《数据新闻是如何出炉的——以财新数据可视化作品为例》，《新闻与写作》2016年第3期。

[94] 陈茂利：《财经类数据新闻生产流程研究——以财新网"数字说"为例》，浙江传媒学院硕士学位论文，2017。

[95] 刘英华：《数据新闻实战》，电子工业出版社，2016。

[96] 黄志敏、陈嘉慧：《财新数据可视化实验室的创新》，《传媒评论》2015年第4期。

[97] 石长顺、肖叶飞：《媒介融合语境下新闻生产模式的创新》，《当代传播》2011年第1期。

[98] 王石番：《传播内容分析法——理论与实证》，幼狮文化事业公司，1989。

[99] 许向东：《互动式信息图表的应用及设计研究》，《国际新闻界》2013年第1期。

[100] 高鸿钧：《心寄治邦：法理学论集》，法律出版社，2015。

[101] 〔英〕西蒙·罗杰斯：《数据新闻大趋势：释放可视化报道的力量》，岳跃译，中国人民大学出版社，2015。

[102] 郑蔚雯、姜青青：《大数据时代外媒大报如何构建可视化数据新闻团队？——〈卫报〉〈泰晤士报〉〈纽约时报〉实践操作分析》，《中国记者》2013年第11期。

[103] 甘峰：《日本信息公开法实施与民间主导的行政目标》，《浙江大学学报》（人文社会科学版）2002年第3期。

[104] 朱友刚：《服务型政府视角下的政府信息公开研究》，山东大学博士学位论文，2012。

[105] 柳斌杰、郑雷：《新媒体环境下中国新闻管理与舆论引导问题、趋势分析》，《国际新闻界》2019年第2期。

[106] 金兼斌：《财经记者与数据素养》，《新闻与写作》2013年第10期。

[107] 吴乐珺：《"众包"模式推进美国公民新闻再发展》，《国际新闻界》2007年第8期。

[108] 范·哈克，米歇尔·帕克斯，曼纽尔·卡斯特、张建中、李雪晴：《新闻业的未来：网络新闻》，《国际新闻界》2013年第1期。

[109] 祝兴平：《网络众包：现代新闻出版新模式》，《出版发行研究》2015年第10期。

[110] 柏晶伟、吕红星：《中国需要加快建设高质量智库》，《中国经济时报》2013年5月31日。

[111] 甘恬：《何帆：财新智库没有媒体化的需求》，《传媒评论》2015年

第 11 期。

[112] 解兴群：《问渠哪得清如许，为有源头活水来——数据库管理是媒体资产管理系统运转的保障》，《网络安全技术与应用》2014 年第 3 期。

[113] 宋宣谕：《浅析数据库在全媒体新闻集团的应用与效益》，《2015 中国传播论坛"现代传播体系建设：融合与秩序"论文汇编》，2015。

[114] 〔澳〕斯蒂芬·奎恩：《融合新闻报道》，张龙、侯娟、曾嵘译，北京大学出版社，2015。

[115] 蔡雯、郭浩田：《以反传统的实践追求新闻业的传统价值——试析西方新闻界从"公共新闻"到"建设性新闻"的改革运动》，《湖南师范大学社会科学学报》2019 年第 5 期。

[116] 段丹洁：《探路建设性新闻理论与实践》，《中国社会科学报》2019 年 3 月 13 日。

[117] 陈寅：《时度效的内涵、应用及着力点》，《新闻战线》2014 年第 7 期。

[118] 陈力丹：《解析中国新闻传播学》，人民日报出版社，2015。

[119] 喻国明、李慧娟：《大数据时代传媒业的转型进路——试析定制内容、众包生产与跨界融合的实践模式》，《现代传播（中国传媒大学学报）》2014 年第 12 期。

[120] 赵天石：《浅谈新闻传播中的开源理念》，《新闻战线》2016 年第 2 期。

[121] 李闻达：《开源在中国的发展》，《软件和集成电路》2015 年第 8 期。

英文文献

[1] Juliette de Maeyer, Manon Libert, David Domingo, Francois Heinderyckx, & Florence le Cam, "Waiting for Data Journalism: A Qualitative Assessment of the Anecdotal Take-up of Data Journalism in French-speaking Belgium," *Digital Journalism* 3 (3), 2015.

[2] Seth C. Lewis, Oscar Westlund, "Big Data and Journalism," *Digital Journalism* 3 (3), 2015.

[3] Matt Carlson, "The Robotic Reporter, Automated Journalism and the Redef-

inition of Labor, Compositional Forms, and Journalistic Authority," *Digital Journalism* 3 (3), 2015.

[4] Nicholas Diakopoulos, "Algorithmic Accountability: Journalistic Investigation of Computational Power Structures," *Digital Journalism* 3 (3), 2015.

[5] David Manning White, "The Gate Keeper: A Case Study in the Selection of News," *Journalism Quarterly* (27), 1950.

[6] Warren Breed, "Social Control in the Newsroom: A Functional Analysis," *Social Forces* (33), 1955.

[7] Michael Schudson, "The Sociology of News Production," *Media, Culture & Society*, 1989.

[8] Denis McQuail, *Mass Communication Theory* (London: SAGE Publications Inc., 1959).

[9] Michael Schudson, "The Sociology of News Production Revisited (Again)," In James Curran & Michael Gurevitch, eds., *Mass Media and Society* (London: Oxford University Press Inc., 2000).

[10] Jonathan Gray, Lucy Chambers, Liliana Bounegru, Wilfried Ruetten, *The Data Journalism Handbook* (New York: O'Reilly Media Inc., 2012).

[11] J. B. Hester, E. Dougall, "The Efficiency of Constructed Week Sampling for Content Analysis of Online News," *Journalism & Mass Communication Quarterly* 84 (4), 2007.

[12] R. Wimmer, J. Dominick, *Mass Media Research: An Introduction* (7th Edition) (California: Wadsworth Publishing Company, 2003).

[13] Bruce Owen, Ronald Braeutigam, *The Regulation Game: Strategic Use of the Administrative Process* (Cambridge, Mass: Ballinger, 1978).

[14] Edward S. Herman, "The Institutionalization of Bias in Economics," *Media, Culture and Society*, 1982.

图书在版编目(CIP)数据

大数据与中国经济新闻生产：以财新网为例 / 袁满著. -- 北京：社会科学文献出版社，2020.6
（文澜学术文库）
ISBN 978 - 7 - 5201 - 6357 - 6

Ⅰ.①大… Ⅱ.①袁… Ⅲ.①数据处理 - 应用 - 经济 - 新闻报道 - 研究 - 中国 Ⅳ.①G219.2 - 39

中国版本图书馆 CIP 数据核字（2020）第 038282 号

·文澜学术文库·

大数据与中国经济新闻生产
—— 以财新网为例

著　　者 / 袁满

出 版 人 / 谢寿光

组稿编辑 / 恽　薇　高　雁

责任编辑 / 颜林柯

文稿编辑 / 程丽霞

出　　版 / 社会科学文献出版社·经济与管理分社（010）59367226
　　　　　 地址：北京市北三环中路甲 29 号院华龙大厦　邮编：100029
　　　　　 网址：www.ssap.com.cn

发　　行 / 市场营销中心（010）59367081　59367083

印　　装 / 三河市尚艺印装有限公司

规　　格 / 开本：787mm × 1092mm　1/16
　　　　　 印张：14　字数：223 千字

版　　次 / 2020 年 6 月第 1 版　2020 年 6 月第 1 次印刷

书　　号 / ISBN 978 - 7 - 5201 - 6357 - 6

定　　价 / 138.00 元

本书如有印装质量问题，请与读者服务中心（010 - 59367028）联系

▲ 版权所有 翻印必究